Die rätselhaften
Deutschen

Für Marc Sauzay

Brigitte Sauzay

Die rätselhaften Deutschen

Die Bundesrepublik von außen gesehen

Vorwort und Interview von
Robert Picht

BONN⊚AKTUELL

CIP-Kurztitelaufnahme der Deutschen Bibliothek

Sauzay, Brigitte
Die rätselhaften Deutschen
Die Bundesrepublik von außen gesehen
Brigitte Sauzay. Vorw. u. Interview von Robert Picht. –
Stuttgart: BONN AKTUELL, 1986
Einheitssacht.: Le vertige allemand (dt.)
ISBN 3-87959-257-8

Verlag BONN AKTUELL GmbH
April 1986
ISBN 3-87959-257-8

Die französische Originalausgabe ist unter dem Titel
Le vertige allemand
im Verlag Olivier Orban, Paris,
erschienen.

Übersetzung aus dem Französischen:
Barbara Heuckenkamp

Copyright © 1985 by Éditions Olivier Orban, S.A.R.L., Paris
Copyright © 1985 für die deutschsprachige Ausgabe:
Verlag BONN AKTUELL GmbH, 7000 Stuttgart 31

Umschlagentwurf: Reichert Buchgestaltung, Stuttgart
Satz: Satzstudio Pfeifer, Germering
Druck u. Bindung: Kösel, Kempten

Vorwort

Für viele deutsche Leser und Rezensenten wurde das Buch von Brigitte Sauzay zum Stein des Anstoßes. Selten hat ein französisches Deutschlandbuch so heftige Reaktionen ausgelöst; monatelang war es ein umstrittenes Gesprächsthema all derer, die sich leidenschaftlich dafür interessieren, wie die Probleme und Entwicklungen unserer eigenen politischen und gesellschaftlichen Kultur im Spiegel des Auslands erscheinen.

In Frankreich hatte das Buch ebenfalls ein starkes Echo – ganz anderer Art. Was viele deutsche Leser befremdet und irritiert hat, die Verknüpfung höchst subjektiver Alltagsimpressionen mit politischen und historischen Analysen und Spekulationen, wird von vielen Franzosen als Liebeserklärung an ein Deutschland verstanden, das meist nur noch als übermächtiger wirtschaftlicher Konkurrent, als ein trotz aller Versöhnungsrhetorik zu unbeweglicher politischer Partner oder schlicht als ein langweiliges Land empfunden worden war. Gerade in jenen französischen Kreisen, die sich kaum mehr für Deutschland interessierten, hat das Buch begeisterte Leser gefunden. Es wirkt so interessant und anregend, daß es kaum ein Jahr nach Erscheinen an französischen Schulen als Lesestoff dient.

Brigitte Sauzay's »Le vertige allemand« (wörtlich »Der deutsche Taumel«) rückt Deutschland mit all seinen Widersprüchen wieder in menschliche Dimensionen, zeigt,

5

wo es gefährdet ist und damit für seine Nachbarn erneut gefährlich werden kann. Es ist ein eminent politisches Buch und muß in der Bundesrepublik auch deshalb zur Kenntnis genommen werden, weil die hier formulierten Einschätzungen zur Lage Deutschlands, wie sie in dieser Weise deutschen Gesprächspartnern gegenüber nur selten geäußert werden, nicht nur persönliche Überzeugungen der Autorin darstellen, sondern für das Meinungsbild der französischen Führungsschicht durchaus repräsentativ sind.

Das ist kein Zufall: Brigitte Sauzay ist Dolmetscherin beim französischen Außenministerium, als persönliche Übersetzerin der Präsidenten Giscard d'Estaing und Mitterrand nimmt sie aus nächster Nähe an allen wichtigen deutsch-französischen Begegnungen teil, verfolgt in dieser Eigenschaft deren Vorbereitung und anschließende Auswertung. Häufig wird ihr von französischer Seite die Frage gestellt, wie die oft unverständlichen deutschen Verhaltensweisen zu bewerten seien, welches die gesellschaftlichen Entwicklungen sind, die für Franzosen so erschreckende Phänomene wie beispielsweise die Friedensbewegung hervorbringen konnten.

Derartige Fragen versucht Brigitte Sauzay mit ihrem Buch zu beantworten. Sie sieht Anzeichen für eine eventuelle Lockerung der von Konrad Adenauer vollzogenen Westbindung der Bundesrepublik Deutschland. Auf Frankreich muß dies wie ein Schock wirken, da eine Gefährdung der Stabilität des strategischen Vorfelds die gesamte französische Sicherheitspolitik und die von Charles de Gaulle zur Grundlage des innenpolitischen Konsenses aufgebaute Politik nationaler Unabhängigkeit in Frage stellt. Man ist sich in Frankreich außerdem bewußt, daß die eigene Weltgeltung – seit Jahrhunderten innerste Antriebskraft des französischen Nationalstaats – nur noch im europäischen Verbund, und das bedeutet vor allem in enger Gemeinsamkeit mit der Bundesrepublik Deutschland, erhalten werden kann.

Politische und geistige Gemeinsamkeit mit dem deutschen Partner sind deshalb ein zentrales Anliegen französischer Politik – wie aber, wenn auf deutscher Seite Kräfte hervorbrechen, die auf ein Abdriften der Bundesrepublik deuten und unweigerlich eine unheilvolle Vergangenheit heraufbeschwören?

François Mitterrand sah sich auf dem Höhepunkt der Nachrüstungsdiskussion veranlaßt, bei Gelegenheit der Zwanzig-Jahres-Feiern zum deutsch-französischen Vertrag im Januar 1983 vor dem Bundestag eine äußerst ungewöhnliche Rede zu halten, um die deutsche Öffentlichkeit vor allen Versuchungen einer Annäherung an östliche Positionen zu warnen.

Brigitte Sauzay interpretiert umfassender, geht noch weiter. Sie sieht in der Friedens- und Umweltbewegung und dem gleichzeitigen ständigen Fragen nach der »deutschen Identität« das endgültige Ende der Nachkriegszeit: »Deutschland wird wieder deutsch« – mit allen Folgen, die damit für das prekäre Gleichgewicht in Mitteleuropa verbunden sein können. Sie weiß wohl, daß nach Durchführung des Nachrüstungsbeschlusses und in einer veränderten parteipolitischen Konstellation der spektakuläre Aufstieg der »Grünen« ebenso im Abklingen scheint wie die großen Friedensdemonstrationen; die geistige Unruhe, die Deutschland befallen hat und die sich aus tieferen historischen Wurzeln nährt, wirkt hingegen fort.

Brigitte Sauzay läßt es aber nicht bei »Fragen an Deutschland« bewenden. Sie zeigt, daß sich aus der deutschen Entwicklung Perspektiven ergeben, die auch die französische Selbstgewißheit in Frage stellen müssen. Gegen Ende nimmt das Buch deshalb eine überraschende Wendung: die Bundesrepublik erscheint nicht nur als »deutsch«, sondern als eine im Vergleich zu Frankreich weiter entwickelte »postindustrielle Gesellschaft«, deren Sorgen und Ängste es deshalb verdienen, nicht nur als fremdartig bestaunt, sondern genau bedacht zu werden, da sie in die gemeinsame Zukunft weisen.

7

Brigitte Sauzays Aufforderung an Frankreich, sich tiefer auf die verschlungenen Wege geistiger und kultureller Entwicklungen in Deutschland einzulassen, sollte auch umgekehrt gelten. Sie ist eine Aufforderung zum Dialog, der erst dann richtig einsetzt, wenn man den Partner auch da ernst nimmt, wo er befremdlich wirkt.

Robert Picht

Erster Teil

Die große Verweigerung

Fragen an Deutschland

Deutschland ... für Generationen von Franzosen einst ein faszinierendes Wort, magisch und unheilbringend zugleich; heute ist es banal geworden.

Kein Roman trägt mehr den Titel *Koenigsmark*; verschwunden ist die Großherzogin von Gerolstein; die Knaben des Pariser Großbürgertums werden nicht mehr wie zu Beginn des Jahrhunderts Jean Cocteau von deutschen Gouvernanten erzogen; Vampire, preußische Kadetten, verrückte Forscher, Mabuse und Caligari sind in die Rumpelkammer verbannt. In Marguerite Yourcenars *Der Gnadenstoß* mit seinen baltischen Nebeln, in Michel Tourniers *Der Erlkönig* weht uns diese entrückte Zeit noch einmal an, letzte vereinzelte Beschwörungen eines mythischen und endgültig versunkenen Deutschland.

Je mehr es sich nach dem Zweiten Weltkrieg »normalisierte«, umso mehr verlor Deutschland seine Faszination für die lateinische Welt. Für uns war die Bundesrepublik eine Demokratie nach angelsächsischem Muster geworden, ebenso prosaisch wie England oder die Schweiz. Einzig ihr wirtschaftliches und soziales System interessierte uns noch: jahrelang begeisterten wir uns für den berühmten sozialen »Konsens« und verdrängten alles andere aus unserem Bewußtsein.

Nach und nach verwandelte sich unsere mit Abscheu gepaarte Bewunderung in ein laues Gemisch aus Neid und

Herablassung. Neid auf einen wirtschaftlichen Erfolg, der vor allem den Osten Frankreichs wie eine Dampfwalze überrollte. Herablassung, da sich in dieser Effizienz offenbar die absolute Unfähigkeit der Deutschen ausdrückte, das Leben intelligent zu genießen.

Dennoch sind die jahrzehntelangen Bemühungen der politisch Verantwortlichen um Verständigung nicht vergebens gewesen. Jedem Franzosen ist heute bewußt, daß es ein sinnvolles Europa ohne das Bündnis zwischen Paris und Bonn nicht geben kann. Die Versöhnung unserer beiden Völker ist abgeschlossen, sie besiegelt das Ende einer vergangenen Epoche. Mit dem Elysée-Vertrag von 1963, einem Vertrag über »Freundschaft und Zusammenarbeit«, beginnt eine neue Ära. Das Deutsch-Französische Jugendwerk hat über vier Millionen Jugendlichen zu Begegnungen verholfen, der Beamtenaustausch funktioniert reibungslos, die Politiker treffen bei den verschiedensten deutsch-französischen oder europäischen Anlässen so häufig zusammen, daß sie beinahe familiär miteinander umgehen. Es sieht also so aus, als kennten beide Völker einander gut, als hätten Franzosen und Deutsche ihre alten Streitigkeiten begraben, als schätzten und verstünden sie sich gegenseitig.

Dem ist leider nicht so. Vor allem sprechen beide Seiten immer seltener die Sprache des anderen. Die Deutschen haben vielleicht jene große »von oben« organisierte politische Willensanstrengung genutzt, um Frankreich besser kennenzulernen. Und dennoch ist es wohl noch immer so, wie schon Goethe sagte, daß sie mehr dem französischen Wein als den Franzosen selbst zugetan sind. Diese hingegen interessieren sich einfach nicht für Deutschland ... wo ihnen der Sommer im übrigen zu kalt ist. Geändert hat sich die verstandesmäßige Meinungsbildung der Franzosen im Hinblick auf Deutschland. Umfragen zufolge steht ihnen (48 %) das deutsche Volk »am nächsten« und sind sie (63 %) für eine »gemeinsame Verteidigung« beider Länder.

Im affektiven und kulturellen Bereich dagegen nimmt die überwiegende Mehrheit der Franzosen die Deutschen auch weiterhin kaum zur Kenntnis und – warum es verschweigen? – liebt sie auch nicht übermäßig. Böse Erinnerungen an die neueste Geschichte sind durchaus lebendig geblieben; durch allzu provozierende deutsche Erfolge werden sie wach gehalten.

Zu unserer Entlastung sei gesagt, daß Deutschland in der Tat schwer zugänglich ist: man muß sich um es bemühen. Für die allzu wenigen Franzosen, die Deutschland kennen, ist dieses Land eines der liebenswertesten und anregendsten Europas, es bedarf aber einiger Anstrengung, um die abweisende Schale, mit der es sich umgibt, zu durchbrechen. Das ist auch der Grund, weshalb die Franzosen seit dem Krieg vor allem nur jene sterile und langweilige Wirtschaftsrepublik wahrgenommen haben.

Dennoch ist die glatte Wasseroberfläche, unter der sich das deutsche Volk selbstzufrieden, gezähmt, konformistisch »im Westen verankert«, verborgen hatte, nicht mehr so ungetrübt. Der Terrorismus und seine Folgen drangen über die Grenzen, der deutsche Film mit Fassbinder, Wim Wenders, Herzog und Schlöndorff ließ die Franzosen ein anderes Deutschland erahnen, die Namen Grass und Böll wurden ihnen vertraut.

Woher diese Erschütterungen? Welche Konflikte sind aufgebrochen? Welche schlummernden Kräfte sind erwacht? Hat sich Friedrich Barbarossa in seiner Höhle geregt?

Heute ist es nicht mehr zu leugnen: in Deutschland ist wieder etwas in Bewegung gekommen. In die Bundesrepublik fahren, ist wie eine Reise in ein fremdes Land. In den fünfziger und sechziger Jahren und auch noch zu Beginn der siebziger Jahre schien es, als ob Frankreich und Deutschland einander unaufhaltsam näherrückten, schienen sie allmählich die gleichen Lebensformen der westlichen Demokratien anzunehmen. Alles standardisierte sich, die Art der Nachrichten, die Diskussionsthemen der öffentlichen Meinung, Freizeit, Kultur. In den achtziger Jahren genügt ein Vergleich der Zeitungsschlagzeilen: beide Länder sind mit ganz unterschiedlichen Sorgen beschäftigt. Die Probleme, die Deutschland umtreiben, sind keineswegs mehr die Probleme Frankreichs.

Was geht hier vor? Nichts geringeres, als daß in Deutschland, wie Toynbee formuliert, *History is on the move again*, die Geschichte wieder in Bewegung geraten ist. Die Welt erinnert sich mit Schrecken daran, was geschah, als die Geschichte Deutschland das letzte Mal umtrieb. Es muß deshalb von vorneherein mit aller Deutlichkeit gesagt werden, daß es heute um etwas ganz anderes geht. Von einer Wiedergeburt des Nationalsozialismus kann keine Rede sein. In keiner Hinsicht. Aber viele Themen, die wir in nationalsozialistischer Form kennengelernt hatten, stehen tatsächlich heute wieder auf der Tagesordnung.

Man muß sich fragen, wie es möglich ist, daß die »neuen sozialen Bewegungen« in Deutschland, die Grünen und die Friedensbewegung, an eine derartige Vergangenheit anknüpfen. Woher diese Koinzidenz?

Hitler hatte nichts erfunden. Der Nationalsozialismus schöpfte nur aus der brodelnden Vielfalt allgemeiner Ideen, die die Gesellschaft seiner Zeit bewegten. Nietzsche hatte bereits die bürgerlichen Werte erschüttert, der Liberale Max Weber hatte eine Gesellschaft gefordert, die eher eine Gemeinschaft sein sollte, eine Demokratie zwar, aber doch durch einen charismatischen Führer zu Gleichgewicht und Einheit geführt: da tauchte bereits das Führerprinzip auf; Rassismus und Antisemitismus waren weitverbreitete Ideen, die sich ebenso beim Sozialisten Dühring wie bei Wagners Schwiegersohn Chamberlain, dem Vertrauten Wilhelms II., fanden; und der liberale Vater der Weimarer Verfassung, Hugo Preuss, verwendete mit Vorliebe den Begriff *Volk*.

Der Pangermanismus mit seiner Forderung nach »Anschluß« erhob schon in den Anfängen der Republik seine

Stimme, Hans Grimm hatte mit *Volk ohne Raum* einen enormen Bucherfolg, und die Ideologie von »Blut und Boden« ging in der Literatur, in Agrarierkreisen und ähnlichen Milieus um. Hitler bekannte sich bereitwillig zum Einfluß eines derartigen Romans aus dem Jahr 1895 auf sein Denken.

Brutalität und Gewalt schockierten zudem weniger in einem Land, das vor dem Chaos stand, wo Schriftsteller wie Jünger und von Salomon den Krieg als geistige Erfahrung besangen, wo die Romantik der Freikorps umging, des verlorenen Soldaten, eines männlichen Nihilismus ... In einem derartigen Klima fielen SA und SS im Gewirre rechter und linker Freikorps nicht sonderlich auf.

Hitler brauchte nur noch diese weitverbreiteten Ideen und Vorstellungen miteinander zu verknüpfen. In vereinfachter, fehlgeleiteter, verschärfter Form verbanden sie sich zu einem explosiven Credo, dem sich das deutsche Volk in seiner Verlorenheit hingab, indem es sich fasziniert dem opportunistischen, zynischen und brutalen Genie seines Führers unterwarf. Dennoch handelt es sich zweifellos um »deutsche« und keineswegs nur um – wie wir gerne glauben wollen – »nationalsozialistische« Ideen.

Es ist darum nicht verwunderlich, daß einige von ihnen heute wieder zu Ehren kommen. Die »neuen sozialen Bewegungen« in Deutschland schöpfen aus dem gleichen kulturellen Fundus wie Hitler vor ihnen. Sie nutzen ihn in ganz anderer Richtung, gewiß, die Verbindung, zu der sie dieses Erbe verknüpfen, ist so noch nie dagewesen. Dies verhindert aber nicht, daß die brodelnde Unruhe, die die deutsche Gesellschaft ergriffen hat, ihr Ausmaß, die Art ihrer Verbreitung, dennoch unweigerlich an das Phänomen des Nationalsozialismus erinnert.

Was geht da vor sich?

In Frankreich spricht man – das Echo ist durch die Entfernung gedämpft – von Terrorismus, von Ökologie, Neutralismus, Friedensbewegung, von riesigen Demonstrationen und gelegentlich auch von »alternativen« Gruppierungen, die sich in Deutschland immer weiter verbreiten sollen. Man spürt neue Turbulenzen; ist auch ein wenig beunruhigt: was neu ist und aus Deutschland kommt, war immer schon gefährlich. Diese Gerüchte ergeben aber kein zusammenhängendes Bild. Zumindest nehmen wir die Verbindungen, die zwischen den verschiedenen Phänomenen bestehen, nicht wahr.

Jede Gesellschaft lebt von ihren Allgemeinplätzen, einem gemeinsamen Fundus von Vorstellungen, die Gegenstand eines unausgesprochenen Konsenses sind. Diese Vorstellungen bestimmen das »Zeitklima« und prägen das Denken mit der Evidenz unbestrittener Wahrheit. Wenn es zunächst so schwierig war, sich der Naziideologie in den Weg zu stellen, dann vor allem deshalb, weil die Ideen, auf denen sie beruhte, von »jedermann« mehr oder minder geteilt werden konnten. (So beruht beispielsweise die Kunst der zwanziger und dreißiger Jahre von Brecht bis Leni Riefenstahl, vom Bauhaus bis zu Speer, von *Metropolis* bis zu den Aufmärschen von Nürnberg auf der gleichen Ästhetik.) Allein der auf die Spitze getriebene Rassismus und die den Unterschichten entstammende Anhängerschaft unterschieden die Nationalsozialisten von den konkurrierenden Bewegungen der politischen Rechten.

Welche Vorstellungen sind es heute, die von jedermann übernommen werden können? Wo liegen die neuen Konformismen? Was kann sich unmerklich aus ihnen entwickeln? Durch welche Verschiebungen?

Eine Ideologie »greift« weniger durch die Überzeugungskraft ihrer Gedanken als durch ihre hinterhältige Verführungskunst. Der Nationalsozialismus zeigt dies besonders kraß: bedeutende Geister wie Gottfried Benn, Martin Heidegger oder Ernst Jünger glaubten in ihm, zumindest bis 1934, das Heraufziehen einer neuen Zeit zu erkennen – von Franzosen wie Brasillach ganz zu schweigen. Raymond Aron berichtet in seinen *Memoiren*, daß, als er 1931 einen Artikel über den Nationalsozialismus verfaßt hatte, sein Professor an der Universität Köln, der Jude

Leo Spitzer, ihm vorwarf, dieser sei zu negativ ausgefallen.

Durch den Schein des fundamental Neuen schmückt sich die Ideologie mit allen Verheißungen des noch nicht Dagewesenen; selbstverständlich gedeiht sie nie besser als in Zeiten der Krise, des Elends, der Angst, wo ihre Tröstungen umso wundertätiger erscheinen müssen. Die Schwächen der Weimarer Republik sind bekannt: Angst vor dem Kommunismus, Inflation, Arbeitslosigkeit und die Ordnungssehnsucht eines Volkes, das den Zustand verdeckten Bürgerkrieges, in dem es leben mußte, nicht mehr ertrug. All diese Ursachen haben Hitler Wähler zugetrieben. Aber man hat das Scheitern von Weimar auch oft auf die Tatsache zurückgeführt, daß die Weimarer Republik keine eigene, in sich kohärente Ideologie besaß und vor allem keine Antwort auf die Grundfrage: »Was ist Deutschland?«

Wie sieht es damit in der Bundesrepublik Deutschland aus? Was hat sie ihren Bürgern in dieser Hinsicht anzubieten? Weiß sie besser, was Deutschland ist?

Den Umfragen zufolge sind mehr als die Hälfte der Westdeutschen der Ansicht, das Wort *Deutschland* umfasse mehr als die Bundesrepublik; ein gutes Drittel ist der Meinung, die Bundesrepublik, die DDR und die Gebiete jenseits der Oder-Neiße-Linie seien »deutsch«, eine kleine Minderheit ist sogar davon überzeugt, daß alle jene Gebiete, in denen Deutsch gesprochen wird, *de jure* auch zur deutschen Nation gehören.

So tut sich das deutsche Volk also immer noch schwer mit der Nation, leidet an »Deutschland«. Auch in der Vorstellung der Franzosen ist der Begriff »deutsch« ein unbestimmter: der in Prag geborene Kafka ist ein großer »deutscher« Schriftsteller. Sprache und Nation decken sich nicht.

Im neunzehnten Jahrhundert und zu Beginn des zwanzigsten übte die deutsche Kultur einen starken Einfluß auf ganz Osteuropa aus. Eine wichtige Mittlerfunktion kam hier den Ostjuden zu: sie sprachen Jiddisch und verstanden deshalb auch Deutsch. Auf der ganzen Welt, vor allem aber in Osteuropa und in Nord- und Südamerika, hatten sich deutsche Kolonien angesiedelt. Nach den brutalen Vertreibungsaktionen der Nachkriegszeit ist dieses Phänomen in Europa erheblich zurückgegangen, aber es gibt noch deutsche Bevölkerungsinseln, vor allem in Rumänien und in der Sowjetunion; und obwohl sie zum Teil vor mehreren Jahrhunderten auswanderten, haben sich diese Gemeinschaften nie völlig assimiliert.[1]

Zu Beginn des Jahrhunderts kreiste die nationale Ideologie um die Vorstellung, das deutsche Volk sei dazu bestimmt, der Glücksbringer für die anderen Nationen zu sein, es habe den historischen Auftrag, ihnen, und vor allem im Osten, Kultur zu vermitteln. Man hat oft darauf hingewiesen,[2] daß das deutsche und das jüdische Volk viele Ähnlichkeiten aufweisen:»Deutschland« ist eher eine Kultur als eine Nation, mit einer weitverbreiteten Diaspora und durchdrungen von der Idee, ein auserwähltes Volk zu sein.

Hat die Bundesrepublik diese Vergangenheit völlig vergessen? Kann die deutsche Nation sich mit ihr besser identifizieren als mit der Weimarer Republik? Die fundamentale Ungewißheit besteht fort.

Wie in der Weimarer Republik erzeugt diese geistige Orientierungslosigkeit ein Unbehagen, aus dem jene Probleme erwachsen, die heute die Deutschen verunsichern.

---

1) Die Bundesrepublik holt jährlich ca. 11 000 »Deutsche« aus Rumänien zurück, für die sie teuer bezahlen muß. Das Schicksal der Deutschen in der Sowjetunion ist schwerer zu regeln. Bei einem Besuch Gromykos in Bonn im Jahre 1983 beklagte sich der deutsche Außenminister Genscher über die Hindernisse, die den Deutschstämmigen bei der Auswanderung in den Weg gelegt würden. Gromyko antwortete, 70 000 Visa seien bereits bewilligt, und das sei doch viel. Es geht aber um zwei Millionen. Außer den berühmten Wolgadeutschen findet man deutsche Bevölkerungsgruppen auch in Kasachstan, in Weißrußland, in Kirgisien und Tadjikistan.
2) Nahum Goldmann: »Sind wir alle deutsche Juden?«, in *Le Nouvel Observateur* vom 19.2.1970.

Konkrete Umstände üben darüberhinaus unmittelbaren Einfluß auf die öffentliche Meinung aus. Worin bestehen sie? Welche neuen Kräfte suchen sich politisch zu etablieren? Wie fassen diese Ideen Fuß? Wen erfassen sie? Können sie Ausgangspunkt einer wirklichen Ideologie werden? Wenn ja, mit welchen Verheißungen schmückt sich dieser neue Glaube? Welche Ängste versucht er zu besänftigen? Welche »Not« will er stillen, wie trösten? Auf diese Fragen versucht das vorliegende Buch zu antworten.

I

Die deutschen Ängste

Seit einigen Jahren legt die Frankfurter Allgemeine Zeitung, das vom Establishment der Geschäftswelt meistgelesene deutsche Blatt, jede Woche in ihrer Freitagsbeilage einer bekannten Persönlichkeit aus Kunst, Politik oder Wirtschaft den berühmten »Proust'schen Fragebogen« vor.

Die hier befragten »erfolgreichen« Persönlichkeiten geben einen recht repräsentativen Querschnitt der öffentlichen Meinung. Es bedarf keiner genauen statistischen Auswertung, um festzustellen, daß bestimmte besonders aufschlußreiche Fragen immer auch bestimmte Antworten nach sich ziehen:

– auf die Frage »Was ist für Sie das größte Unheil?« lautet zu 90 % die Antwort: der Krieg, ein Dritter Weltkrieg, ein Atomkrieg, ein Krieg, der zur Vernichtung unserer Kultur führen muß etc.

– »Was bedeutet für Sie vollkommenes irdisches Glück?« Antworten überwiegend: Frieden. Liebe, Liebe und Frieden, Frieden und Freiheit.

– »Welche historischen Gestalten bewundern Sie am meisten?« Da vor allem werden Gandhi, Mutter Theresa und »alle, die für Recht und Freiheit kämpfen«, erwähnt.

- »Welche historischen Figuren verabscheuen Sie am meisten?« Hier rangieren Hitler und Stalin ganz vorne, unmittelbar gefolgt von »allen Despoten, Tyrannen, Fanatikern«.
- »Welche militärischen Taten bewundern Sie am meisten?« Fast einhellig hier die Antwort: »Keine«, oder »Den Einsatz der Trompeten vor Jericho, Waffenstillstand, Meuterei, Fahnenflucht, Feuereinstellung, Kampfpause, alle jene, die durch eine kluge Politik entbehrlich geworden sind«; »Befreiung vom Zugriff der Tyrannen« wird auch häufig geantwortet, außerdem kurioserweise »Hannibals Zug über die Alpen« und, bei eher »Rechten«, »Rommels Afrikafeldzug«.

Diese Antworten sprühen nicht gerade vor Vitalität; aus ihnen spricht alles andere als Lebensfreude oder gar Leichtfertigkeit. Es stimmt vielmehr nachdenklich, wie oft die Antworten Äußerungen wie »Furcht vor Einsamkeit«, Sehnsucht nach »Zugehörigkeitsgefühl« oder nach »einem Leben in einer menschlicheren Gesellschaft« enthalten.

Gewiß gehören solche Fragen, die die Persönlichkeit des derart auf die Probe Gestellten entlarven sollen, beinahe ausschließlich in den Bereich »Sorgen und Ängste«, aber hier liegt ja gerade das besondere Interesse dieses Fragebogens. Nichts ist aufschlußreicher als die Furcht. Weiß man, wovor ein Volk Angst hat, hat man seinen wunden Punkt erraten, versteht, wie es sich selbst und die Zukunft sieht und weiß, auf welche Stelle die neuen Propheten ihre Trostpflaster legen wollen.

Apocalypse now

Was bringt heute die Deutschen um den Schlaf? Ganz einfach, möchte man erwidern, ein Gefühl allgemeinen Unbehagens, eine Art existentieller Angst.

Deutschland hat Angst. Die Angst, dieses vage Gefühl, ist in das Bewußtsein der Deutschen gesickert. Im Fernsehen, im Radio, in den Zeitungen: überall der gleiche Ton. Wer behauptet, er schlafe ruhig und verbringe seine Tage in Heiterkeit, gilt als beschränkt oder schlicht als verantwortungslos. »Was?« wird man sagen, »du fürchtest dich nicht vor morgen? Siehst du nicht, daß die Welt zugrunde geht, daß unsere Tage gezählt sind?«

»Fünf Minuten vor zwölf«, wie es in der Erklärung der amerikanischen Atomwissenschaftler heißt, ist es überall. Auf Demonstrationen der Friedensbewegung zeigt eine riesige Pappuhr diese Stunde: und es sind nur noch fünf Minuten vor dem Weltuntergang, vor der nuklearen Endzeitkatastrophe.

Der Schriftsteller Peter Schneider glaubt sogar, daß, würde E.T. in Deutschland statt irgendwo in den Vereinigten Staaten landen, er als erstes Wort *Frieden* statt *Phone home* lernte. Wo die Sorge um den Frieden so allgegenwärtig ist, wo alle Wünsche so zentral um ihn kreisen, er das einzig lohnende Ziel für Menschen guten Willens ist, da ist es offenbar schlecht um ihn bestellt: die Deutschen befinden sich bereits in einem Schwebezustand zwischen Krieg und Frieden. Das langsame Abgleiten in den atomaren Holocaust hat schon begonnen; der Weltenbrand, der Mensch und Erde – auf jeden Fall aber jenes Territorium inmitten Europas mit Namen Bundesrepublik – vernichten wird, ist nahe.

Das Gespenst des Todes begleitet jede Demonstration: in schwarzen Balletttrikots mit aufgemalten Skeletten mimen Anhänger der Friedensbewegung den Totentanz – Untergangsvision des späten Mittelalters; unter ihnen ein grinsendes Totengerippe, bereit mit seiner Sense die Lebenden niederzumähen. Filme wie *The day after* nähren die Ängste; Analysen und Vermutungen über die Folgen eines nuklearen Konflikts häufen sich. Man malt sich das Entsetzliche in allen Einzelheiten aus, bis einem der Atem stockt. Die Menschheit verfügt zu ihrer Selbstzerstörung über dreizehntausend Megatonnen, sechshundertfünfzigmal Hiroshima!

Wem nicht schaudert, der ist ein Traumtänzer, blind für die Realität dieser Welt. Die Größe der Gefahr übersteigt offenbar seine Vorstellungskraft. Dabei braucht man nur die allgegenwärtige Angst in persönliche Bedrohung umzusetzen, um zu wissen, worum es geht: über dem Haupt jedes Erdenbürgers droht explosionsbereit ein 2,5 Kubikmeter großer Dynamitwürfel ...

Die atomare Gefahr übersteigt jede Vorstellungskraft. Die Idee eines Atomkrieges hat nichts mehr mit dem traditionellen Begriff der Aggression zu tun. »Lebewesen, die den Sinn für das Verhältnis zwischen Gefahr und Angst verlieren, sind wahrscheinlich dem Untergang geweiht«, gibt der Psychologe Horst Eberhard Richter in vielen seiner Artikel in den großen deutschen Wochenzeitungen zu bedenken. Sowohl das Buch des Amerikaners Jonathan Schell *Schicksal der Erde* als auch Robert Jungks Bestseller *Heller als tausend Sonnen* sind immer wieder nachgeahmt worden in Darstellungen, die uns einhämmern wollen, daß ein atomarer Konflikt unvermeidlich sei und infolgedessen alles, auch die letzte Spur menschlichen Lebens auf der Erde, vernichtet sein wird. Jeder Morgen sei darum ein dem Nichts abgerungener Tag: wir leben auf Abruf.

Kurz, Deutschland hat den Karthago-Komplex. »Karthago muß zerstört werden«; nach drei Kriegen ist es zerstört worden. Den ersten hat es gewonnen, den zweiten verloren, der dritte hat es von der Weltkarte ausradiert. Die Deutschen fürchten ein ähnliches Schicksal.

Doktor Faust

Wenn man eine Zeitlang in Deutschland gelebt hat, vergeht einem die Lust, sich über diese kollektive Psychose zu mokieren; man begegnet ihr auf Schritt und Tritt in immer wechselnder, aber stets eindringlicher Gestalt. Dabei ist der Atomtod nur Teil einer weitaus größeren Gefahr, die die ganze Menschheit ins Verderben reißt: Deutschland scheint die Selbstzerstörung der Wissenschaft zu fürchten.

Angesichts ständig wachsender Fortschritte und Umwälzungen durch neue Technologien zittern und zagen immer mehr deutsche Bürger vor dem Unbekannten, statt angesichts der ungeahnten Möglichkeiten, die sich der Menschheit auftun, in Begeisterung auszubrechen. In ihren Augen ist die Menschheit zum Untergang verurteilt, da sie nicht in der Lage ist, eine Entwicklung, die aus dem Ruder zu laufen droht, zu steuern. Die Wissenschaft hat sich verselbständigt wie der wahnsinnige Computer in Kubricks *2001, Odyssee im Weltraum*.

Jede Gesellschaft hat die Wissenschaft, die sie verdient: Forschung ist niemals unschuldig. Die Dampfmaschine wurde in dem Moment erfunden, als die gesellschaftliche Entwicklung sie benötigte. Denis Papin hat durchaus nicht als erster den Deckel auf einem Topf beobachtet. Heute produziert unsere Gesellschaft Monstren. Die Wissenschaft hat uns nicht nur gelehrt, wie wir unseren Planeten in die Luft sprengen können, die biogenetische Forschung stellt unsere geistigen Werte in Frage: Befruchtung *in vitro* mit Wiedereinsetzung des Embryos in »biologische« Mütter oder »Austrägerinnen«, genetische Manipulationen – Kinder auf Bestellung, Schaffung neuer Menschenarten unter Ausschluß jeglichen Zufalls, Klonung, möglicherweise Züchtung von Hybriden, Unterkategorien, die mit Genen anderer Säugetiere gekreuzt werden können ... – wer kann das noch durchschauen? Wie soll man an diese von der Großindustrie finanzierte Forschung noch ethische Maßstäbe, wie sie im Interesse der Menschheit liegen, anlegen? »Dürfen wir alles tun, was wir tun können?« Werden wir nicht zum Spielball jener Kräfte, die wir selbst entfesselt haben? Heischt die Medizin nicht – jedes Maß überschreitend – das Recht über Leben und Tod?

In den Zeitungen wimmelt es nur so von Begriffen wie »prometheisch« oder »Hybris« ... Die Moralisten beginnen sich zu fragen, ob die wahre Erbsünde des Menschen, die auch seinen Untergang besiegeln wird, nicht jene ist, Angst und Leid mit Hilfe der Technik zu besiegen, statt sie zu erdulden. Überall stößt man auf die Behauptung, wir hätten »zu viel vom Baume der Erkenntnis gegessen« und unsere neuerliche Vertreibung aus dem Paradies werde fürchterlicher sein als die erste.

Aber nicht nur Medizin und biogenetische Forschung sind angsterregend; die Kybernetik verbreitet noch größeren Schrecken. Die Fähigkeit von Computern, das menschliche Hirn zu ersetzen, verleiht ihnen eine unheilvolle Aura. Es kann nicht anders sein: sie werden Arbeitsplätze vernichten.

Die Telematik wird unser Leben radikal verändern. Die Verkabelung für das Fernsehen hat in Deutschland heftige Debatten ausgelöst; und ebenso heftig wird der Einbruch des Computers in unsere kulturellen Strukturen diskutiert. Sein Eindringen im Privathaushalt verändert das Alltagsleben des Bürgers: keine Besorgungsgänge mehr, kein Briefwechsel mehr mit der Verwaltung. Im Gegenzug werden statt dessen die Informationen über Steuern, Familienstand, Berufssituation etc. unlöschbar in den großen Zentralcomputern aufbewahrt ... Das Gespenst einer Informationsgesellschaft, in der jedermanns Leben erfaßt und bis in kleinste Details hinein zugänglich wird, löst in Deutschland tiefes Unbehagen aus. Die letzte Volkszählung stieß auf einen derartigen Widerstand in der Bevölkerung, daß man sie zunächst zurückstellen mußte, obgleich sich der Bundestag einige Jahre zuvor einstimmig für sie ausgesprochen hatte (allerdings ist einzuräumen, daß die Fragen außergewöhnlich zahlreich und detailliert waren). Ebenso mußte die Einführung eines fälschungssicheren und computerlesbaren neuen Personalausweises, die für 1983 vorgesehen war, zurückgestellt werden.

Im militärischen Bereich wird immer mehr Informatik eingesetzt. Kein modernes Waffensystem ohne integrierten Minicomputer. Eine solche Perfektionierung des

Kriegswesens ist besonders gefährlich, da die Elektronik ebenso allmächtig wie fehleranfällig ist. Mit der zunehmenden Raketengeschwindigkeit verkürzen sich auch die Vorwarnzeiten, und die Strategen müssen sich immer mehr auf den Computer verlassen, der statt ihrer die Entscheidungen trifft. Was geschieht, wenn er sich irrt? Weltuntergang infolge eines Kurzschlusses?

Bekannte Augenärzte haben überdies Erkenntnisse gewonnen – und verbreiten sie mit zunehmendem Erfolg in den Massenmedien –, daß der Computer für den Menschen schädlich ist. Auf die Dauer verwirrt er nicht einmal so sehr die Sehfähigkeit, sondern die intellektuellen Funktionen des Benutzers, da dieser zu häufig von der linken zur rechten Gehirnhälfte wechseln muß.

Ist das der »Fortschritt«? Sollen wir immer mehr auf Techniken angewiesen sein, die uns über den Kopf wachsen, uns bedrohen, außer Kontrolle geraten können?

Versinken wir nicht, statt im Lichte der Wissenschaft in eine hellere Zukunft zu schreiten, in einem wissenschaftsgläubigen Verdummungseifer, der Mensch und Natur verachtet und sie ins Verderben zieht?

Eine einzige Erde

Bericht »Global 2000«, Bericht des Club of Rome, Nullwachstum: lauter Ideen, die ein starkes Echo gefunden haben. Unsere Ressourcen sind begrenzt, wir haben nur die eine Erde. Ökologie ist in Deutschland kein hohler Begriff – kein bloßer politischer Spielball. Ökologie wird im wahren Sinne des Wortes verstanden: als Sorge um die Ökosphäre.

Unermüdlich wird das Gespenst der großen ökologischen Katastrophen unserer Zeit beschworen: die Sahelzone mit ihrer von Menschen geschaffenen und immer weiter um sich greifenden Wüste oder Haiti mit seinem einst fruchtbaren, durch Abholzung ruinierten Land. Die Schäden der Vergangenheit: Sizilien, die einstige Korn- kammer, die einstmals grünen Inseln der Kykladen; sie lö- sen angesichts der heutigen Verwüstung Beklemmung aus.

Verpestete Luft, angegriffene Ozonschicht, verseuchte Ozeane; durch Eutrophierung siecht der Bodensee dahin. Die Muttermilch enthält toxische Stoffe: der Mensch ver- giftet sich mit landwirtschaftlichen Produkten, deren che- mische Düngung den Kreislauf der Natur zerstört. Und es stirbt der deutsche Wald. Niemand kann es leugnen: be- reits ein Drittel ist durch sauren Regen geschädigt. In den Schlagzeilen der Zeitungen geht es immer öfter um blei- freies Benzin oder um das Katalysatorauto.

Deutschland hat eine doppelt so hohe Bevölkerungs- dichte (214 Einwohner pro Quadratkilometer) wie Frank- reich. Das Land wurde in bestimmten Gegenden in eine Agrarfabrik umgewandelt: kein Unkraut am Straßenrand, kein Busch am begradigten Bach, selbst die Wälder, mit der Richtschnur neu gepflanzt, sehen aus wie Objekte ki- netischer Kunst. Die Beklemmung, die von einer solchen Landschaft ausgeht, erklärt zumindest teilweise die Inten- sität des deutschen Umweltbewußtseins und das Ausmaß der Schwierigkeiten, die den Regierungen daraus erwach- sen.

In Frankreich konnten die »Ökologisten« nur zwei gro- ße Erfolge verbuchen: Auseinandersetzungen um den Truppenübungsplatz Larzac und das Kernkraftwerk Plo- goff. Die Demonstrationen auf dem Baugelände des Schnellen Brüters in Creys-Malville wurden von den Me- dien erst dann registriert, als ganze Busladungen mit jun- gen Deutschen und Niederländern anrückten. In Deutsch- land haben die Auseinandersetzungen um den Frankfurter Flugplatz, die einem Fortsetzungsroman gleichen, das po- litische Leben im Land Hessen grundlegend verändert. Um 193 Hektar Wald roden zu können, mußte sich die Re- gierung mit unzähligen Petitionen, Bürgerinitiativen, Verwaltungsklagen und gigantischen Demonstrationen herumschlagen. Die Frankfurter SPD forderte schließlich sogar, daß die Arbeiten endgültig eingestellt werden sollten, da sie ihr als »politisch undurchsetzbar« galten; diese Welle hat die ersten »grünen« Abgeordneten ins Parlament getragen.

Der Bau von Atomkraftwerken brachte noch größere Schwierigkeiten mit sich. »Atomkraft? Nein danke«: den kleinen gelben Aufkleber mit der lächelnden Sonne gab es in Frankreich auch; dennoch wurde dort die Nuklearenergie allgemein akzeptiert. In dieser Frage bestand nationaler Konsens, der von den großen staatlichen Gesellschaften umgesetzt wurde. In Deutschland hat die Atomenergie nie eine derartige Bestätigung gefunden: man denkt vor allem an Hiroshima. Sicher hängt die Ablehnung der Atomkraft aber auch damit zusammen, daß die Bundesrepublik aus dem Klub der großen nuklearen Mächte ausgeschlossen blieb. Der Bau des Atomkraftwerks in Brokdorf bei Hamburg wurde zum Symbol atomarer Bedrohung und löste einen richtiggehenden »siebenjährigen Krieg« aus.

1973 wurden die ersten Standortentscheidungen gefällt. Bereits 1976 muß die Baustelle eingezäunt und Tag und Nacht beleuchtet werden. Im Verlauf der Demonstrationen werden immer stärkere Befestigungen nötig: am 13. November 1976 herrscht Bürgerkriegsatmosphäre, die Polizei treibt 30 000 Demonstranten auseinander, es gibt zahlreiche Verletzte. Gleichzeitig toben die administrativen Kämpfe. Im Dezember 1976 erreichen die Kraftwerksgegner vom Verwaltungsgericht Schleswig, daß der Bau gestoppt wird. Begründung: das Verfahren ist nicht sicher genug. Die Wiederaufnahme der Arbeit wird erst genehmigt, als – nach wiederum ungeheueren Schwierigkeiten – ein kleines Zwischenlager in Gorleben bei Hannover angelegt ist. Dennoch hagelt es Demonstrationen und Verwaltungsgerichtsklagen, so daß die Politiker zögern. Im Januar 1981 stimmt die Hamburger SPD-Spitze für Brokdorf, aber beim Parteikongreß im Februar

1981 stimmt die große Mehrheit der Partei dagegen. Die Liberalen sind bedingt »dafür«, aber der Hamburger Bürgermeister Klose erklärt sich 1980 gegen Brokdorf ... Erst 1981 tritt eine gewisse Beruhigung ein; 1982 schließlich werden die Bauarbeiten wieder aufgenommen.

Die Heftigkeit der Reaktionen hier, wie auch in Frankfurt, zeigt, daß es über die umstrittenen Projekte hinaus noch um etwas anderes geht.

1968 revisited

Diese homerischen Kämpfe haben sich in einer Fülle von Literatur niedergeschlagen.

Das Buch des Journalisten Horst Karasek, *Das Dorf im Flörsheimer Wald,* analysiert die Motive der Protestbewegung. Unparteiisch wird das Leben in jenem Bretterdorf beschrieben, das die Gegner der Startbahn West im bedrohten Wald errichtet hatten. In sorgfältig gebauten Hütten hausend schufen sie sich mit Unterstützung der umliegenden Bevölkerung einen herrlichen Abenteuerspielplatz und verteidigten ein Jahr lang mit Hingabe ihren Wald ... bis zu ihrer endgültigen Vertreibung.

Karasek portraitiert sie alle, vom evangelischen Pfarrer bis zum Irokesen-Punker, der vor Wut weint angesichts des »NATO-Stacheldrahts«, der die Bauarbeiten schützen soll. Verzweifelt erleben sie ihre Machtlosigkeit gegenüber einer »Komplizenschaft der Mächtigen«, die ihnen keine Chance läßt: Landesregierung, Gerichte, Polizei und Flughafengesellschaft (FAG). »Hat die FAG, als sie den Wald kaufte, auch die Luft gekauft, die ich in Frankfurt atme, um sie nach Belieben zu verpesten?« entrüstet sich eine junge Frau. Die Inschriften an allen Ecken und Enden des Dorfes sind Glaubensbekenntnisse: »Widerstand wird Pflicht, wenn Recht zum Unrecht wird«, heißt ein Wahlspruch, der ebenso wie der Ausruf eines der Anführer in Karaseks Buch schon »klassisch« geworden ist:

»Aber es geht hier ja nicht um juristisches Recht des Menschen, sondern um menschliches Recht.«

Die Widerstandskämpfer im Frankfurter Wald sehen sich als Opfer eines Systems, in dem »die Technik herrscht und den Menschen unterwirft«. Als die Polizei eingreift, um die Holzfäller der Flughafengesellschaft zu schützen, konstatiert Karasek: »Hier sehen sie einen Staat, der für eine Aktiengesellschaft arbeitet und das Recht der Menschen und ihre Gefühle mit Füßen tritt.«

Und in der Tat, die Anklage richtet sich gegen das System als Ganzes. Wie ein Moloch, der seine Opfer verschlingt, so betoniert, verschmutzt und zerstört das kapitalistische System. Die Industrie ist der Feind menschlichen Glücks auf Erden; um welchen Preis erkaufen wir Wachstum? Was geschieht, wenn die Erde unter einem Atomkraftwerk bebt, eine Bombe losgeht? Was wird aus nuklearen Abfällen in hundert Jahren? Mit solchen endlos diskutierten Fragen soll nicht so sehr die Nuklearenergie bekämpft, als vielmehr die Gleichung durchbrochen werden: Nuklearenergie gleich Staatsinteresse gleich Systemerhaltung. Was bekämpft werden muß, ist das Zusammenspiel zwischen Geld, politischer Macht und Industrie.

Für einen Franzosen ist diese Art von Protest nicht neu, aber er wird heute ebenso wie die Hippies und die *Flower children* der sechziger Jahre unter die als »baba-cool« bezeichneten Ideale eingereiht. In Deutschland ist es nach wie vor aktuell und äußerst wirkungsvoll.

Da sich die Studentenunruhen von 1968 hauptsächlich in Frankreich auswirkten, sind die Franzosen versucht, das, was sich damals in anderen europäischen Ländern abspielte, zu unterschätzen oder gar nicht zur Kenntnis zu nehmen. Dabei kamen die meisten jener Theorien, die an der Seine die Gemüter entflammten, aus Deutschland. Die geistigen Vorbilder dieser Zeit – die Situationisten und H. Lefèvre ausgenommen – kamen aus der Frankfurter Schule, allen voran Adorno mit seiner Kritik der autoritären Persönlichkeit und Marcuse, der die »große Verweigerung« und die »moralische, sexuelle und politische Revolution« proklamierte, aber auch Horkheimer und Lukacs.

Cohn-Bendit war kein Zufall. Die achtundsechziger Protestbewegung hatte ihre geistigen Wurzeln in Deutschland. Sie ging Anfang der sechziger Jahre zunächst von den Universitäten aus, nachdem die Langhaarigen in Jeans die »braven jungen Leute« mit kurzen Haaren und Lederhosen, die noch Adenauer zugejubelt hatten, verdrängten. Diese Studenten neuen Typs lehnten sich gegen Autorität und Staat weit heftiger und haßerfüllter auf als ihresgleichen in Frankreich, und es war nichts von jener festlichen Atmosphäre, jener heiteren Erregung zu spüren, die in Paris den Mai 68 begleitet hatten.

Der Staat war der wirkliche Feind. Um zu verstehen, was damals geschah und wo die traumatischen Erfahrungen dieser Jugendrevolte zu suchen waren, muß man die Artikel Ulrike Meinhofs in der linken Zeitschrift »Konkret« lesen, für die sie als Journalistin arbeitete, bevor sie sich dem Terrorismus und Andreas Baader verschrieb.

Der Hauptvorwurf, der des »Faschismus«, ist unmittelbar darauf zurückzuführen, daß der Staat unter seinen Notabeln viel zu viele Funktionsträger mit notorischer Nazivergangenheit toleriert (und dies besonders in den juristischen Fakultäten). Was aber Ulrike Meinhof und ihre Freunde den verschiedenen Regierungen (zunächst der CDU, dann von 1966 bis 1969 der Großen Koalition von CDU und SPD und schließlich den Sozialdemokraten) vor allem vorwerfen, ist, die Reinheit der Stunde Null verraten, das Trauma von 1945 verdrängt und aus den Lehren der Vergangenheit keine wirklichen Konsequenzen gezogen zu haben. Ulrike Meinhof zufolge sind die großherzigen und begeisternden Ideen eines Neubeginns unmittelbar nach dem Krieg zu rasch verdrängt worden – und damit die Möglichkeit einer plebiszitären Demokratie und die Chance einer Verstaatlichung der Produktionsmittel – unter erheblichem alliiertem Einfluß. Statt dessen wählte man die prosaische Lösung der Mitbestimmung. Vor allem aber tritt die Bundesrepublik 1956 der NATO bei und stellt wieder eine Armee auf (während gleichzeitig die Kommunistische Partei verboten wird).

Allein der Gedanke eines möglichen Krieges aber ist für Ulrike Meinhof zutiefst schockierend in einem Land, das eine »Geschichte hat, deren man sich schämen muß: denn die Geschichte der deutschen Arbeiterbewegung besteht darin, daß sie nicht in der Lage war, zwei imperialistische Kriege und zwölf Jahre Faschismus zu verhindern, und nicht einmal nennenswert dagegen gekämpft hat«. Jetzt aber ist die Bundesrepublik die Verbündete des US-Imperialismus, dessen triumphierender Kapitalismus die Dritte Welt ausbeutet. Man muß also kämpfen, um die Lüge offenbar werden zu lassen, jenes Alibi westlicher »Freiheit«, die nur die Restauration der Macht eines Großbürgertums überdeckt, das unter Führung von »Adenauer-Metternich« zum objektiven Verbündeten des US-Imperialismus geworden ist.

Die DDR muß anerkannt, die Verbreitung eines diabolischen Zerrbilds vom Kommunismus eingestellt werden (denn wollte man nur »freie Länder« mit »freien Wahlen« anerkennen, was geschähe dann mit Franco-Spanien?) Die Bundesrepublik darf nicht länger der Knecht des amerikanischen Imperialismus sein.

Ulrike Meinhofs Artikel zeugen von dem ganzen ideologischen Wirrwarr der sechziger Jahre: Mythos der guten Dritten Welt, primitiver Marxismus. Aber sie verkünden auch jene großen Ideen, die vom Beginn der Bundesrepublik bis heute den Nährboden für jede Protestbewegung bilden. Ihre Zitate prangen auf den Transparenten von Frankfurt und Brokdorf. Für sie gab es angesichts dieses monströsen postfaschistischen Staates nur eine Pflicht: Widerstand. Sie hat als erste das Konzept vom »Widerstand gegen den Staat« ausgearbeitet und es so zukunftsträchtig gestaltet, daß es heute zu den zentralen Themen der achtziger Jahre gehört.

»Protest ist, wenn ich sage, das und das paßt mir nicht. Widerstand ist, wenn ich dafür sorge, daß das, was mir nicht paßt, nicht länger geschieht. Protest ist, wenn ich sage, ich mache nicht mehr mit. Widerstand ist, wenn ich dafür sorge, daß alle anderen auch nicht mehr mitmachen.« Dieser Satz Ulrike Meinhofs ist überall dort zum Evangelium geworden, wo fundamentaler Widerstand gegen das »System« geleistet wird. »Widerstand wird zur Pflicht, wenn der Rechtsstaat zum Unrechtsstaat wird«, lautet das allgemein anerkannte Postulat.

Dennoch wird in Deutschland selbst der Einfluß Ulrike Meinhofs meist unterschätzt. Nur wenige erkennen ihre Vorreiterrolle an. Der Terrorismus, zu dem sie sich schließlich flüchtete, wird zwei Ziele haben: einerseits den ausbeuterischen und kriegstreiberischen Kapitalismus in den Metropolen selbst anzugreifen und andererseits »den Staat so zu zwingen, seinen wahren repressiven Charakter zu offenbaren, denn erst, wenn sich die manipulative Gewalt der Herrschenden in offene Gewalt verkehrt, wird sich die verinnerlichte Gewalt der Arbeiterklasse befreien und proletarische Gewalt werden«.

Auf welche Weise Meinhof, Baader und Ensslin dieses Spiel schließlich verloren, ist bekannt. Es sei an die Entführung des BDI-Präsidenten Schleyer und an Mogadishu erinnert, wohin die Terroristen ein Flugzeug der Lufthansa (Kommando »Märtyrer Halimeh«) entführten, um die Freilassung ihrer inhaftierten Kameraden zu erzwingen – und an das Scheitern der Entführung und die gleichzeitige Bekanntgabe des Selbstmords von Baader, Ensslin und Raspe in ihrem Gefängnis ... Hat die »Baader-Meinhof-Bande« wirklich verloren? Es ist nicht so sicher. Obwohl es ihr nicht gelungen ist, das durch »Superprofite auf Kosten der Dritten Welt korrumpierte« Proletariat aufzurütteln, sondern im Gegenteil ihre Feinde gegen sich zu einen, hat sie dennoch Spuren, vor allem bei der Jugend, hinterlassen. Ulrike Meinhof hat 1976 Selbstmord begangen; ihre Ideen leben fort.

Das kälteste der kalten Ungeheuer

Die Berechnung der Terroristen war nicht so falsch, wie es zunächst scheinen mag: sie haben es geschafft, der Jugend Angst und Mißtrauen gegen den Staat einzuflößen – woran der Staat nicht ganz unschuldig ist: es ist nicht von der Hand zu weisen, daß die verantwortlichen Politiker unfreiwillig das Entstehen des Terrorismus begünstigt haben.

Sowohl die schon Anfang der sechziger Jahre durch die rechte Springer-Presse geschürte Atmosphäre kollektiver Hysterie als auch gewalttätiger Ausschreitungen der Polizei würden die wachsende Spannung im Studentenmilieu (»ein Knüppelschlag auf den Kopf schärft das politische Bewußtsein« hieß es da) hinreichend erklären. Das Ergebnis aber, das dann endgültig den für jene Epoche charakteristischen Prozeß der Verkettung von Gewalt und Repression auslöste und den Anhängern der Protestbewegung jedes Vertrauen in die »bürgerliche Justiz« nahm, war der Freispruch jenes Polizisten, der am 2. Juni 1967 den Studenten Benno Ohnesorg bei einer gewalttätigen Demonstration gegen den Schah von Persien erschoß.

Die Durchsetzung der »Notstandsgesetzgebung« vergiftete zusätzlich die Atmosphäre. Die Regierung der »Großen Koalition« von SPD und CDU/CSU hatte vorsorglich Gesetze verabschieden lassen, die sie im Falle »schwerer Unruhen, die das verfassungsmäßige System gefährden«, mit Sondervollmachten ausstattete, und damit die Befürchtungen der linken Protestbewegung genährt.

Kaum war der Terrorismus am Werke, verlor der Staat die Nerven und erwies sich als unfähig, seine Gegenschläge richtig zu dosieren. Das Terroristengefängnis in Stammheim wird zu einer wahren Festung mit immer perfektionierteren Haftbedingungen ausgebaut: die extreme Linke sprach von einem »Folterstaat«.

Angsterfüllt nimmt der Staat die Verfolgung auf. In den siebziger Jahren beginnt das BKA (das Bundeskriminal-

35

amt) mit Hilfe seiner Großcomputer eine riesenhafte Menschenjagd: es erfaßt, wen immer es kann.

Indem das BKA willkürlich Demonstranten photographieren läßt, Karteien von Lesern linker Zeitungen und Käufern Marx'scher Werke führt, indem es beschatten und abhören läßt, schafft es allmählich eine unerträgliche Atmosphäre voll allgemeinen Mißtrauens. Bis heute vermummt sich ein Großteil der Demonstranten, um nicht systematisch photographiert und erfaßt zu werden. Selbst wenn ihre Demonstrationen friedlicher Natur sind, wissen sie, daß sie registriert werden und ihre Teilnahme ihnen gegebenenfalls zum Schaden gereichen kann. Das Bundeskriminalamt ist ohne Zweifel für die in Deutschland herrschende Anti-Computer-Psychose in erheblichem Maße mitverantwortlich.

Die Furcht der vermummten jungen Leute, auf den schwarzen Listen des BKA zu landen, hängt mit einem anderen deutschen Trauma zusammen: dem als »Berufsverbot« bezeichneten Radikalenerlaß.

Man erinnere sich, welche Emotionen diese neue deutsche Form der Angst vor Kommunismus und Destabilisierung in Frankreich ausgelöst hat. Die »Berufsverbote« galten der französischen Öffentlichkeit als gleichbedeutend mit einem neuen McCarthyismus. Jean Genet bezeichnete die Taten der »Baader-Meinhof-Bande« in *Le Monde* ohne Umschweife als »notwendig«, da die Bundesrepublik hassenswerte Züge angenommen habe; die ganze französische Intelligenz trat für Klaus Croissant ein, und auf Sartres Betreiben tagte 1974 das berühmte Russel-Tribunal, das die Verletzungen der Menschenrechte in Deutschland verurteilte.

Ungerührt fuhr die deutsche Regierung in ihrem Bestreben fort, jeglicher Person, die nicht mit »hinreichender Sicherheit für die Belange der Verfassung eintritt«, den Zugang zu einer Beamtenkarriere zu verwehren.

Peter Schneiders Roman … *Schon bist du ein Verfassungsfeind* zeigt perfekt, wie sich das Netz über einem jungen Lehrer zuzieht, der, eigentlich nur aufgrund mangelnder Kompromißbereitschaft, zum »Verfassungsfeind« erklärt und infolgedessen entlassen wird. Die eigentliche Ursache aber: eine von ihm vor Jahren unterzeichnete Petition zugunsten eines kommunistischen Kollegen, der seinerseits aus dem öffentlichen Dienst entlassen worden war ...

Tatsächlich genügt die Zugehörigkeit zur Kommunistischen Partei – sie ist seit 1969 wieder zugelassen und verfügt über die stattliche Anzahl von 40 000 Mitgliedern –, um den Zugang zu jeglicher Beamtenstellung zu versperren: die so diskriminierten Personen verteidigen sich in spektakulären Prozessen. Erst jüngst machte ein kommunistischer Lokomotivführer von sich reden: nur unter Verzicht auf den privilegierten Beamtenstatus durfte er von staatswegen weiter Lokomotive fahren.

Angst herrscht demnach auf beiden Seiten: Angst der staatlichen Organe vor dem Kommunismus, die wiederum durch ihre indiskrete, allgegenwärtige spinnennetzhafte Gesinnungsschnüffelei die Jugend ängstigen.

Die Anwendung des »Radikalenerlasses« hat schätzungsweise die Karriere von über fünfhundert Personen ernsthaft geschädigt. Durch die große Publizität, die diese Fälle innerhalb und außerhalb Deutschlands erlangten, gaben sie der Bundesrepublik der siebziger Jahre ihr Gepräge; sie entlarvten ihre Anfälligkeit, schadeten ihrem Ruf bei den demokratischen Schwesternationen und trugen vor allem entscheidend dazu bei, daß sich der Bruch zwischen Staat und neuer Generation vertiefte.

»Etwas ist faul im Staate Bonn«

Auf diesem Hintergrund müssen auch die seit 1980 auftretenden neuen Phänomene in der deutschen Politik und Öffentlichkeit betrachtet werden. Skandale, Rücktritte, Entlassungen – die Deutschen erkennen ihr Modell eines stabilen Staates, der die Bundesrepublik bisher für sie gewesen war, nicht wieder, ihre Skepsis gegenüber »Bonn« wächst.

Es fällt auf, wie exponiert große Universitätsbuchhandlungen Bücher wie S. Bluth's *Die korrupte Republik* ausstellen, Bücher, in denen die fortschreitende Korruption detailliert beschrieben wird: »Politiker, Beamte und Parteien sind zu Investitionsgütern geworden ... In der freien Marktwirtschaft ist alles käuflich. Die Moral ist dem Spiel von Angebot und Nachfrage gewichen«, heißt es klipp und klar in der Einführung. In Frankreich würden die hier genannten Skandale wohl kaum die Gemüter so erregen wie in der Bundesrepublik, wo das Prestige der drei großen Parteien CDU, SPD und FDP erheblich gelitten hat.

Das Parteienfinanzierungsproblem vergiftet das politische Leben. Gewohnheiten hatten sich eingeschlichen und Verfahrensweisen waren üblich geworden, die weder wirklich legal noch auch einfach verwerflich waren: großzügige Spender »vergaßen«, ihre Spenden zu deklarieren, wie es bei Summen über DM 20 000 erforderlich gewesen wäre. Sie »unterstützten« diesen oder jenen Politiker ... und glaubten, keinen Verdacht zu erregen. Schließlich aber verdichteten sich doch einige Verdachtsmomente und führten beispielsweise den Sturz des früheren Wirtschaftsministers Graf Lambsdorff herbei.

Graf Lambsdorff steht heute unter Korruptionsanklage, weil er den von der Flick-Gruppe getätigten Verkauf von Daimler-Benz-Aktien an die Deutsche Bank von der Steuer befreit hatte. Nach deutschem Steuerrecht ist der Wirtschaftsminister berechtigt, eine Steuerbefreiung für Einnahmen aus gewissen Transaktionen auszusprechen, sofern diese von allgemeinem wirtschaftlichem Nutzen sind.

Die Einnahmen aus dem Verkauf von Daimler-Benz-Aktien sollten bei der amerikanischen Firma Grace reinvestiert werden, und dies wiederum sollte mit dem Transfer amerikanischer Technologie in die Bundesrepublik verbunden sein, was durchaus positive Wirkung gehabt hätte. Irritierend ist nur, daß Lambsdorff zur gleichen Zeit außerdem Schatzmeister der FDP in Nordrhein-Westfalen war und Flick großzügig die Parteikasse speiste ... Niemand beschuldigt Lambsdorff, auch nur eine Mark veruntreut zu haben, schockierend ist die Verbindung der beiden Funktionen. Da solche plötzlich brutal an den Pranger gestellten Verfahrensweisen weitverbreitet waren, versuchte die CDU-Regierung ein Amnestie-Gesetz durch den Bundestag zu bringen, das das dornige Problem der Parteienfinanzierung einfach aus der Welt geschafft hätte. Vergeblich, der Stein war ins Rollen gekommen ... Schon zeichnete sich eine nächste »Flick-Affäre« ab, und diesmal sollte sie den Rücktritt Rainer Barzels zur Folge haben, des Bundestagspräsidenten von 1982 bis Herbst 1984. Es kam ans Licht, daß er als damaliger Kanzlerkandidat der CDU weniger spontan als gedacht zugunsten Helmut Kohls verzichtet hatte: zum Lohn seiner Bereitschaft soll er vom Flick-Konzern 1,7 Millionen DM bekommen haben (und zwar über eine Anwaltskanzlei, der Rainer Barzel seine Talente zur Verfügung gestellt hatte).

Aus einer Kette von Skandalen und Enthüllungen entstand schließlich das Bild vom allgegenwärtigen Marionettenspieler Flick. Man munkelt, daß es sich bei den rechts und links verteilten Summen insgesamt um 40 Millionen Mark handeln soll. Nur die neue Partei der Grünen steht noch aufrecht da; ihr wurde nie eine Unterstützung von Seiten der Großindustrie zuteil ...

Zur gleichen Zeit wie die Flick-Affäre hat eine andere Affäre das Prestige der Bundeswehr erschüttert und Erinnerungen geweckt, die man endgültig vergessen glaubte: die Kiessling-Affäre. Indem er ihn der – niemals bewiesenen – Homosexualität bezichtigte[1], drängte Verteidi-

---

1) Die Homosexualität spielt in Deutschland eine besondere Rolle; sowohl Friedrich dem Zweiten wie Wilhelm dem Zweiten werden starke homosexuelle Neigungen nachgesagt (man kann sich ähnliches für die großen Franzosen nur schwer vorstellen: für Ludwig XIV. oder Napoleon), und eine etwas zwielichtige Atmosphäre umgibt die Männerfreundschaften und Männerbünde, deren die deutsche Geschichte viele hervorbrachte.

gungsminister Wörner Kiessling in den vorzeitigen Ruhe-
stand. Dieses Vorgehen erinnerte nur allzusehr an die
Fritsch-Affäre, an jenen General der Reichswehr, der von
Hitler des gleichen »Makels« geziehen wurde. Vor allem
aber wirft sie ein Licht auf die miserable Zusammenarbeit
der jeweiligen Sicherheitsdienste, die Anklage erheben,
ohne Beweise liefern zu können. Die Schlamperei scheint
allgemein.

Um es kurz zu sagen: der gesamte Überbau von Verwaltung, Regierung und Politik ist in Deutschland in das
Schußfeld massiver Kritik geraten. Die Klagen über das
schlechte Funktionieren in Bonn sind derart, daß es einem
ausländischen Beobachter unbehaglich werden kann. Vielen Deutschen muß es so vorkommen, als hätten die Politiker in dem geheimnisvollen Bonn nichts anderes zu tun,
als tagaus, tagein hinter verschlossenen Türen Komplotte
zu schmieden und sterile Spielchen um Macht und Geld zu
führen. Die Parteien werden mit Schmähungen überhäuft,
wie so oft in der deutschen Geschichte – schon Wilhelm II.
liebte sie nicht (»ich kenne keine Parteien mehr, ich kenne
nur noch Deutsche«) – und in der Weimarer Republik gerieten sie erst recht in Mißkredit. Dazu muß gesagt werden, daß das vielgepriesene deutsche Wahlsystem einen
Fehler hat: dadurch, daß ein Teil der Abgeordneten nach
dem Proportionalsystem gewählt wird, vergrößert sich die
Distanz zwischen Wählern und Gewählten.

Eigentlich geht es nicht einmal so sehr um die Parteien-
frage und um das mehr oder minder korrumpierte Funktionieren der parlamentarischen Demokratie, sondern um
die parlamentarische Demokratie selbst. Sie sei nicht in
der Lage, die Probleme der heutigen Welt zu lösen. In erfolgreichen Büchern wird sogar die Legitimität des Mehr-
heitsprinzips überhaupt in Frage gestellt.

Man wirft einer solchen Mehrheitsdemokratie vor, sie
sei weltfern und spiegele nicht die »wahren« Sorgen der
Bürger: Umwelt, Stopp des Rüstungswettlaufs. Vor allem
aber ist sie dem Vorwurf ausgesetzt, sie sei durch das

»Kapital« total pervertiert. Die parlamentarische Demokratie lebt in enger Symbiose mit allem, was man unter
»Kommunikation« versteht, und gerade die Kommunikation wird vom Kapital beherrscht: das Fernsehen verwan-
delt die Politiker in Schauspieler, Wahlen werden zur
Farce; die Zeitungen gehören den Mächtigen des Geldes;
die Medien sind nur organisierten Gruppen, den Lobbies,
zugänglich, die über ausreichende finanzielle Macht verfügen. Dem Individuum und zahllosen kleinen Gruppierungen bleiben sie verschlossen. Wie soll man unter diesen
Bedingungen hoffen, daß die parlamentarische Demokratie etwas anderes als die mächtigsten Finanzinteressen vertreten kann? »Goebbels mußte noch nicht einmal freie
Wahlen verbieten«, wird als letzter Beweis für die Hohl-
heit des Systems aufgeboten.

Ein solches Deutschlandbild mag übertrieben düster erscheinen: Angst vor Krieg, Angst vor der Wissenschaft,
Angst vor dem Fortschritt, Angst vor einem alles überzie-
henden Staat, Angst vor dem »System« und kein Vertrau-
en in die Regelungsmechanismen der politischen Demokratie, kurz: enorme Zweifel an der Wohlgegründetheit
unserer Zivilisation.

In den Zeitungen prangen die fettgedruckten Werbean-
zeigen der Verlage. Die Titel der angekündigten Bücher
sprechen für sich selbst: *Macht und Ohnmacht des Bürgers; Der entmündigte Bürger; Bürgerrechte nur zum
Schein?* oder auch *Das Individuum, eine aussterbende Gattung?; Die Gefahren der verkabelten Gesellschaft; Droht
die totale Kommunikation?* oder auch *Pershing, Kernkraft-
werke, systematische Datenerfassung, elektronischer Paß,
Zukunft ohne Bäume – und das alles im Namen des Bürgers?* ...

Man denkt unweigerlich an den *Kulturpessimismus* der
zwanziger Jahre, an Spenglers Erfolgsbuch *Untergang des
Abendlandes.* Auch viele der neuen deutschen Filme erinnern an jene der zwanziger Jahre: *Metropolis* von Fritz
Lang könnte, einmal abgesehen von der Technik, ein Film

unserer Tage sein. Überall erscheint der Mensch allein, bedrückt durch die Unmenschlichkeit der modernen Welt: individuelle Werte, das »Menschenmaß«, sind verschwunden. So lautete die Botschaft der Lang, Pabst oder Murnau; nichts anderes verkünden die Regisseure von heute, deren Werke in Cannes gezeigt und ebenfalls in den Vereinigten Staaten – oder in Australien – gedreht wurden.

Zumindest hätte man gehofft, die deutsche Gesellschaft würde sich, wenn sie schon glaubt, am Fortschritt der Wissenschaften, an der Aufklärung verzweifeln zu müssen, und düstere Endzeitkatastrophen aufziehen sieht, diesmal wenigstens in einer angenehmen fin-de-siècle-Atmosphäre wiegen. Leider ist jedoch ein lehrhafter Pessimismus tonangebend. Aus all diesen Schriften spricht das gleiche Selbstmitleid, die gleiche Larmoyanz, die gleiche Überzeugung, daß die Welt, wie sie durch Politik und Technik gestaltet wurde, ein menschenwürdiges Leben unmöglich macht.

Orwell, 1984

Eine wahre Lawine von Kongressen, Vorträgen, Kolloquien, Broschüren, Artikeln und Büchern zu 1984 ist über Deutschland hereingebrochen. Orwells Werk erscheint in neuen Übersetzungen in Zeitungen etc. und ist der Anlaß für eine Fülle von Befragungen: Entspricht unsere Welt Orwells Vision? Sprechen wir nicht schon »Neusprache«, wenn der amerikanische Präsident sein Kriegsgerät *Peacekeeper* tauft? Sind wir nicht längst der Inquisition des »Big Brother« Computer ausgeliefert, dem keine unserer Lebensäußerungen entgeht?

Welches Leben führen wir eigentlich? Welchen Sinn hat es noch? Diese *Sinnfrage* wird in der deutschen Öffentlichkeit so nachdrücklich gestellt, daß man sich manchmal des Eindrucks nicht erwehren kann, Deutschland durchlebe so etwas wie eine kollektive Pubertätskrise. Die Beunruhigung, die aus ihr spricht, ist aber ernst zu nehmen; und ebenso die Überzeugung, daß zugleich mit den gesellschaftlichen Bindungen auch die menschlichen Bindungen zerfallen. Der Mensch wird durch die moderne Gesellschaft deformiert; auf ewig verliert er die Fähigkeit zu lieben. »Am Rande des nuklearen Abgrunds kann es kein lebenswertes Leben mehr geben, keine wirkliche Liebe«, erklären ungeniert die Erfolgsautoren in Interviews mit populären Magazinen wie dem *Stern*. Die Lieblosigkeit der deutschen Gesellschaft ist zum Leitmotiv erhoben, ebenso erschreckend wie die ständigen Klagen, man könne seine Triebe, statt sie auszuleben, nur mehr in Aggressivität, in Selbsthaß, verkehren.

Dieser Gefühlszustand scheint fast die gesamte zeitgenössische deutsche Literatur zu beherrschen. Botho Strauss' in Paris erfolgreich aufgeführtes Stück *Groß und Klein* ist charakteristisch für diese Strömung, die deutsche Literaturkritiker in einem Interview mit dem *Nouvel Observateur* geradezu als »eisige Verzweiflung« bezeichnen.

Diese in Deutschland vorherrschende trübe Stimmung kommt nicht von ungefähr. Sie ist zu einem guten Teil die Frucht jahrelanger Mißhelligkeiten zwischen Staat und Jugend.

In Frankreich hat man von dieser zu Beginn der sechziger Jahre in Deutschland eingetretenen Entwicklung nur impressionistische Vorstellungen. Hier eine Demonstration gegen einen Flugplatz, dort gegen ein Atomkraftwerk, einmal die Verhaftung eines Terroristen, ein andermal ein »Berufsverbot« ... Diese Phänomene sind aber keineswegs isoliert zu sehen: es ist der gleiche Protest, nur Art und Form seines Ausdrucks wandeln sich. Liest man die Demonstrationsberichte, die Kampfschriften und Flugblätter genau, beeindruckt vor allem die innere Einheit der Rebellion. Seit zwanzig Jahren sind es die gleichen Sprüche, die gleichen Appelle und gelegentlich sogar die gleichen Anführer. Die Jugend der sechziger Jahre ist gealtert. Ihre Ideen aber haben Einlaß in die Gesellschaft gefunden; die Grünen und die linke SPD erwecken sie zu neuem Leben.

1980: der »harte« Terrorismus war so gut wie verschwunden. Die »Roten Zellen« haben ihn wiederbelebt. Sie haben eine neue Methode ausgeklügelt: ohne Logistik konzentrieren sie sich auf beschränkte Aktionen, legen beispielsweise Bomben in den Munitionslagern der NATO. 1983 wurden ihnen 400 derartige Attentate zur Last gelegt. Die Polizei scheint außerstande, dieser neuartigen »bürgerlichen« Terroristen habhaft zu werden[1].

Vor kurzem wurden zwei junge Journalisten angeklagt, für Appelle in einer Berliner Zeitung zugunsten der Roten Zellen verantwortlich gewesen zu sein, und zu einer zweijährigen Gefängnisstrafe – ohne zwingende Beweise – verurteilt. Empört über eine solche staatliche Ungerechtigkeit, erhoben die Grünen sie zu ihren Spitzenkandidaten bei den Europawahlen 1984. Heute sitzen beide im Parlament statt im Gefängnis: ein typisches Beispiel für die Art von Verbindungen und Solidaritäten, die den Zusammenhalt dieses Milieus ausmachen.

Das Ergebnis ist nur scheinbar paradox: obwohl die Bundesrepublik gerade auch in ihren letzten politischen Entscheidungen einer durchaus gemäßigten Politik den Vorrang zu geben scheint, hat Deutschland Angst vor der Zukunft, oder genauer, kein rechtes Vertrauen mehr in seine Zukunft als parlamentarisch-demokratische, kapitalistische und hochindustrialisierte Republik westlichen Zuschnitts.

---

1) Ab 1985 hat mit der Ermordung des Direktors Zimmermann durch die »Rote-Armee-Fraktion« auch der harte Terrorismus wieder Fuß gefaßt.

II

Ursachen des Abdriftens

Einem ausländischen Besucher fällt an der Bundesrepublik vor allem auf, wie künstlich die Strukturen dieses Landes sind, ohne eigentlichen inneren Zusammenhang. Bei näherer Betrachtung zeigt sich, daß Deutschland ein zersplittertes, disparates Land mit gestörtem Gleichgewicht ist. Spät geeint und nur notdürftig zur Nation zusammengeschlossen, aus den Fugen geraten durch den Wirbelsturm des Nationalsozialismus und der Niederlage von 1945, zeigt es heute ein erstaunliches Nebeneinander von vergangenheitsbezogenen und modernistischen Fragmenten.

Vergangenheit gegen Zukunft

Dem Touristen fällt zunächst auf, wie modern das Land ist: eine rationalisierte Landwirtschaft; saubere Dörfer. Städte, die viel an Attraktivität eingebüßt haben, als sie die großen amerikanischen Zentren nachahmen und »autogerecht« werden wollten; die berühmten Autobahnen; Intercityzüge, die die großen Städte im Einstunden-Takt miteinander verbinden; die – leider – zugunsten großer Einkaufszentren verdrängten »Tante-Emma-Läden«; die

Schwierigkeit, wie auch immer geartete Dienstleistungen zu finden – und ihr Preis ..., alles Kennzeichen eines hochentwickelten Landes.

Im Vergleich mit Frankreich hat Deutschland seit dem Krieg einen Vorsprung von etwa fünfzehn Jahren. Die moderne Kunst fand hier raschere Verbreitung – die Architektur ist deutlicher vom Bauhaus geprägt (jenen deutschen Künstlern, Architekten und Gestaltern, die in den dreißiger Jahren in die Vereinigten Staaten emigrierten und als Pioniere der Einheit von Architektur und Funktion auf der Grundlage des berühmten »less is more« entscheidenden Einfluß auf die gesamte moderne Kunst des Zwanzigsten Jahrhunderts ausübten) und der deutsche Neo-Expressionismus beherrscht heute mit Gruppen wie den »Neuen Wilden« den internationalen Kunstmarkt. Ausstellungen wie West-Kunst in Köln oder Dokumenta in Kassel sind zu erstrangigen Ereignissen des internationalen Kunstlebens geworden.

Nicht nur Lebensweise und Kultur, auch die Struktur der Gesellschaft selbst scheint »modern«. Die Umwälzungen, denen die deutsche Gesellschaft durch Nationalsozialismus und Niederlage ausgesetzt war, gingen tiefer als jene der Französischen Revolution von 1789.

Was blieb 1945 von den Privilegien des Besitzes? Zwölf Millionen Deutsche hatten alles, sogar die Heimat, verloren, andere vegetierten in Kellern und schlugen sich auf dem Schwarzen Markt durch; der verbissene Widerstand gegen die Forderung der bedingungslosen Kapitulation hatte das Land zu einem Trümmerfeld gemacht. Die Währungsreform von 1948 brachte die Wirtschaft wieder in Gang, privilegierte aber Löhne und Gehälter gegenüber dem Geldvermögen: 100 Mark auf einem Bankkonto waren von einem Tag zum anderen nur noch 10 Mark wert, die ausgezahlten Arbeitseinkommen paßten sich der Kostenentwicklung an. Für die Gehaltsempfänger vollzog sich der gesellschaftliche Wiederaufbau also auf einer höchst egalitären Grundlage; deshalb ist das Einkommensgefälle bis heute relativ niedrig, und es besteht eine erhebliche Durchlässigkeit zwischen den sozialen Schichten – allerdings blieb Immobilienbesitz und insbesondere der Wert industrieller Anlagen erhalten, auf dem die im Vergleich zu Frankreich relativ wenigen großen Vermögen beruhen.

Die 1969 erfolgte Regierungsübernahme durch die sozialliberale Koalition (zwölf Jahre vor Frankreich!) beschleunigte die »progressiven« Tendenzen des Landes: die Erweiterung der berühmten »Mitbestimmung«, die die Macht der Gewerkschaften noch vergrößerte, deren Reichtum, die ausgezeichnete Schulung ihrer Mitglieder und ihr Streben nach Beteiligung am wirtschaftlichen Erfolg, am »Wirtschaftswunder«, durch die »konzertierte Aktion«, alles geht in der gleicher Richtung. Die Neufassung der Gesetze zur Homosexualität, zur Ehescheidung und zur Abtreibung begleiten die Veränderung der Moralvorstellungen, die bereits mit dem *Fräuleinwunder* begonnen hatte, als sich das plumpe Gretchen in eine elegante Blondine verwandelte; die Frauen lösen sich endgültig von den »drei K« *(Kinder, Kirche, Küche)*, um sich den Idealen der Frauenemanzipation sehr viel früher zuzuwenden als ihre französischen Schwestern

Die deutsche Gesellschaft steht an der Spitze des Fortschritts. Sie ist das Modell einer liberalen Gesellschaft, in der sich Sitte und Wirtschaft im Einklang befinden. Sie zeigt sich allen neuen Ideen aufgeschlossen und gibt sich dem jeweiligen Trend voll hin.

Politisch weist die Bundesrepublik in gewisser Weise den anderen westlichen Demokratien sogar den Weg: ihre Verfassung gilt allgemein als vorbildlich. Das unter den wachsamen und zustimmenden Augen der Alliierten 1949 geschaffene »Grundgesetz« ist vor allem deshalb exemplarisch, weil es äußerst konsequent Lehren aus der Vergangenheit zog.

Alles, was Handhabe für Willkür, Rassenhaß, Militarismus oder Instabilität liefern kann, wurde ausgeschlossen. Feierlich wird dagegen das »Recht auf freie Entfaltung seiner Persönlichkeit ohne Ansehen von Geschlecht, Abstammung, Rasse, Sprache, Herkunft oder Glauben« bekräftigt. Die Befehlsgewalt über die Bundeswehr liegt nicht beim Bundeskanzler, sondern beim Verteidigungsminister. Ausdrücklich wurde die Möglichkeit geschaffen, Zivildienst statt Militärdienst zu leisten. Die Todesstrafe ist abgeschafft. Beachtlich ist auch die Großzügigkeit, mit der das Asylrecht geregelt wurde.

Die Stabilität wird durch das Verfahren des »Konstruktiven Mißtrauensvotums« gewährleistet (mit dessen Hilfe Kohl 1982 Schmidt stürzte), das dem Bundestag die Möglichkeit gibt, den Kanzler ohne Parlamentsauflösung zu wechseln (eines der wenigen politischen Rechte, die dem Bundespräsidenten zugestanden wurden, ist allerdings dasjenige, den Bundestag aufzulösen). Der Schatten von Weimar ist hierdurch gebannt.

Eine paradoxe Entwicklung hat dagegen der berühmte Artikel 20 des Grundgesetzes, Paragraph 4, genommen. Er war 1968 bei der Verabschiedung der Notstandsgesetze eingeführt worden und sollte dem Bürger ein »Widerstandsrecht« gegen jeden Versuch garantieren, die verfassungsmäßige Ordnung zu stürzen. Kurioserweise ist er heute zum Lieblingsinstrument der Protestbewegung gegen den Staat geworden.

Betrachtet man zusätzlich die Arbeitsweise des Bundestages und insbesondere die entscheidende Rolle der Bundestagsausschüsse in der täglichen Politik, zeigt sich, wie vorzüglich das Verfassungssystem der Bundesrepublik Deutschland angelegt ist, das zweifellos einen Fortschritt gegenüber den anderen westlichen Demokratien darstellt.

Die riesige abstrakte Skulptur Henry Moores vor dem Bonner Bundeskanzleramt wirkt wie das Symbol eines Deutschlands, das sich entschieden der Zukunft zugewandt hat.

Sieht man dagegen näher hin, stößt man überall auf Überbleibsel aus der Vergangenheit (nicht nur der jüngsten Vergangenheit und ihrer Traumata). Der Zauber-schlag von 1945 konnte die Mentalitäten nicht so grundle-gend wandeln, wie es den Anschein hat.

Deutschland ist ja wirklich durch den alliierten Einfluß aus seinen Geleisen geworfen, seine Gravitationsachse ist verrückt worden: darum ist die Koexistenz von Bundesre-publik und »ewigem Deutschland« heute so schwierig. Letzteres ist umso »ewiger«, als keine wirkliche Revolu-tion den Lauf seiner Geschichte je unterbrochen hat. Die 1848er Revolution war die Revolution bürgerlicher Intel-lektueller, noch vom Schwung der Freiheitskriege gegen Napoleon getragener Idealisten, die sich ohne Blutvergie-ßen wieder zur Ordnung rufen ließen. Auch wenn es den Brüdern Grimm, den Schriftstellern Uhland und Arndt gelungen war, Metternich zu vertreiben – dem Deutschen Bund auch nur das geringste politische Leben einzuhau-chen, gelang ihnen nicht. Im Endeffekt ließen sie Preußen gewähren, das seine Wertvorstellungen nun ganz Deutsch-land aufzwingen konnte.

Erst die weit blutigere und schmerzlichere Revolution von 1918 schuf im Umsturz der Niederlage tatsächlich eine Republik. Der Schatten des Bolschewismus aber hatte die Gegebenheiten von vorneherein verändert und das Spiel verfälscht. Es ging keineswegs mehr nur um Demokratie, es ging um den Kommunismus. Die »Arbeiterräte« er-schreckten die gemäßigten Sozialisten die erste Republik wird mit Hilfe der Armee und rechter Kräfte geschaffen werden. Die großen traditionellen Mächte der Gesell-schaft vor 1914 bleiben intakt: die aristokratischen Groß-grundbesitzer, die Großindustriellen und die Armee über-lassen dem eben gewählten Präsidenten einer verachteten Kleine-Leute-Republik die nicht beneidenswerte Aufga-be, für den Versailler Vertrag eintreten zu müssen.

Deutschland hat keine revolutionäre Tradition. Der Be-griff Revolution hat – anders als in Frankreich – einen eher abwertenden Beigeschmack; er signalisiert eher Unord-nung und Wirren als Befreiung. Karl Liebknecht, Rosa

Luxemburg und die »Revolutionäre« von 1918 genießen nicht jenes populäre Ansehen wie ihre französischen Genossen.

Im Grunde haben sich Deutschlands monarchische Strukturen und Denkformen bis zum Nationalsozialismus erhalten. Noch heute stößt man immer wieder auf diese Vergangenheit. Das Prestige, dessen sich die Aristokratie in diesem demokratischen Lande bis heute erfreut, ist nur eines der auffälligsten Relikte.

In seinem Buch *Au Plaisir de Dieu* beschreibt Jean d'Ormesson, wie eine kleine Wittgenstein in seine Familie kommt. Alle sind von Bewunderung für diese neue Cousine erfüllt; alles an ihr atmet noch jene feudale Welt, deren Niedergang und Normalisierung die Familie d'Ormesson seit Ende des achtzehnten Jahrhunderts erfahren mußte, die Familie Wittgenstein dagegen erst seit der Weimarer Republik.[1]

Selbstverständlich handelt es sich heute nicht mehr um eine soziale Klasse mit nennenswerten Privilegien oder irgendeinem Einfluß auf politische Macht. In dieser Nachkriegsgesellschaft mit ihren demokratisch reduzierten Einkommensunterschieden gibt es trotz allem ein großes Gefälle im kulturellen Niveau und den gesellschaftlichen Erkennungsmerkmalen. Die Aristokraten sind ein typisches Beispiel dafür, wie eine gesellschaftliche Gruppe im Festhalten an einem bestimmten Lebensstil durch totale politische, wirtschaftliche und institutionelle Umwälzungen hindurch »unter sich« bleiben konnte. Sie leben in einem eigenen Milieu, in dem diejenigen dominieren, deren Güter westlich von der Demarkationslinie zur sowjeti-

---

1) Noch vor einigen Jahren konnte man in Deutschland alten Damen begegnen, die sich noch gut daran erinnerten, wie sie als junge Mädchen am Hof Wilhelms II. lebten und den Bart von Tirpitz bewunderten. Sie sprachen dann von »ihrem König« und meinten Friedrich II.; und in ihrem schönen, langsamen, getragenen französischen Deutsch erklärten sie »dezidiert«: »Kusine Lili hat sehr embelliert«. Eine derartige Präsenz des kaiserlichen Preußen ließ die banal gewordene Bundesrepublik vergessen.

schen Besatzungszone lagen. Sie haben so viel zusammen-
hängenden Grundbesitz, daß man in Frankreich, wo der
Code Napoléon ihn zerstückelte, darüber nur staunen
kann.

In Deutschland galt das Erstgeborenenrecht, das von
den Nazis noch untermauert wurde, in verschiedenen Formen (außer im Rheinland) bis zum letzten Krieg; es gilt für
den Grundbesitz überwiegend auch weiterhin. Feste und
Jagden finden auf echten Gütern aus jener Zeit statt. Das
»kultivierte Bürgertum« ist bei solchen Festlichkeiten willkommen: Botschafter- oder Industriellensöhne fühlen sich
wie unter ihresgleichen, aber alles kreist doch weiterhin
um die Moltke, Schlieffen, Wittgenstein oder Bismarck
(stets mit seltsamen Kosenamen wie »Ping« oder »Pong«
oder »Mausi« bedacht).

Verfolgt man ihren Lebenswandel, glaubt man sich in
das tiefe neunzehnte Jahrhundert versetzt, vor allem bei
einer großen Jagd mit ihren dort geltenden eisernen Traditionen. Der erste Schnee ist gefallen, der Rauhreif
knirscht unter den Füßen. Im eisigen Morgengrauen murmeln die Jagdhüter in ihrem traditionellen grünen Loden-
gewand, mit Feder am Hut, die rituellen Formeln, während sie die Gäste in die Jagdlinie einordnen. *Waidmanns-
heil, Herr Baron,* flüstern sie mit einer Verbeugung, dann
wird es ganz still. Plötzlich zerreißt ein Höllenlärm die
Morgenstille. Die gelben Kapuzen der Treiber brechen
durch das Gebüsch, ihre kehligen Rufe mischen sich mit
dem Gekläff der gehetzten Hunde. Das ganze traditionelle, mythische Deutschland greift einem beängstigend an
die Kehle.

Ein kompliziertes Ritual beschließt die Jagd. Vor den
aufgereihten, auf die Flanke gelegten Rehen mit ihren gra-
ziös gebogenen Beinen wird zur Ehre der Jagdopfer lange
ins Horn geblasen. Plötzlich versteht man, weshalb die
Romantiker, die die alten deutschen Legenden wieder
ausgruben, in den erlegten Rehen verzauberte Prinzessin-
nen sahen.

Eine andere Art, einen Einblick in das Deutschland von einst zu bekommen, ist, Neujahr auf einem nordbayerischen Schloß zu erleben.

Die Gäste trudeln am Nachmittag des 31. Dezember ein, auf ihrem Zimmer liegt mit einem kleinen Geschenk die Liste der ungefähr hundert Gäste auf Büttenpapier. Größtenteils sind es Jugendfreunde, die zusammen in die Schule gegangen und mit den Gastgebern verwandt sind. Alle treffen sie sich zu einem großen Diner. Wie überall, wird nach dem Essen in der Silvesternacht getanzt: um Mitternacht aber wird mit einem Luther-Choral das Neue Jahr begangen. Alle Gäste singen gleichermaßen laut und gut in der Gewißheit, Gott werde sie »unter Adelers Fittichen« bewahren. Die wechselseitigen Neujahrswünsche sind ebenso aufrichtig wie die gegenseitigen Bindungen alt. Gegen drei Uhr morgens lockt ein Feuerwerk die jungen Frauen im Abendkleid in den Schnee, fröstelnd drängen sie sich an die Schulter ihres Ritters. Bei solchen Festen scheint die Zeit stillzustehen.

Eine andere Atmosphäre herrscht in der Münchner Schickeria, die gern mit ihrem Geld protzt und keinem Skandal ausweicht, oder auch, in wieder anderer Weise, bei den viel strengeren, sentimentaleren, aber auch bescheideneren Adelsgenossenschaften, die die Vergangenheit wieder aufleben lassen wollen, indem sie die Beziehungen zwischen den verstreuten Flüchtlingen wieder anknüpfen und »Adelsbälle« organisieren – denen allerdings jene Familien sorgsam fernbleiben, die auch weiterhin den ersten Rang beanspruchen.

Derartige diskrete gesellschaftliche Verbindungsnetze vermitteln ein ganz anderes Bild von Deutschland: ein weniger einheitliches, denn, mögen Intelligenz und Reichtum in der Bundesrepublik noch am ehesten dem Gleichheitsprinzip unterworfen sein, für die Kultur gilt das jedenfalls nicht – die »Kultur« nicht im Sinne von Gebildetsein, sondern im Sinne einer gewissen Verfeinerung der Lebensart. Hier soll keineswegs auf jenen Ausspruch einiger enttäuschter Deutschland-Liebhaber angespielt werden: »Mit Ausnahme der Juden und Aristokraten sind die Deutschen einfach unerträglich.«

Aber manch einer wird gerne zugeben, daß der Durchschnittsdeutsche ein weit ungeschlachteres Benehmen als beispielsweise der Durchschnittsitaliener hat. Schon Madame de Staël behauptete, daß »einzig die überlegenen Geister in Deutschland umgänglich sind«.

Bedauerlicherweise hegen gerade auch die Deutschen selbst eine besondere Verachtung für diese Figur des Kleinbürgers mit dem unübersetzbaren Terminus *Spießer, Philister*; und gerade mit diesem Typus des Deutschen haben die Franzosen am meisten zu tun. Das Wirtschaftswunder hat uns ihre Gegenwart in reichem Maße beschert: auf französischen Autobahnen schleppt er seine gigantischen, mit Lebensmitteln vollbepackten Wohnwagen dahin, um jeden Halt in einem Restaurant zu vermeiden, an unseren Stränden räkelt er sich besonders nackt, besonders rot und besonders lärmend. In Südfrankreich kauft er Haus um Haus, treibt die Preise hoch, denkt gar nicht daran, dem Bürgermeister, dem Krämer und dem Gastwirt seine Aufwartung zu machen – und wundert sich dann, daß keiner ihn will, wenn er endlich angekommen ist, den Mercedes zum Bersten voll mit Einkäufen aus dem Supermarkt. In Tignes hat es seine etwas betuchtere Spezies geschafft, auch noch den letzten Franzosen zu vertreiben, der jene deutschen, trunkenen Gelage mit ihren grölenden Gesängen einfach nicht mehr aushielt.

Zuhause sind sie genauso unausstehlich. Kaum ist die heiße Jahreszeit angebrochen, kommen sie in einer Aufmachung daher, die einen Italiener zum Weinen bringen muß. Die Bierleichen auf dem Münchner Oktoberfest oder die letzten torkelnden Fußballfans nach einem großen Bundesligaspiel sind ein scheußlicher Anblick.

Andererseits wimmelt es in Münchens Straßen von derart protzigen Pelzmänteln, kunstvoll gelegten Haaren und derart geschniegelten Make-ups, daß es einen ekeln kann.

»Wie, das soll das Volk Goethes sein?« fragt man sich dann. Die als nicht so demokratisch geltenden romanischen Länder haben eine viel ältere »Kultur« der Lebenskunst, und die Gesellschaft ist viel tiefer von ihr durchdrungen. Selbst ein »Aufsteiger« verfügt dort (falls er nur ein klein wenig Beobachtungsgabe besitzt) über den notwendigen kulturellen Hintergrund, um sich seinem Milieu anzupassen. In Frankreich sind es jene bestimmten Elite-Schulen, die Grandes Ecoles, die den Sesam öffnen, die ihren Absolventen den Adelsbrief ausstellen, der ihnen »in« zu sein erlaubt und alle Türen aufschließt.

Deutschland hat sich einem eher englischen Snobismus verschrieben. Entweder man gehört, wie in England, ein für alle Mal »dazu«, oder eben nicht. Falls nicht, wird man nie akzeptiert werden, die äußeren Zeichen verraten es. Selbst wenn man nicht so definitiv beurteilt wird wie in Großbritannien, wo man nur den Mund aufzumachen braucht, und schon ist man eingestuft, erkennt ein geübtes Auge in Deutschland doch sehr viel schneller als in Frankreich oder Italien, wen es vor sich hat.

Diese unterschiedliche kulturelle Durchdringung der Gesellschaft ist wahrscheinlich eine der Ursachen für ein gewisses deutsch-französisches Nichtverstehen: auf gleicher Rang- und Einkommensstufe besitzt ein Franzose mehr Lebensart als ein Deutscher. Um aber Freunde zu finden, muß er in Deutschland Zugang zu »gehobeneren« Milieus als seinem ursprünglichen französischen finden.

Obwohl die deutsche Gesellschaft durch und durch von Denkmustern des Mittelstandes durchdrungen ist, hat sie sich mangels einer 1789er Revolution doch niemals vollständig aus den Zwängen des »Ancien Régime« befreit.

Es gibt, wie in England, Elite-Internate: Kloster Wald, St. Blasien oder Salem. Dort bereits werden Verbindungen geknüpft, bilden sich jene Denkgewohnheiten heraus, erwirbt man jene Manieren, die dann das ganze weitere Leben prägen. Auf der Universität treffen Privilegierte wieder in Studentenkorporationen zusammen. Solche Studentenverbindungen, Brutstätten deutscher Ideale, in denen von Generation zu Generation dem Ritual des Duells gehuldigt wurde, gab es mit einem Male nicht mehr. Nach dem Krieg galten sie als reaktionär, und an ihre Stelle traten Gruppierungen, in denen es statt Bier und Säbel Wirtschaftsvorträge gab: die »Bremer« zum Beispiel, oder die »Kanitzer Gesellschaft«. Heute blühen die Korporationen wieder, schlagen sich wie einst weltmännisch im Duell. Der einzige Unterschied ist, daß es der gute Ton heute nicht mehr verlangt, wie vor dem Kriege *Schmisse* zur Schau zu tragen, jene einst so geschätzten feinen Narben im Gesicht; die Studenten tragen heute eine Maske.

Hübsche Namen haben diese geschlossenen Männergesellschaften, wo Damen nur zu Bällen, zum Skifahren oder zur Jagd zugelassen sind. Namen, die heimelig an Vergangenes, an Preußen rühren: zum Beispiel »Saxo-Borussen« oder »Göttinger Preußen«; beide gehören zu den schicksten unter den Verbindungen, zum »Weißen Kreis«.

Weshalb aber sich auf Preußen beziehen? Warum gerade auf diese Vergangenheit? In den Augen der Franzosen sind die Preußen die schlimmsten unter den Germanen: das waren die Ritter des Deutschen Ordens, die Ulanen des Krieges von 1870, die angeblich den Frauen die Brüste abschnitten, um sie am Stillen zu hindern, die Diebe, die dem elsässischen Zeichner Hansi die Uhr stahlen, die Boche aus Bécassine, die Dicke Bertha vor Paris.

Es ist unbegreiflich, daß Frankreich ein solches Preußenbild hat. Unser Trauma ist die Ausrufung des deutschen Kaiserreiches in der Spiegelgalerie von Versailles gewesen, und wir haben nichts unversucht gelassen, um Preußen und die Preußen zu vergessen. Die Historiker, die Literaten meiden es. Wer kann schon ein französisches Buch über Bismarck zitieren? Diese Haltung erstreckt sich auch rückwirkend auf das Preußen Friedrichs II.: selbst der große »Larousse« äußert sich nur herablassend über Voltaires Aufenthalt in Berlin: »Er verbrachte

dort drei Jahre damit, die Verse seines königlichen Gast-
gebers zu korrigieren.« Kein Wort darüber, welche Faszination Friedrich II. auf Voltaire ausübte, nichts über die
erstaunliche Figur eines aufgeklärten Despoten, nichts
von der faszinierenden Ausstrahlung seines politischen
Wirkens im Jahrhundert der Aufklärung.

Preußen war seit je ein Land, wo der Geist weht; immer
schon hatte es bereitwillig aufgesaugt, was von anderen
kam: die Annullierung des Ediktes von Nantes schenkte
ihm 1685 die Hugenotten (im ausgehenden siebzehnten
Jahrhundert ist die Berliner Bevölkerung zu einem Drittel
französischen Ursprungs), slawische und jüdische Elemente werden reibungslos integriert.

Um eine Vorstellung davon zu bekommen, was Preußen
nach den Befreiungskriegen gegen Napoleon und bis 1870
war, muß man Fontane lesen: staunend entdeckt man eine
Welt voller Feinheit und Charme, voll hoher Gefühle und
moralischer Strenge, wo Selbstzucht und Zurückhaltung
durch ein außerordentliches Zartgefühl gemildert sind.
Fontane liebt wie der französische Romancier Stendhal
eine subtile Sozialkritik und gibt uns eine hinreißende Beschreibung der preußischen Salons in jenem Jahrhundert
und jener Kulturform, die für einen französischen Be-
trachter vielleicht das Reizvollste ist, was Deutschland je
hervorgebracht hat.

Dieses Preußen der »nördlichen Aufklärung« hat in der
heutigen Bundesrepublik Spuren hinterlassen. Die Nachkommen der preußischen Führungsschicht weisen noch
alle Idiosynkrasien ihrer Vorfahren auf. Gräfin Dönhoff
trug als Chefredakteurin der großen Hamburger Wochenzeitung *Die Zeit* nicht unwesentlich dazu bei, »aufgeklär-
te« Gesichtspunkte in die deutsche politische Diskussion
einzuschleusen und den »ewig Gestrigen« klare Staatsräson entgegenzuhalten. Überhaupt hat das patrizische
Hamburg, dessen (sozialistischer) Bürgermeister Klaus
von Dohnanyi einer der bekannten deutschen Familien
entstammt, teilweise die Rolle von Berlin übernommen.

In dieser seit je von hanseatischem Reichtum getragenen Stadt herrschten vornehme Zurückhaltung; hier weht noch ein wenig nordische Eleganz.

Harte Vergangenheit

Wer von Preußen spricht, hat es nicht nur mit bestimmten geistigen oder moralischen Qualitäten oder mit dem ihm eigenen Charme seines Gesellschaftslebens zu tun. Preußens Modernität, die es ihm ermöglichte, schließlich ganz Deutschland zu beherrschen, die Schaffung eines gewaltigen Industriekapitals und die großen Reformen sind vor allem auf die wohlbekannten preußischen Tugenden der Pflichterfüllung und der Unterordnung sowie auf die Beherrschung der Bevölkerung durch die Kaste der Militärs und Großgrundbesitzer zurückzuführen.

Bismarcks lange Regierungszeit hat erheblich dazu beigetragen, ein bis dahin eher gemütliches Deutschland zu verpreußen; es gelang ihm, den Einfluß der Katholiken so gut wie auszuschalten, die traditionell nach Westen und auf die Verfassungsdemokratien hin orientiert waren. Außerdem knebelte er Aktivitäten und Presse der Sozialisten erheblich.

Es blieb nur noch diese eine Kaste, deren Vorrang niemals in Frage gestellt wurde: hochgezüchtet, dienstwillig, begabt, hatte sie ein Vakuum um sich geschaffen. Das Bürgertum gab es im politischen Sinne nicht. Die Maxime eines Berliner Bürgermeisters »*Ruhe ist die erste Bürgerpflicht*« war Generationen von Deutschen bis hin zum letzten Weltkrieg eingeimpft worden; viele Historiker führen den besonderen Erfolg radikaler Ideologien in Deutschland auf dieses Fehlen einer politisch bewußten Mittelschicht zurück.

Viele deutsche Intellektuelle haben diese Distanz des Bürgers zur Politik lange Zeit begrüßt. Thomas Mann beispielsweise schrieb in den *Betrachtungen eines Unpolitischen*: »Ich spreche nachdrücklich meine Überzeugung aus, daß das deutsche Volk niemals eine Liebe zur Demokratie entwickeln kann, aus dem einfachen Grund, weil es Politik nicht lieben kann; der vielbeschriene Obrigkeitsstaat bleibt für das deutsche Volk die geeignete Staatsform. Er ist auch die, nach der es sich sehnt«. Das Buch erscheint 1918 – genau zu der Zeit, wo aus Deutschland eine Demokratie werden soll. Es ist außerordentlich repräsentativ für die damalige Einstellung des Großbürgertums: Demokratie und Politik sind gleichbedeutend mit wichtigtuerischem hohlem Geschwätz und entsprechen nicht dem gründlichen deutschen Wesen, dem einzig ein autoritärer Staat angemessen ist.

Dieses preußische Obrigkeitsdenken hat seine Wurzeln in religiösen und philosophischen Elementen der deutschen Kultur. Seine Prämissen – Achtung vor der Befehlsgewalt, unbedingter Gehorsam – begleiteten die ganze deutsche Geschichte und bilden auch heute noch den Rahmen für das gesellschaftliche Leben.

»Der Eindruck, der sich mir aufdrängte, als ich das letzte Mal in Deutschland, das heißt in Stuttgart (Stammheim) war, der mich überall bedrängte, sowohl bei den Soldaten, die Gefängnisse bewachen, wie bei den Menschen in ihrem Inneren, bei Passanten oder Journalisten, war ein schrecklicher Eindruck von verkrampft harten Menschen, total festgelegt auf vorgefaßte Gefühle oder Gedanken. Ich fragte mich: Wo bleibt bei dem allen der Mensch, das persönliche Leben?«[1] Das ist Sartres Eindruck, als er Baader im Stammheimer Gefängnis besucht. Ein ähnliches Deutschlandbild mögen viele Franzosen haben. Jeder, der durch Deutschland reist, wird es schon einmal mit der Starrheit und dem harschen Ton eines Polizisten zu tun bekommen haben, der, ganz Staatsdiener, keinerlei spontane Gefühle mehr für das Menschliche an einer Situation hat. Jedem wird auffallen, wie förmlich es bei offiziellen

---

1) J.-P. Sartre, in: Les Temps modernes, Nr. 396-397, Juli – August 1979, S. 252.

Beziehungen zugeht, wie zeremoniös der Gesprächspartner wieder und wieder mit seinem Titel angeredet wird, als gälte es, die hierarchischen Strukturen unablässig zu beschwören.

All dies sind nur Ausdrucksformen für die Tatsache, daß im Deutschland von heute die gleichen preußischen Werte fortleben, die durch den Nationalsozialismus eine Weile in Mißkredit geraten waren. Hitler wußte, wie er die Offiziere der Wehrmacht an sich zu binden hatte: er ließ sie den persönlichen Eid auf seine Person schwören; noch nach vierzig Jahren wird Klaus Barbie, der frühere Gestapo-Chef von Lyon, im Flugzeug, das ihn aus Bolivien holt, zu seiner Rechtfertigung nur murmeln: »Ich habe nur meine Pflicht getan.«

Die preußischen Werte haben den Nationalsozialismus überlebt; auf sie gründeten sich jene Tugenden, die den Wiederaufbau Deutschlands nach dem Kriege möglich machten: der Wille zur Gemeinschaftsarbeit, sich einem allgemein verbindlichen Modell zu unterwerfen, dieser von den Franzosen zu Recht bewunderte Bürgersinn entstand eben aus dieser Quelle.

Das immer noch gültige deutsche Grundverhaltensmuster hat eine neue Komponente bekommen: die übertriebene Sorge um die Beurteilung durch den Nachbarn. Alle, auch die Deutschen selbst – die behaupten, freier zu atmen, kaum daß sie die Grenze überschritten hätten –, spüren diesen erdrückenden Konformismus der deutschen Gesellschaft (für »nonkonformistisch« gibt es bezeichnenderweise kein deutsches Wort). Er zeigt sich in sämtlichen Bereichen des Alltagslebens.

Vorschriften über Vorschriften regeln alles und jedes, fesseln den einzelnen in seinem persönlichen Leben wie einst die Liliputaner den Gulliver; unmöglich, all die Verbote und Pflichten aufzuzählen, die einen gängeln, sobald man in Deutschland ist. Zwei der auffälligsten vielleicht sind zum einen die drakonischen Ladenschlußgesetze und zum anderen die Pflicht, sich beim Einwohnermeldeamt

zu melden, sobald man seinen Wohnsitz in einer Stadt aufgeschlagen hat (ganz zu schweigen davon, daß es bis vor
kurzem absolut unmöglich war, die Straße bei Rot zu überqueren, auch wenn sie ganz leer war).

Es sieht so aus, als habe Deutschland panische Angst
vor jeder Willkür und als hoffe es, sich durch immer neue
Vorschriften vor ihr zu schützen. (Bietet ein Land wie Italien, wo die Bevölkerung widerspruchslos ein gewisses
Maß an Willkür und staatlicher Anarchie hinnimmt, nicht
ein Mehr an bürgerlicher Freiheit?) Wehe, man mißachtet
diese Regelungen. Sofort fallen sie im Dutzend tadelnd
über einen her und zeihen einen der Pflichtvergessenheit,
wenn man beispielsweise an verbotener Stelle parkt oder
das Unkraut im Garten wuchern läßt (es könnte sich ja
beim Nachbarn aussäen) oder den Zaun nicht rechtzeitig
frisch streicht (was sollen die anderen von unserem Wohn-
viertel denken).

Jeder deutsche Bürger fühlt sich offenbar als Hüter des
Gesetzes im Namen der Gemeinschaft. Hat man einige
Zeit in Deutschland gelebt, wundert man sich nicht mehr,
daß es den Begriff »Denunziation« mit seinem negativen
Beiklang auf Deutsch auch nicht gibt. Oft wird die Hypo-
these geäußert, daß sich jene Phänomene eines kollektiven oder individuellen Sich-Austobens, wie man sie in der
Bundesrepublik beobachten kann, zum Teil durch den
enormen sozialen Druck erklären lassen. Sie reichen vom
Karneval, der in seiner Intensität in bestimmten Gegenden eine große, bis heute ungebrochene wirtschaftliche
und gesellschaftliche Rolle spielt, bis hin zum Terrorismus.

Sanfte Vergangenheit

Ist Deutschland also von Preußen erdrückt worden? Möglicherweise hat Süddeutschland, der *gemütliche* Teil
Deutschlands (niemand käme es in den Sinn, einen Preu-

ßen als gemütlich zu bezeichnen), es bis heute nicht verwunden, daß es unter der Knute eines geistig überlegenen, durch Disziplin und Pflichterfüllung mächtig gewordenen Preußen in das zwanzigste Jahrhundert hineingetrieben wurde, wo sich sein Schicksal zur Tragödie wandelte.

Das überwiegend katholische, immer schon eher den westlichen Demokratien zugeneigte Süddeutschland erweckt ganz andere Bilder, ganz andere Archetypen, die auch das tägliche Leben bis heute bestimmen. Für diesen Teil Deutschlands ist eher das »Biedermeier« symbolisch.

Das Biedermeier war die Zeit zwischen dem Wiener Kongreß von 1815 und der Revolution von 1848 und stand unter dem Zeichen der Metternich-Ära: auf die Sturm- und Drangphase der Romantik folgte die Restauration. Es ist die Zeit, wo der von einem autoritären Regime geknebelte Bürger sich ins Privatleben, in die Familie zurückzieht und alles tut, um Herz, Geist und Seele zu vervollkommnen, sich zu verinnerlichen und um sich herum eine Atmosphäre der Reinheit und Harmonie zu verbreiten. Es ist das Deutschland des Weihnachtsbaums, des »Stille Nacht«, wo auch der Kindergarten erfunden wurde.

Die Malerei des Biedermeier hat uns bezaubernde Bilder dieses Deutschland hinterlassen. Menzel, von Dillis, Waldmüller haben jene Biedermeierinterieurs geschaffen, wo am offenen Fenster ein weißer Tüllvorhang, leise vom Wind gebläht, einen sanft geschwungenen blanken Stuhl streift; eine Frau, über eine Wiege geneigt, ihr Seidenkleid gegen den Wiegengriff gedrückt, das träumerische Profil, halb verhüllt vom dunklen Haar, blickt leuchtend in die Wiege; der Vater, zeitunglesend, pfeiferauchend, seine beiden pausbäckigen, mit Trompeten bewaffneten Kinder, spielen um seine Knie.

Es ist das Deutschland der Rückwendung ins traute Heim: der Vater am Klavier, der Sohn mit der Geige, die Tochter singt. Es ist das Deutschland der fromm bestickten Kissen: »Froh und heiter, Gott hilft weiter«. Es ist das Deutschland der braven jungen Mädchen mit den langen blonden Zöpfen, von dem Giraudoux in *Siegfried et le Limousin* schwärmt: »Rheingold ... das ist Naivität, Feierlichkeit, deutsche Sanftmut ...«

Sanftes Deutschland ... Madame de Staël hatte es schon damals in der Romantik empfunden, und auch heute noch kann ihm der Reisende hinter dem *american way of life*, hinter der Zersplitterung der Familien, so lebendig wie eh und je begegnen. Welche Herzensgüte strömt dieses von der »Oberflächlichkeit, Unmoral und Ungläubigkeit eines Frankreich seit dem Tode Ludwigs XIV« unberührte Deutschland aus, das sich jener »gnadenlosen Ironie«, »die mit ihrem Todeshauch jede Herzensregung im Keim erstickt«, verweigert hat. Heute noch begegnet man in Deutschland »jenem Zartgefühl, jener Poesie der Seele«, die für Madame de Staël das Hauptmerkmal der Deutschen ist. Noch immer tragen die Frauen hier jenen »verhaltenen Ernst zur Schau, der für sie einnimmt«.

Ja, in Deutschland zu leben, deutsche Freunde zu finden, bedeutet oft, wärmere, menschlichere Beziehungen als in Frankreich zu haben: den Deutschen ist es weder gegeben, sich hinter elegantem Zynismus zu verbergen, hinter einem lässigen Schlendrian, einer Ironie, die Diskretion vortäuschen will und doch oft nichts anderes als Egoismus und Selbstschutz ist; noch sind sie, wie die Franzosen, Meister darin, sich in Andeutungen, Wortspielen und einer Art Code-Sprache, einer Sprache »zweiten Grades«, zu ergehen; zwar wissen viele Deutsche nichts mit der Bedeutung des Worts »Salon« anzufangen, dafür zeigen sie guten Willen und eine ernsthafte Neigung, sowohl schöngeistige Themen wie auch vor allem persönliche Beziehungen zu vertiefen, was das Leben reizvoll macht. Jeder, der einmal Weihnachten in Deutschland erlebt hat, jene festen, mit Andacht befolgten Riten, die am Ersten Advent beginnen und erst mit dem gigantischen Feuerwerk des 1. Januar enden, weiß das.

Die Freude am Feste feiern und die minutiöse Befolgung aller Riten verwurzeln Deutschland in seiner Vergangenheit: Jubiläen und Gedenktage, Taufen, Geburten und Hochzeiten werden sehr viel festlicher begangen als in Frankreich. Unzählige Details: im Alltag getragene Trachten, Todesanzeigen, die ganze Zeitungsseiten einnehmen, traditionelle Karnevalsbräuche – alles deutet auf eine letztlich viel lebendigere, weil jüngere und darum spürbar nähere Vergangenheit hin als Frankreich sie hat, wo sich die ersten großen sozialen und kulturellen Umwälzungen bereits vor zwei Jahrhunderten vollzogen.

Deutschland, ein Puzzle

Außer dem »preußischen« Deutschland und Süddeutschland gibt es natürlich zahlreiche andere Deutschlands, so zum Beispiel das Deutschland Luthers, das der Denker und das der Romantik. Uns ging es hier vor allem darum, auf die geringe Homogenität der deutschen Gesellschaft hinzuweisen, zu zeigen, daß hinter der Maske eines angepaßt gleichförmigen Deutschland ein anderes Deutschland existiert.

Dieses andere Deutschland setzt sich aus seinen Menschen zusammen, die, auch wenn sie einander immer ähnlicher werden, sich doch noch weit voneinander unterscheiden; der Krieg hat ungeheuere Bevölkerungsbewegungen mit sich gebracht: die nach 1945 aus den verlorenen Ostgebieten (Pommern, Ostpreußen, Schlesien), aus dem Sudetengebiet oder Ungarn vertriebenen zwölf Millionen Deutschen sind »Westdeutsche« geworden, haben sich niedergelassen und sind in der Anonymität der Großstädte aufgegangen. Die drei Millionen, die bis August 1961 die DDR um der Freiheit willen verließen, finden sich auch über das ganze Bundesgebiet verstreut – vor allem aber in den Industrieregionen.

Alle diese deutschen Bürger sind sicherlich verschiedener untereinander als Franzosen unter sich. Die regionalen Unterschiede sind größer. Da Deutschland später geeint wurde, haben sich die Eigenheiten seiner verschiedenen Teilgebiete stärker erhalten als in Frankreich unter dem zentralistischen Einfluß von Paris. Die Fülle von bayerischen Schimpfworten für einen Preußen spricht hier eine beredte Sprache.

Die Sprache selbst ist unglaublich vielfältig. Neben dem Hochdeutsch an den Schulen – das keinesweg alle Deutschen korrekt beherrschen – hat jede Region ihren eigenen Dialekt, den schon die Nachbarregion nicht mehr ganz versteht. Ein Berliner versteht kein Schwäbisch, und um Bayerisch oder *Köl'sch* zu lernen, braucht er lange.

Es ist in diesem Zusammenhang sehr aufschlußreich, Gesprächen deutscher Schulklassen auf Studienfahrt nach Paris zuzuhören. Man weiß sofort, woher sie stammen: sei es, daß sie einen eher süddeutschen Dialekt, sei es, daß sie plattdeutsch sprechen (ein norddeutscher Dialekt, der viele angelsächsische Elemente enthält) – verstehen kann man sie kaum. Und wenn sich die gleichen Schüler dann bemühen, hochdeutsch zu sprechen, schimmert ihr Dialekt bis in den Tonfall hinein überall durch.

Jeden Deutschen umgibt, sobald er den Mund auftut, seine provinzielle Aura, eine besondere kulturelle Erdnähe, die es bei uns in Frankreich nur noch in abgelegenen Landstrichen gibt. Frankreich ist sehr früh Nationalstaat geworden (Deutschland erst 1870). Schon früh wurde seine Sprache einheitlichen Regeln unterworfen. Vaugelas' *Bemerkungen zur französischen Sprache* stammen aus dem Jahre 1647, Richelieu hatte bereits die Académie Française gegründet. Die deutsche Sprache hat sich dank Luther und seiner Übersetzung der Erasmus-Bibel gegen 1522 zu formen begonnen. Da die Reformation diese Bibel in jeden Hausstand brachte, wurde eine einheitliche Sprache, in dem man sie las, geschaffen. Eine so genaue Festlegung wie in Frankreich hat sie jedoch nie erfahren.

Noch heute verfügt das Deutsche über viel mehr Ausdrucksmöglichkeiten als das Französische. Dank ihrer wunderlichen Fähigkeit, mehrere Worte einfach aneinanderzureihen und damit ihre logische Verbindung abzuwandeln, hat sie einen größeren Spielraum zur Schaffung von Neologismen. Jeder Spezialist kann sich so einer beliebig ausdehnbaren Terminologie bedienen; und das umso eher, als die Morphologie der deutschen Sprache auf einer Reihe von Präfixen, Suffixen und Wurzeln beruht, die untereinander kombinierbar sind wie die Ziffern eines Zahlenschlosses. Dem Beobachter fällt auf, daß als Folge dieser Eigenart Deutsche, sofern sie nicht aus der gleichen Ecke stammen, oft Mühe haben, sich untereinander zu verständigen.

Die Deutschen sprechen nicht nur verschiedene Sprachen, sie haben auch, je nach der Gegend, aus der sie stammen, eine andere Erziehung und eine andere Bildung genossen. Die Reformation hat Deutschland ein für allemal in einen protestantischen Norden und einen katholischen Süden geteilt – und bis heute ist das an den Mentalitäten spürbar: während der heitere, offene und lebensbejahende Süden den Norden gerne des Snobismus, der Kälte und der Schwermütigkeit bezichtigt, finden die Norddeutschen die Süddeutschen dagegen oft etwas gewöhnlich und leichtfertig. Die föderale Struktur der Bundesrepublik Deutschland trägt das ihre dazu bei, diese Unterschiede zu verfestigen: es gibt kein Bundeserziehungsministerium. Jedes Land hat deshalb im Rahmen von Abkommen der Kultusministerkonferenz weitgehend freie Hand, die Schüler in seinem Sinne zu erziehen.

Die geographische Herkunft der Deutschen beeinflußt aber nicht nur ihre Sprache oder Mentalität, sondern auch ihre historische Lebenserfahrung. Wie verschieden ist das Leben einer bayerischen Bäuerin von dem einer jungen Frau, die von einem ostpreußischen Gut stammt. Erstere hatte das Glück, zu jenen wenigen Deutschen zu gehören, die das Schicksal weithin verschonte. Ihr Haus wurde nicht zerstört, sie kennt nicht den Schrecken der Bombennächte. Sie hat kaum unter Hunger gelitten. Letztere dagegen hat wahrscheinlich Monate des Entsetzens hinter sich:

Angst vor den Russen, deren Einmarsch, die Flucht im Schnee mit den Kindern, die vor Kälte und Hunger weinen, danach Jahre der Heimatlosigkeit im Westen, ein kümmerliches Leben von der Hand in den Mund, oft auf Kosten von Verwandten: Wie sollen beide sich verstehen?

Dabei sind es nicht nur geographische Ursachen, die eine Verständigung so schwer machen. Wie soll man sich einer Nation zugehörig fühlen, wenn man zu lange durch alles voneinander getrennt war? Wenn der Bruder des einen den Vater des anderen denunziert hatte? Auch in Frankreich hat die Besatzung viel gegenseitige Verbitterung, ungelüftete Geheimnisse und weiterschwelende Rachsucht hinterlassen. Aber immerhin hatte das Ausland die Schande über uns gebracht.

In Deutschland dagegen wurde im Laufe von fünfzehn Jahren das Geflecht der Gesellschaft durch innere Gegensätze zerrissen (rechnet man die bürgerkriegsähnlichen Zustände in den letzten Jahren der Weimarer Republik hinzu), noch bevor die nationalsozialistische Ideologie endgültig Schiffbruch erlitt. Diese Gegensätze reichten gefühlsmäßig, weltanschaulich und politisch so tief, daß viele Deutsche nach dem Kriege unfähig zu einer Verständigung untereinander waren. Wie sich einem ehemaligen SS-Mann gegenüber verhalten, wenn man selbst als deutscher Offizier entschieden hatte, sein »Vaterland zu verraten« – getreu der Überzeugung: lieber Niederlage als Hitler-Regime.

Abgründe wie diese bleiben unüberbrückbar. Besonders, wenn sie sich zwischen Vätern und Kindern auftaten. In keinem anderen europäischen Land ist der Generationenkonflikt so schwerwiegend wie in Deutschland, wo der nach 1945 geltende Ehrenkodex in vieler Hinsicht genau entgegengesetzt zu demjenigen vor dem Kriege war. Das wirkt sich bis in die Sprache hinein aus. Das ganze Nazi-Vokabular war unbrauchbar geworden. Man fürchtete jede falsche Begeisterung, ging jedem Pathos aus dem Wege; Philosophen und Schriftsteller warfen die Frage auf, ob Lyrik nach Auschwitz überhaupt noch möglich sei. Das Gesetz der Stunde hieß Beschränkung auf konkrete Nüchternheit, wie jenes Nachkriegsgedicht von Günther Eich: ... »Das ist meine Mütze, dies ist mein Mantel, hier mein Rasierzeug im Beutel aus Leinen«.

Und so gibt sie sich heute, die Bundesrepublik: zahm, leise langweilig, aber bewundernswert in ihren wirtschaftlichen Erfolgen und durch ihre politische Organisation. Nur wenige Franzosen wissen, daß sich hinter dieser Fassade ein unendlich reicheres und differenzierteres Deutschland verbirgt, von dem jene Abgesandten einer Gesellschaft von Emporkömmlingen, mit denen wir Franzosen es meistens zu tun haben, kaum etwas ahnen lassen: ein unendlich sympathisches Deutschland, eines, das unter der dünnen Schicht von Modernität mit seiner Vergangenheit Zwiesprache hält, von ihr zehrt und sich täglich dadurch wandelt.

Deutschland als Objekt

Aber es ist auch ein Deutschland, das sich hinter der Tarnung seiner nach dem letzten Krieg in einem Augenblick des schwächsten Widerstands geschaffenen Institutionen unbehaglich fühlt. Wie sollte es auch nicht? Manch einem seiner Bürger scheint die einst empfangene Lehre mit der heute offiziell gültigen Doktrin nicht mehr vereinbar. Die äußerst liberale Verfassung ist für sie, in deren Denkgewohnheiten bestimmte autoritäre Vorstellungen tief verwurzelt sind, schockierend.

Wenn die parlamentarische Demokratie heute in Deutschland wieder angezweifelt wird, dann deshalb, weil die demokratische Idee zum Teil noch immer als Fremdkörper empfunden wird. In Frankreich ist man sich, gemäß der bekannten Formel, bewußt, daß sie »das schlimmste aller politischen Systeme ist – abgesehen von allen anderen«. Da im Zweifel vieles für sie spricht, verzeiht man ihr alle Mängel. Jeder Neuerungsversuch könnte möglicherweise eine Versuchung des Teufels sein, um die Menschheit erneut ins Unglück zu stürzen. Man mißtraut der Verlockung durch neue Ideen und auch den totalitären Begeisterungen, die sie möglicherweise auslösen. Das unerhörte Ausmaß der Katastrophe in Deutschland verlangte wahrscheinlich eine ebenso unerhörte Radikalkur, die die Wucht des Übels spiegelte. Man suchte nach einer Lösung, die die Herrschaft des Guten auf immer garantieren sollte. An diesem Anspruch muß man die Enttäuschung messen über jene parlamentarische Demokratie westlich-kapitalistischen Musters, die einen derartigen Absolutheitsanspruch nicht erfüllen kann.

Eine solche Fehleinschätzung findet man in Deutschland bei den verschiedensten Strömungen. Zunächst auf der extremen Linken: man lese nur die Texte von Ulrike Meinhof in *Konkret*, in denen sie den Standpunkt vertritt, daß für ein Land die bloße Tatsache, »Demokratie« zu sein, den Verzicht auf eine Armee bedingt. Eine »Demokratie« ist nicht aggressiv, sie besitzt keine Waffen. Entsprechend standen die »gegen die Atombombe und Nuklearversuche in Ost und West« gerichteten Ostermärsche der Pazifisten (die der englischen Bewegung *ban the bomb* entsprachen) seit den fünfziger Jahren unter der Parole: »Unser Nein zur Bombe ist ein Ja zur Demokratie«. Diese Logik ist für einen Franzosen schlicht unverständlich.

Beunruhigender noch ist, daß Ulrike Meinhof mit ihrer idealisierten Vorstellung von Demokratie nicht eine Sekunde zögert, zu erklären: »Protestieren heißt, daß ich nicht mehr mitspiele. Widerstand leisten heißt, dafür sorgen, daß auch die anderen nicht mehr mitspielen.« Die deutsche Linke sieht überhaupt nicht, welche totalitäre Versuchung in einem solchen, der jungen Generation oft als beispielhaft vorgehaltenen Satz liegt. Wer die Wahrheit besitzt, hat die Pflicht, sie den anderen aufzunötigen. Das ist eine seltsame, um nicht zu sagen pervertierte Vorstellung der Demokratie.

Die Demokratie-Vorstellungen der Rechten sind nicht weniger erstaunlich. Für die »Springer-Rechte« (jener Meinungstrend, den beispielsweise die Zeitung *Die Welt* vertritt) ist bereits jedes Abweichen vom Gros der allgemeinen Meinung suspekt. Für einen Großteil der deutschen Bürger liegt das Heil im Konsens. Am liebsten hätten sie ein demokratisches Regime, das Linke und machthabende Rechte im Lobgesang für die allen zuteil werdenden Wohltaten eines – wohlverstanden – kapitalistischen System vereine. Abweichende Meinungen grenzen bereits an Verrat. Die Kommunistische Partei, die dieses Spiel nicht mitspielt, wird mehr oder weniger des potentiellen Hochverrats verdächtigt. Eine Infragestellung seiner selbst ist diesem System unerträglich.

Glücklicherweise gibt es außer diesen beiden Positionen noch genügend solche Deutsche, die die Bundesrepublik als das ansehen, als was wir sie kennen; aber sie hat es nicht leicht, ihren demokratischen Kurs einzuhalten.

Demokratie ist für die Deutschen nichts, was man mit Gelassenheit betrachten kann. Zweimal wurde sie ihnen als Frucht der Niederlage »beschert«. Sie war das Modell der Sieger, und dieser Tatbestand spielt noch immer eine Rolle. Die übermäßige Verrechtlichung der politischen Fragen, die immer weiter um sich greift, ist Ausdruck dieser verkrampften Haltung. Deutschland ist ein Land, wo das Recht eine Schlüsselrolle spielt. Die Richter im besonderen und die Juristen im allgemeinen genießen ein hohes Prestige, so wie die *Lawyers* in den Vereinigten Staaten.

Dem Recht kommt höchste Legitimität zu, es verkörpert geradezu die Legitimität. Es schützt vor jeglichem Mißbrauch, und sei es dem durch die Mehrheit; daher jene zahllosen Gerichtsklagen, die oft bis vor das oberste Gericht (das Bundesverfassungsgericht in Karlsruhe) gehen, das für Fragen aller Art zuständig ist. Hier wurde auch über die Stationierung der Pershing prozessiert. Mit schwindendem Vertrauen in die Politik wächst seit einigen Jahren die Zahl derer, die Zuflucht im Recht suchen, so daß man genötigt ist, das Karlsruher Gericht zu entlasten, dem seine Aufgaben über den Kopf wachsen.

So tief die juristischen Grundlagen des Rechtsstaates verankert sind, so wenig wird die Demokratie, die dessen politischer Ausdruck sein sollte, in Deutschland als wirklich »Eigenes« empfunden. Sie ist dem besiegten Deutschland zwar nicht aufgezwungen, aber dennoch im Rahmen eines Systems nahegelegt worden, dessen unausgesprochener, aber klar erkennbarer Sinn es war, Deutschland als Objekt zu behandeln.

Nach der durch Goebbels' »totalen Krieg« neuerlich herbeigeführten Niederlage war Deutschland 1945 Wachs in den Händen der Alliierten. Sie haben aus Deutschland das gemacht, was es heute ist. Auf sie geht die administrative Aufteilung zurück, auf sie die innerhalb ihrer Besatzungszonen geschaffenen heutigen *Länder*, die, wie Afrikas viele Grenzen, oft nichts mehr mit historischen und psychologischen Realitäten gemein haben. Ihren Rivalitäten untereinander ist die Teilung Deutschlands in zwei entgegengesetzte Staaten zu verdanken.

Zunächst hatten sie gemeinsam über die deutschen Grenzen beraten. Am 6. Juli 1945 treffen sich die Alliierten in Potsdam. Die Amerikaner denken an ein Deutschland, das sich aus Bayern, Baden, Württemberg, Österreich, Ungarn zusammensetzen soll, mit Wien als Hauptstadt. Unter russischem Druck wird mit polnischer Unterstützung als Ostgrenze Deutschlands eine Linie gezogen, die der Oder und ihrem Nebenfluß Neiße folgt. Ostpreußen kommt in den Besitz Sowjetrußlands: Königsberg heißt hinfort Kaliningrad; Schlesien und Pommern werden polnisch. Deutschland hat damit hunderttausend Quadratkilometer und alles, was sich darauf an Liebe, Geschichte und Kultur zugetragen hat, verloren. Und ebenso sind es die Alliierten, die über die politischen Strukturen der Bundesrepublik entscheiden: bereits im Juli 1945 lassen sie politische Parteien zu und entscheiden mit der Währungsreform von 1948 die wirtschaftliche Zukunft der

Bundesrepublik, indem sie Deutschland in die OECD aufnehmen und die Mitbestimmung durchsetzen etc. Sie auch sind es, die 1949 die Formulierung des berühmten Grundgesetzes, dieses Musters an Liberalität, bis ins Kleinste überwachen. Das »Besatzungsstatut« mit seinen »Souveränitätsvorbehalten« wird erst 1954 aufgehoben.

Nicht ohne eine gewisse Schadenfreude weisen die Deutschen heute darauf hin, daß jeder der Alliierten ihnen eine Besonderheit hinterlassen habe – dazu gedacht, die deutsche Entwicklung zu hemmen –, die das Gegenteil bewirkt hat. Die Franzosen schenkten der Bundesrepublik aus Angst vor einem möglichen neuen übermächtigen Einheitsstaat die Dezentralisierung; die Engländer führten die Einheitsgewerkschaft und die Amerikaner das Proportionalwahlsystem ein …

Das Deutschland von 1980 weist immer noch Spuren seines Objektstatus auf: natürlich die Gegenwart der verbündeten englischen, französischen und amerikanischen Armeen, die heute allerdings mehr Schutz als Besatzung bedeuten, und die noch immer dem Viermächtestatus unterworfene besondere Lage Berlins, die keine Entscheidung ohne Zustimmung von seiten der Sowjetunion, der Vereinigten Staaten, Großbritanniens und Frankreichs erlaubt, wie das tragisch-berühmte Schicksal von Rudolf Heß beweist.[1]

Im militärischen Bereich wurden Deutschland selbstverständlich ebenfalls erheblich die Flügel beschnitten. Seit 1956 hat die Bundesrepublik wieder eine Armee, diesmal heißt sie Bundeswehr, sie ist voll in die NATO integriert. Die 1953 gegründete Westeuropäische Union, die nach dem Scheitern der Europäischen Verteidigungsgemeinschaft dazu dienen soll, Europa eine gewisse Einheit-

---

1) Dieser über neunzigjährige alte Herr wurde im Nürnberger Prozeß zu lebenslänglicher Haft verurteilt und ist heute der einzige Häftling im Spandauer Gefängnis, dem eine Wachmannschaft zugeteilt ist, die alle sechs Monate die Nationalität wechselt. Die Russen weigern sich hartnäckig, dieses Relikt einer verhaßten Vergangenheit freizulassen.

lichkeit in strategischer Konzeption und Rüstung zu geben, erlegt der Bundesrepublik 1955 bestimmte Restriktionen auf, die teilweise bis heute gelten. Von einer eigenen Atombombe konnte so keine Rede sein. Das Tabu war unüberwindbar und von den Deutschen auch selbst vollkommen verinnerlicht worden. 1969 unterzeichnen sie den Nichtverbreitungsvertrag; ein anderes Vorgehen hätte die ganze Welt, vor allem aber Deutschland selbst entsetzt!

Deutschland hat auch nie seine Souveränität zurückgewonnen: vierzig Jahre nach Kriegsende ist sein Schicksal noch immer unentschieden, es gibt keinen Friedensvertrag. Die Deutschen können also mit Fug und Recht behaupten, sie säßen noch im Wartesaal der Geschichte. Deutschland lebt in einem Provisorium und muß versuchen, seine Identität zu finden. Das ist auch der Grund, weshalb Bonn zur Hauptstadt gewählt wurde. Wie konnte man ernsthaft glauben, jene rheinische Kleinstadt könne die »wirkliche« Hauptstadt Deutschlands sein? Die Unangemessenheit dieser Wahl sollte bekunden, daß es sich nur um eine vorläufige Lösung handele. Selbst die Verfassung, die sich aus den gleichen Gründen nur »Grundgesetz« nennt, legt in ihrer Präambel fest, daß eine endliche Wiedervereinigung Deutschlands Ziel aller deutschen Regierungen sein müsse.

Deutschland ist kein Land »wie die anderen«. Immer wieder schreckt es davor zurück, ein westliches Modell zu übernehmen, das für uns ganz einfach den Bedürfnissen unserer Gesellschaften und unserem Verlangen nach Freiheit – Gleichheit – Brüderlichkeit entgegenzukommen scheint.

Deutschland erscheint wie ein Land, das hinkt. Ein Land, in dem eine Vergangenheit, die älter ist als die unsere, und eine Zukunft, die näher liegt als die unsere, zusammenwohnen. Es wurde aus seinem gleichsam monarchischen Zustand plötzlich in das Lager der »fortschrittlichen Demokratien« geschleudert. Nach dem Orkan der Niederlage mußte es unbedingt Neues schaffen, auf wirtschaftlichem, politischem, philosophischem und künstlerischem Gebiet. Heute ist es zugleich moderner und archaischer als wir es sind. Seine geologischen Schichten sind gegeneinander verschoben.

Vierzig Jahre nach dem Krieg gelingt es ihm noch immer nicht, sich vollkommen mit jener institutionellen und kulturellen Welt, der es angehört, zu identifizieren. Daher seine Beklemmung. Und ebenso ist Deutschland ganz und gar nicht, was viele Franzosen in ihm sehen: das Land, das sich durch beispielhafte Stabilität auszeichnet.

III

Reich (?) und unglücklich

In der Vorstellung der Franzosen ist Deutschland seit langem ein reiches, arrogantes, im Vollgefühl seiner Macht selbstbewußtes und immer wieder kriegerisches Land. Diese Einschätzung ist eine Folge des Schocks von 1870: Frankreich, stolz auf seine Größe und legendären militärischen Taten, wurde plötzlich durch ein kleines Volk geschlagen, dem es bisher eine gewisse Herablassung entgegengebracht hatte. Man suchte nach Entschuldigungen, verdammte die »brutale Gewalt« und legte sich ein schematisch vereinfachtes Deutschlandbild zurecht.

In Wirklichkeit aber ist der Verlauf der deutschen Geschichte eher tragisch.

Gewiß ist das Mittelalter für die deutschen Fürstentümer ein goldenes Zeitalter. Die Kultur dieser Zeit erreicht hier Höhepunkte: Hansestädte wie Lübeck, Hamburg und Bremen haben eine Ausstrahlung, die mit der italienischer Städte vergleichbar ist. In Flandern und im Rheinland blühen Handel und Künste: die deutsche Malerei ist mit Dürer, Grünewald und Cranach in ganz Europa berühmt. Die Fugger finanzieren von Augsburg aus Kaiser und Könige. Militärisch aber war Deutschland fast immer besiegt worden; bis weit ins neunzehnte Jahrhundert hinein war es öfter Opfer als Angreifer. Schon in Bouvines schlug Philipp

Auguste das Reich und seine englischen Verbündeten; später sollten sich viele europäische Kriege auf deutschem Boden abspielen, angefangen von den Rivalitäten zwischen Franz I. und Karl V.

Als der Dreißigjährige Krieg das Heilige Römische Reich verwüstet, tut sich Richelieu mit denjenigen zusammen, die versuchen, sich einen Teil des ausgebluteten Landes anzueignen. Er hilft dem schwedischen König, in Pommern zu landen, und besetzt dann Lothringen. Unter Ludwig XIV. verwüstet Louvois die Pfalz und hinterläßt entsetzliche Erinnerungen. Im folgenden Jahrhundert bieten der Spanische Erbfolgekrieg und der Siebenjährige Krieg den Französischen Armeen Gelegenheit, sich in Deutschland auszuleben. Die Französische Revolution führt zur Besetzung deutscher Gebiete durch ihre Heere, und unter Napoleon verwüsten die militärischen Großtaten Frankreichs wiederum vor allem deutschen Boden.

Vor diesem Hintergrund versteht man, welch tiefen Schock der preußische Sieg von 1870/71 auslöste. 1918 und 1945 ist Deutschland aber von neuem der Besiegte. Dieses militärische Land erlebt vor allem Niederlagen, seine Unterwerfung unter den Willen des Auslandes. Abgesehen von der Bismarck'schen Episode hat Deutschland jedes Mal, wenn es sich durchsetzen wollte – mit Luther gegen das Papsttum, mit Wilhelm II. im Kampf um die Gleichberechtigung als Großmacht, mit Hitler gegen das »Diktat« der westlichen Demokratien – eine Katastrophe erlebt.

Die Erinnerung an den Dreißigjährigen Krieg, an entsetzliche Hungersnöte und Massaker, an die Schwierigkeiten auf dem Weg zur modernen Nation, die Demütigung von 1918 und der Zusammenbruch von 1945 bestimmen weiterhin, allerdings meist unbewußt, den Erinnerungshintergrund des deutschen Bewußtseins. Verglichen mit den Deutschen sind wir Franzosen ein glückliches Volk.

Dies umso mehr, als die Deutschen sich heute nicht weniger bedroht fühlen als früher. Abgesehen von der höchst realen geopolitischen Bedrohung bietet der wirtschaftliche und gesellschaftliche Zustand des Landes Ursachen genug, daß viele den Boden unter den Füßen wanken spüren.

Schlaraffenland kaputt

Dem unbestimmten moralischen und metaphysischen Unbehagen entsprechen durchaus faßbare wirtschaftliche Ungewißheiten. In Deutschland wie im Ausland werden immer offener Zweifel geäußert, inwieweit die Bundesrepublik in der Lage ist, die Krise zu bewältigen und sich den Herausforderungen der Zukunft zu stellen. Seit den fünfziger Jahren war sie zur wichtigsten Wirtschaftsmacht Europas geworden. Nachdem sie den ersten Erdölschock in bewundernswerter Weise gemeistert hatte, scheint sich die deutsche Wirtschaft nach dem zweiten nur noch mühsam hinzuschleppen. Zwar wurde der Außenhandel wieder in Schwung gebracht, konnten die Unternehmensgewinne wiederhergestellt und die Inflation gemeistert werden, das Wachstum aber stagnierte, die Arbeitslosigkeit schwoll bedrohlich an und die Mark blieb schwach: Deutschland ist heute nicht mehr die Lokomotive Europas.

Aufschlußreicher als wechselnde Konjunkturdaten ist eine Analyse der industriellen Strukturen. Deutschland war ursprünglich ein armes Land, mit einer Landwirtschaft, die vor allem Roggen und Kartoffeln produzierte. Erst mit der zweiten industriellen Revolution, die auf dem Stahl, der Chemie und dem elektromechanischen Maschinenbau beruhte, wurde es Ende des neunzehnten Jahrhunderts zur Wirtschaftsmacht. Die großen technischen Innovationen, die das zwanzigste Jahrhundert geprägt haben, sind mindestens ebensosehr deutschen wie amerikanischen Ursprungs. Das Zusammenwirken der großen Ingenieure und Forscher, der zu Unternehmern gewordenen preußischen Junker und seiner disziplinierten, arbeitsbesessenen Arbeiterschaft brachten wahre Wunder hervor.

Dank dieser materiellen Macht konnte Deutschland – fast allein gegen alle – zwei lange Kriege durchstehen; zweimal zerstört, erhob sich die deutsche Industrie wieder rasch aus den Ruinen. Seit 1945 schien die schicksalhafte Verknüpfung zwischen wirtschaftlichem und politischem Imperialismus durchbrochen: mitgerissen im Aufschwung der westlichen Prosperität hatte sich der wirtschaftliche Riese resigniert bereitgefunden, ein politischer Zwerg zu bleiben, und exportierte friedlich seine Werkzeugmaschinen, seine Autos, seine elektrischen Haushaltsgeräte und seine chemischen Produkte in die Europäische Gemeinschaft und auf den Weltmarkt.

Heute aber verändert sich die Lage von neuem: In vieler Hinsicht scheint die Bundesrepublik in einer ungünstigen Ausgangsposition, um jene großen Veränderungen zu meistern, denen die Industrie weltweit unterworfen ist. Die traditionellen Industrien wie Textil, Leder, Schiffbau und Stahl sind durch die Konkurrenz der neu industrialisierten Schwellenländer der Dritten Welt erheblich erschüttert, manche, wie der Schiffbau, sind vom Verschwinden bedroht, andere, wie die Textilindustrie, haben schmerzhafte Anpassungsprozesse durchmachen müssen; die japanische Konkurrenz hat die Photo-Optik und die Konsum-Elektronik fast verdrängt, wie die Schwierigkeiten bei Grundig und AEG-Telefunken 1982/83 offenbarten. Die Automobilindustrie, der Maschinenbau, die Kernstücke der deutschen Wirtschaftsmacht, sind ihrerseits wachsendem Druck durch die japanische Industrie ausgesetzt. Vor allem aber spielt die Bundesrepublik bei den Spitzentechnologien keineswegs eine hervorragende Rolle. Flugzeugbau und Raumfahrt, Informatik, Bürotechnologien, Telematik, Robotik, Gentechnologie: nur wenige deutsche Firmen finden sich unter den internationalen Spitzenreitern. Selbst die Leittechnologie, die Mechanik, scheint schlecht gerüstet, um den Schritt von der

Elektromechanik zu Elektronik und Robotik zu vollziehen, wo Japan auf vielen Gebieten einen entscheidenen Vorsprung erzielt hat.

Das Verbot, eine hochentwickelte Rüstungsindustrie aufzubauen, dem Deutschland nach dem Kriege unterworfen war, erklärt diesen Rückstand in der Raumfahrt, in der Informatik und der Großelektronik, wo Frankreich und Großbritannien stärker sind, ganz zu schweigen von den USA. Vielleicht werden sogar die vielgerühmte methodische Genauigkeit und der deutsche Perfektionismus zu einem ernsthaften Handicap, weil sie der notwendigen schnellen Anpassungsfähigkeit in den flexibleren und dezentralisierteren Zukunftsindustrien im Wege stehen.

Überindustrialisiert und übermäßig dominant in den Produktionsbereichen der zweiten industriellen Revolution – verpaßt Deutschland den Zug der dritten? Diese Frage stellt sich seit 1980. Die Expertenaussagen sind widersprüchlich. Man weist darauf hin, daß Krupp und Thyssen besser als alle anderen die Krise des europäischen Stahls bewältigt haben, daß sich deutsche Maschinen und Automobile weiterhin vorzüglich exportieren, daß Bayer, Höchst und BASF die Spitzenreiter der Weltchemie bleiben. Dennoch mehren sich bedrohliche Studien und Artikel; die Bundesregierung hat kürzlich einmal mehr das sakrosankte marktwirtschaftliche Prinzip der Nichtintervention durchbrochen und einen staatlichen Plan zur Ankurbelung der Produktion von elektronischen Bauteilen und zur Förderung der Informatik verabschiedet; die Bundesländer wetteifern miteinander um neue Industrien und deutsche Silicon Valleys.

Eines ist sicher, der prächtige wirtschaftliche Optimismus der fünfziger und sechziger Jahre und die Gewißheit, die beste Industrienation Europas, wenn nicht der Welt zu sein, sind einer schleichenden Beunruhigung gewichen. Zu ihr gesellt sich das Anwachsen einer antiindustriellen Mentalität in der öffentlichen Meinung: die Kinder der Arbeiter und Techniker zeigen nur noch wenig Neigung, in die Fabrik zu gehen und hart zu arbeiten, außerdem sind sie viel weniger konsumbegeistert als ihre Eltern. Zwar ist der Vertrauensschwund noch keineswegs allgemein, es herrscht aber das Bewußtsein, daß die Deutschen eine Periode struktureller Schwierigkeiten vor sich haben.

Angesichts dieser Erschütterungen ist auch der berühmte Konsens zwischen Gewerkschaften und Arbeitgebern ins Wanken geraten. Einig, als ihre Übereinstimmung allen zugute kam, fragen sich die Sozialpartner heute, wo eigentlich ihre besonderen Gruppeninteressen liegen. Die Gewerkschaften können für ihre Mitglieder keine nennenswerten Lohnerhöhungen mehr erkämpfen; ihre Rolle besteht eher darin, sich »vernünftig« zu zeigen und nur minimale Steigerungen zu erreichen, wenn nicht sogar zur Durchsetzung von Kaufkraftverlusten beitragen zu müssen.

Angesichts derart bitterer Feststellungen erwachen die alten Klassenkampftheorien von neuem. Die Gewerkschaften forderten die Fünfunddreißig-Stunden-Woche bei gleichem Einkommen, ohne Rücksicht auf »unternehmerische Logik«; der Kampf, den sie führten, um als Kompromiß eine Wochenarbeitszeit von achtunddreißigeinhalb Stunden durchzusetzen, hat die Bundesrepublik aufs Tiefste erschüttert. Diese »Remarxisierung« der Gewerkschaften beunruhigt den deutschen Bürger, der gesellschaftliche Konflikte nur schlecht erträgt, erheblich.

Größer noch ist die Beunruhigung über die Arbeitslosigkeit, die die Deutschen seit vierzig Jahren nicht mehr erlebt hatten und die wie die Inflation schlimme Erinnerungen weckt. Heute zählt die Bundesrepublik rund 2,5 Millionen Arbeitslose (die Arbeitslosigkeit hat sich in drei Jahren verdreifacht). Auf einen baldigen Rückgang besteht wenig Hoffnung. Die technologischen Veränderungen werden unweigerlich zum Verlust weiterer Arbeitsplätze führen. Die Gewerkschaften wissen dies genau und beginnen die Teilung von Stellen und die Erweiterung der Teilzeitarbeit zu fordern. Zahlreiche Deutsche sehen ein

Damoklesschwert über ihrem Haupte schweben. Viele mußten bereits das Häuschen wieder verkaufen, das sie nicht mehr bezahlen konnten, auf die unantastbaren Sonnenferien in Italien oder Spanien verzichten; sie sehen das Gespenst jener Schlangen von Arbeitslosen heraufziehen, die wir aus den Filmen von Pabst oder Murnau, viele Deutsche dagegen noch aus eigener Erinnerung kennen.

Daß eine derartige Entwicklung Angst weckt, ist nur allzu verständlich; die Krise hat das ganze soziale Netz ergriffen. Die Deutschen sind ein Volk mit einem besonderen psychologischen Sicherheitsbedürfnis (niemand in Europa schließt mehr Versicherungen ab gegen Diebstahl, Verluste, Krankheit, Brand und alle Wechselfälle des Lebens, niemand fürchtet mehr das Unvorhergesehene). Manche werfen den früheren Regierungen vor, sie hätten das soziale Netz zu einer wahren »Hängematte« ausgebaut, und erklären, es sei höchste Zeit, sich wieder aufzuraffen und sich furchtlos auf das offene Meer freien Unternehmertums hinauszuwagen; derartige Äußerungen reichen aber nicht aus, um das Unbehagen, die Beklemmung zu überwinden.

Viele haben Angst vor morgen. Besteht nicht die Gefahr, um die Frucht seiner lebenslangen Mühe betrogen zu sein? Die bereits vollzogenen Kürzungen in der Altersversorgung werden sehr übel vermerkt, ebenso jegliche Reduzierung der öffentlichen Leistungen im Krankheitsfall. So sind beispielsweise die durch die Krankenversicherungen empfohlenen und bezahlten Kuren zu einer äußerst populären Institution geworden – mit der sprechenden Bezeichnung *Kurlaub*. Die Deutschen empfinden die neu eingeführte Eigenbeteiligung von zehn Mark pro Tag als Trauma, die kleinen Badeorte stehen vor dem Ruin.

Erklärt diese Angst vor morgen auch ein anderes beunruhigendes deutsches Phänomen, den Geburtenrückgang? Deutschland hat die niedrigste Geburtenrate der Welt. Bei einem Fruchtbarkeitsindex von 1,4 ist jedes dritte Kind ein Einzelkind. Mit einem Index von 1,8 stehen wir in Frankreich nicht wesentlich besser da; die Atmosphäre, die die Kindheit umgibt, ist aber eine völlig andere.

Frauenarbeit, steigende Scheidungsrate, Rückgang der Eheschließungen: die Ursachen für den Geburtenrückgang sind überall die gleichen, in Deutschland aber fällt auf, wie die Gesellschaft die Kinder beiseite drängt. Von ihren Eltern werden sie zweifellos verwöhnt, die Gesellschaft erträgt sie dagegen nur widerwillig und zeigt ihnen keinerlei Entgegenkommen. In den Medien scheinen sie ganz aus der Mode gekommen. Keine Filmschauspielerin zeigt öffentlichen Stolz als glückliche Mutter. Während wir uns in Frankreich rühmen, im Bereich der Geburtenbetreuung an der Spitze des medizinischen Fortschritts zu stehen und die Sterilität erfolgreich zu bekämpfen, scheinen sich die Deutschen für derartige Fragen nicht sonderlich zu interessieren; hier herrscht mit vierzehn auf tausend die höchste Kindersterblichkeit im Europa der Zehn.

In Frankreich sieht man überall Spezialboutiquen für Kinderkleidung und Zubehör; in Deutschland sind sie selten und verkaufen viel französische oder italienische Waren; die Läden für Kinderspielzeug sind allerdings so wunderbar wie eh und je. Deutschland hat auch die höchste Anzahl von Kinder betreffenden Unfällen in Haus und Verkehr. Tausend Kinder sterben jährlich an Mißhandlungen; die Polizei muß sich mit dreißigtausend derartigen Anzeigen beschäftigen. Entsetzt sprechen die Deutschen von *Kinderfeindlichkeit.*

Besondere Gruppen haben sich zusammengeschlossen und setzen sich mit dem Werbespruch *Ein Herz für Kinder* für mehr Toleranz und Mitgefühl mit diesen Störenfrieden ein, die Lärm machen, Blumen zerstören, den Rasen zertreten, Autokarosserien zerkratzen, die in frischem Weiß gestrichenen Zäune beschmutzen, kurz, alle Todsünden begehen, die in den Augen eines deutschen Hausbesitzers vorstellbar sind. Dieser weigert sich deshalb auch, Wohnungen an Familien zu vermieten, die eine solche Plage mit sich führen.

Eine weitere Ursache liegt in der wirtschaftlichen Krise. Die großzügige Sozialgesetzgebung aus den Jahren des Wohlstandes privilegiert noch immer die Alten, während das Kindergeld gekürzt worden ist und hohe Zinsen den Kauf einer Wohnung erheblich erschweren. Als Gegenmaßnahme plant die Regierung Steuersenkungen und versucht die Zahl der Abtreibungen zu senken (jährlich 300 000 bei 600 000 Geburten). Sie hat die Institution »Mutter und Kind« geschaffen, die schwangere junge Frauen berät und finanziell unterstützt, wenn sie auf eine Schwangerschaftsunterbrechung verzichten. Diese Initiative fand aber keine einhellige Zustimmung.

Im Jahre 2030 wird es wahrscheinlich nur noch achtunddreißig Millionen deutsche Bürger geben. Das Land altert. Im Jahr 2000 wird die Bundesrepublik eine Million mehr Sechzigjährige zählen als heute und vier Millionen weniger junge Berufstätige. Schon heute betragen die sozialen Transferleistungen mehr als die Hälfte des Nettoeinkommens der Lohn- und Gehaltsempfänger; vor zwanzig Jahren machten sie nur ein Drittel aus.

Deutschland hält noch andere traurige Rekorde: es ist das Land Europas, wo die Zahl der Selbstmorde von Kindern unter fünfzehn Jahren am höchsten ist: jährlich 500 (1500 bei den Jugendlichen von fünfzehn bis fünfundzwanzig Jahren). Außerdem ist die Jugendkriminalität unter achtzehn Jahren besonders hoch: jährlich 200 000 in der Altersklasse von vierzehn bis achtzehn Jahren, 80 000 von acht bis vierzehn Jahren.

Ist es ihre Minderheitenrolle, halten sie die Feindseligkeit einer Umgebung schlecht aus, in der sie »stören«, leiden sie unter Schulangst, dem Leistungsdruck des schulischen Wettbewerbs, oder auch übermäßiger Verwöhnung durch die Eltern. Jedenfalls greifen Alkohol und Drogen um sich, mit der Folgeerscheinung der Kinderprostitution. Einer der traurigsten Orte für derartige Geschäfte befindet sich in Berlin, in den Gewölben des Bahnhofs Zoo, der durch das Buch *Die Kinder vom Bahnhof Zoo* berühmt wurde.

Auch wenn man aus der Kindheit herausgewachsen ist, sind die Probleme keineswegs gelöst. Die beiden bekanntesten Wahlsprüche der heutigen deutschen Jugend, die man in schwarzen Buchstaben an den Wänden oder auf den Rücken der Jacken liest, sind höchst deprimierend. Überall *No future* und *Null Bock*, Ausdruck eines verzweifelten Lebensüberdrusses. Fragt man sie nach den Ursachen ihres Nihilismus, nennen die Jugendlichen die bereits erwähnten allgemeinen Ursachen, den Zustand der Welt, die sie vorfinden. Aber auch ihre persönliche Lage ist alles andere als befriedigend. Sie sind in besonderem Ausmaß von der Arbeitslosigkeit betroffen; auch ein Hochschulabschluß schützt nicht mehr: 1983 waren ca. 20 000 Akademiker ohne Stelle. Bereits der Zugang zur Hochschule ist äußerst schwierig geworden. Außer mit einem weit überdurchschnittlichen Abitur muß man zwei oder drei Jahre warten, bevor man überhaupt ein Studium beginnen kann. Hat man Pech bei der Auslosung durch den allmächtigen Computer der »Zentralen Vergabestelle für Studienplätze« (ZVS), muß man die Wartezeit überbrücken. Mädchen verbringen gerne ein oder zwei Jahre auf Au-pair-Stellen im Ausland; viele beginnen auch andere Studien, in denen kein Numerus clausus, aber auch keine Berufsaussichten bestehen; andere versuchen, wie auch viele Jungen, eine Lehre in einem bescheidenen Handwerk zu machen, mit dem sie wenigstens überleben können. Die Lehrstellen sind aber ebenfalls selten und sind Mangelware geworden. Überdies verdrängen die Abiturienten, die derartige Plätze suchen, dann jene anderen, die schon vorher von der Schule abgegangen sind

Es ist evident, daß eine solche Deklassierung entmutigend und schwächend wirken muß ... Vielleicht liegt hier eine Ursache für den Erfolg der Sekten. Moon und Krishna haben in Deutschland zahlreiche Anhänger. In Berlin gehört *Far Out*, die beliebteste große Diskothek, der Baghwan-Sekte, welche prosperiert und zahlreiche Hotels, Restaurants und Diskotheken aufkauft: hell, freundlich und billig bieten diese Vergnügungs- oder Ruhestätten, denen nichts Zweifelhaftes anzumerken ist, *Clean fun*, was den Bedürfnissen der Jugend ideal zu entsprechen scheint. Sie bieten Geborgenheit. Die vielfältigen marginalen Gruppen sind keine Sekten, sie bieten aber ebenfalls eine Art Ersatzfamilie. Sie gehen von den Punks bis zu den Freaks über eine Vielzahl von Aussteiger-Gruppen, mit oder ohne politisches Engagement, verelendet oder auch nicht.

Die Erwachsenen beschäftigen sich eifrig mit derartigen Jugendproblemen (die Regierung führt regelmäßig Untersuchungen durch), bleiben aber selbst keineswegs von den Folgen wachsenden Unbehagens verschont.

So entdeckt Deutschland beispielsweise das Ausmaß seiner Alkoholismusprobleme. Artikel erscheinen zu diesem Thema, Unternehmen suchen nach Lösungen, um ihrem Personal zu helfen. Das Gesundheitsministerium schätzt die Zahl der Alkoholiker auf zwei Millionen, auf neun Millionen die der durch den Bierautomaten in der Werkstatt oder die Schnapsflasche im Schreibtischfach Gefährdeten. Schon immer hat man in Deutschland viel getrunken, dabei ging es aber um Trinkgelage unter Freunden aus besonderen Anlässen. Heute ist die Problematik ähnlich wie in Frankreich.

Auch der Drogenkonsum nimmt zu, wie überall auf der Welt. Man zählt jährlich rund vierhundert Tote (1982 in Frankreich einhundertvierundsechzig). Neben den klassischen Drogen Heroin, Kokain, Haschisch und Marihuana – gebrauchen die Deutschen eine große Zahl pharmazeutischer Mittel: Amphitamine und Barbiturate regeln das Leben von Millionen. In den sechziger Jahren ging es darum, durchzuhalten, dem Streß der Leistungsgesellschaft gewachsen zu bleiben, das Altern zu übertönen; heute sucht man vor allem Vergessen ...

Ein weiterer beunruhigender Befund: während in Frankreich die Zahl der Verkehrstoten sinkt, nahm sie in Deutschland deutlich zu (ganz zu schweigen von dem Phänomen der Geisterfahrer, die in den Medien schon wieder aus der Mode kommen, aber weiterhin auftreten: Selbstmordkandidaten oder russisches Roulette, jedenfalls fahren sie die Autobahn in entgegengesetzter Richtung, komme was wolle!). In diesem Land, wo man häufig Freunde zum Essen besucht, auch wenn sie eine Fahrstunde entfernt wohnen, haben die Autobahnen überhaupt etwas Erschreckendes, insbesondere Freitag abends, wenn die schweren Wagen einander mit Tempo einhundertsechzig überholen.

Die »Ausländer«

Die deutsche Gesellschaft macht überhaupt den Eindruck, als habe sie in vielen Punkten die Orientierung verloren. Eines der neuen Phänomene, das am stärksten zu diesem Gefühl der Desorientierung beiträgt, ist sicherlich die Tatsache, daß Deutschland zu einem Einwandererland geworden ist.

Die Immigration führt sicherlich in allen Ländern Europas zu erheblichen Problemen; in Deutschland werden diese aber deshalb besonders stark empfunden, weil man hier kaum an Angehörige anderer Rassen gewöhnt war. Als »Land der Mitte«, ein Land, das kaum eigene Kolonien besaß, hatte Deutschland wenig Kontakt mit Übersee. Einer der großen Vorwürfe, die die Deutschen 1918 den Franzosen machten, war, mit den senegalesischen Kolonialtruppen »den Neger an den Rhein gebracht zu haben« und damit Entsetzen bei einer Bevölkerung auszulösen, die in ihrem Leben noch nie einen schwarzen Mann gesehen hatte. Einige Bäuerinnen erinnern sich noch immer daran ... Die rassistischen Theorien vom Ende des neunzehnten und Anfang des zwanzigsten Jahrhunderts, die ein ganzes Volk zum Sündenbock stempelten, hatten zudem die Deutschen schlecht auf Verständnisbereitschaft und Toleranz vorbereitet. Die im deutschen Namen begangenen Greuel machten jeglichen Rassismus zur Schande und belegten ihn mit einem Tabu, das in Deutschland schwerer wiegt als anderswo. Man muß sich aber fragen, ob er nicht gerade deshalb in Deutschland mit besonderer Heftigkeit um sich greift.

Während die Integration der Südeuropäer (man findet in Deutschland vor allem Italiener, Griechen und Jugoslawen) niemals besondere Probleme schuf, ist die Türkenfrage dramatisch. Herbeigerufen, um als Sklaven des *Wirtschaftswunders* zu dienen, sind die Türken noch heute in vielen Industriezweigen unersetzlich: Kohlenbergbau, Automobilbau, Müllabfuhr. Dennoch hat man sie nie wirklich akzeptiert. Solange die Wachstumsraten es jedermann erlaubten, von Jahr zu Jahr immer besser zu leben, wurden sie toleriert, heute dagegen, wo sie als Konkurrenten auf einem schrumpfenden Arbeitsmarkt empfunden werden, lehnt man sie mit wachsender Heftigkeit ab. Sie sind zu »anders«; es sind zu viele: 1,6 Millionen auf die 4,6 Millionen Ausländer, die in der Bundesrepublik leben. Die Neuanwerbung war schon Ende 1973 eingestellt worden, diese Maßnahme hatte aber unerwartete Folgen. Wohl wissend, daß sie von nun an ihre Arbeitserlaubnis verlieren würden, wenn sie die Bundesrepublik für drei Monate verließen, begannen die Türken Frauen und Kinder nachzuholen. So hat ihre Zahl seit 1973 um fünfzig Prozent zugenommen, während die der Jugoslawen und Italiener, Griechen und Spanier zurückgeht. Bald wird jedes zweite Ausländerkind Türke sein. Außerdem bleiben sie immer länger: mehr als die Hälfte von ihnen über zehn Jahre.

Die Länge ihres Aufenthaltes und die Tatsache, daß manche Türken in Deutschland Investitionen auf Dauer machen, erleichtern die Integration keineswegs. So treten sämtliche Probleme auf, die man bei schwach qualifizierten Minoritäten findet: sie sind häufiger Opfer der Arbeitslosigkeit und leichter kriminellen Versuchungen ausgesetzt. Ihre Kinder stellen die deutschen Schulen vor unlösbare Probleme. Sie schließen sich in Ghettos zusammen: Kreuzberg in Berlin zählt 26 000 Türken auf 39 000 Einwohner, siebzig Prozent der Schulkinder sind türkischer Herkunft – nur die Hälfte von ihnen erreicht den Grundschulabschluß.

Deutscherseits unfreundlich empfangen – vor allem in Städten wie Frankfurt, das einen Ausländeranteil von dreiundzwanzig Prozent hat und wo die Ausländerfeindlichkeit bösartige Formen annimmt – distanzieren sie sich ihrerseits. Nur in Ausnahmefällen beantragen sie die deutsche Staatsangehörigkeit, selbst wenn die erforderlichen Bedingungen erfüllt sind (die Zahl der Anträge beträgt 0,09 Prozent); man beschuldigt sie, geschickt vom sozialen Netz zu profitieren, genauer, es schamlos auszubeuten (in der Tat leben 300 000 Ausländer von staatlicher Unterstützung), ohne sich auch nur im geringsten die deutschen Werte zu eigen zu machen. Gewiß ist für diese anatolischen Bauern eine Anpassung ohnehin schwierig; ihre deutschen Nachbarn werfen ihnen aber zusätzlich vor, sie zeigten keinerlei guten Willen: alles irritiert an ihnen, von den Schafen, die sie angeblich in den Wohnungen züchten, bis zur Art, wie sich die Frauen kleiden. Unweigerlich bilden die Türken inzwischen geschlossene Gemeinschaften. In den sechziger Jahren waren fast alle Ausländer berufstätig; heute sind sechzig Prozent ohne Beschäftigung.

Um sich gegenüber der deutschen Bevölkerung eine Identität zu geben, wenden sich viele von ihnen verstärkt dem Islam zu. Sie werden von den Abgesandten integristischer islamischer Gruppen bestärkt, die sich um die Heimatlosen kümmern. Seit einigen Jahren florieren in Deutschland die Koranschulen. Viele Eltern fühlen sich mehr oder weniger verpflichtet, ihre Kinder dorthin zu schicken – wo sie außer dem Koran überdies lernen, daß sie nichts von dem glauben dürfen, was ihnen in den deutschen Schulen beigebracht wird – und sehen sich gezwungen, den Mullah zu unterstützen oder Beiträge zum Bau der Moschee zu zahlen. In diesen türkischen Ghettos herrschen die gleichen Rivalitäten zwischen mohammedanischen Sekten wie in den islamischen Ländern und führen häufig zu blutigen Auseinandersetzungen, die die deutsche Polizei nur mit äußerster Mühe entwirrt. Inzwischen ist selbst die türkische Regierung über diese Entwicklung beunruhigt und entsendet mit Zustimmung der deutschen Regierung ihrerseits Mullahs, die eine erheblich gemäßigtere Form des Islams predigen und versuchen, ihre Schützlinge vor mafiosen Erpressungen aller Art zu bewahren.

Niemand kann etwas dagegen einwenden, daß die nach Deutschland eingewanderte türkische Gesellschaft nach einer eigenen Würde sucht und sich dabei auf den Islam beruft. Aber eine derart geschlossene Ausländergruppe, die in ihrer Mitte heranwächst, bestärkt die deutsche Beklemmung noch weiter. Die Deutschen, die zu sechsundsechzig Prozent die Rückkehr der Türken wünschen, setzen den Islam mit den fanatischen Anhängern Khomeinis gleich. Besonders schockierend wirkt die Lage der Frauen. Diese geraten häufig in Konflikt mit der patriarchalischen türkischen Gesellschaft; Zwischenfälle dieser Art füllen die Sensationsspalten der Zeitungen. Als Fanatiker, Frauenfeinde, träumend vom Heiligen Krieg *Jihad*, so sehen die meisten Deutschen ihre türkischen Gäste. Die in türkischen Kreisen umlaufenden Video-Kassetten scheinen die schlimmsten Vermutungen zu bestätigen. Von extremer Gewalt, wie häufig bei derartigen Produkten, zeigen sie christliche Ritter einer unbestimmten Epoche, die töten, plündern und vergewaltigen und damit den Vorwand für die Hauptsache des Films liefern: für türkische Rachezüge. Die türkischen Kinder sitzen in Trauben ganze Nachmittage vor dem Fernsehschirm und erfreuen sich daran, wie zahlreichen Christinnen der Bauch aufgeschlitzt, sie geköpft werden etc. Jedenfalls beunruhigen sie die Deutschen. Sie werden verachtet, wenn sie arbeitslos sind, gehaßt, wenn sie erfolgreich sind. Die rechtsextremen Gruppen wissen dies genau und heizen derartige Stimmungen noch weiter auf, um Stimmen zu gewinnen. In banaler Form nutzen die fliegenden Händler, wenn sie von Türe zu Türe ziehen, das Verkaufsargument, daß der »Nachbar von rechts nebenan« (ein Türke natürlich) auch schon gekauft hat ... Die Bemühungen einiger Persönlichkeiten, für den Islam entsprechend der Stellung der protestantischen und katholischen Kirchen eine staatliche Anerkennung zu erwirken, ihm die gleichen institutionellen Privilegien einzuräumen, irritieren vielerorts und wecken heftige Widerstände.

Angesichts des Ausmaßes der Probleme und der beunruhigend wachsenden Ausländerfeindlichkeit versucht die Regierung zu handeln. Große Debatten sind im Gange. Die Presse berichtet ausführlich: man fragt sich, ob es wünschenswert und moralisch tragbar sei, das Nachzugsalter für in der Türkei gebliebene Kinder anzuheben. Rückkehrbeihilfen werden in ähnlicher Weise gewährt wie in Frankreich – wie groß kann aber trotz aller finanzieller Versprechungen der Anreiz sein, in ein Land zurückzukehren, wo die Arbeitslosigkeit noch viel höher ist, wo die Lebenserwartung bei dreiundsechzig Jahren liegt und die Inflation fünfundvierzig Prozent beträgt? Der Assoziierungsvertrag mit dem Gemeinsamen Markt hatte für 1986 das Inkrafttreten außergewöhnlich liberaler Zuzugsregelungen vorgesehen, die aber unter den jetzigen Verhältnissen unmöglich angewandt werden können. Die deutsche Regierung verhandelt deshalb mit der türkischen Regierung, zugleich steht auch die Höhe des Kindergeldes zur Diskussion, das in der Türkei wohnhaften Kindern zusteht.

Regierung und kommunale Instanzen bemühen sich außerdem um eine bessere Verständigung und versuchen immer wieder Werbekampagnen, Begegnungen und Vereinigungen aller Art. Diese Anstrengungen nehmen ein erhebliches Ausmaß an; sie zeigen auch, wie sehr die

Deutschen danach streben, ihr Gewissen zu beruhigen. Es zeigen sich durchaus Erfolge: die zweite Generation beginnt sich zu integrieren, wie beispielsweise jene erfolgreiche türkische Rockgruppe *Kobra*. Als aber die türkische Fußballnationalmannschaft zu einem Spiel nach Berlin kam, fürchtete man Unruhen oder zumindest Schlägereien zwischen der türkischen Bevölkerung und rechtsextremen Gruppen, die sich vorgenommen hatten, »es den Türken zu geben«. Mehrere Wochen vor dem Spiel war deshalb ein Plakat an allen Wänden, eine Bildannonce in allen Zeitungen, wo ein deutsches Ehepaar in trauter Gemeinschaft mit einem Türken zu sehen war. Reaktion der Bevölkerung: »Wären alle Türken wie der Türke auf dem Plakat, gäbe es kein Problem«. An jenem Tag jedenfalls gab es in der Stadt ein derartiges Polizeiaufgebot, daß es zu keinem Zwischenfall kam – außerdem haben die Türken verloren ...

Schon von alters her gab es zwischen Deutschland und der Türkei besondere Beziehungen. Zwei Kriege und der legendäre Bau der Bagdad-Bahn haben Spuren hinterlassen. Früher aber, lange vor den Franzosen, war der »Erbfeind« der Türke, für den dieser Begriff ursprünglich geprägt worden war; 1983 begingen die Deutschen mit großem Pomp die dreihundert Jahre zurückliegende Niederlage der Ottomanen vor Wien.

Geht man am Sonntagnachmittag in den renovierten Innenstädten – wie beispielsweise Lübeck, wo man versucht hat, den typischen Charakter hanseatischer Architektur zu erhalten – spazieren, hört man als einziges Lebenszeichen die schrillen, scheppernden Töne türkischer Musik durch die Straßen hallen.

Ein anderes Phänomen beunruhigt Deutschland und bringt es mit den Problemen und Leiden der Dritten Welt in direkte Berührung: die Frage des politischen Asylrechts. Rasch sprach sich herum, wie großzügig die deutsche Verfassung diese Frage regelt. Deutschland sah sich infolgedessen mit einer wachsenden Zahl politischer

Flüchtlinge konfrontiert. Diese nahm unaufhörlich zu und erreichte 1980 ein Ausmaß von 107 000.

Ratlos angesichts der Probleme, die aus der Aufnahme und Integration all dieser Flüchtlinge erwuchsen, begannen die Behörden, die Asylanträge sehr viel genauer zu prüfen, aus dem Verdacht heraus, daß es sich in vielen Fällen mehr um »wirtschaftliche« als um »politische« Flüchtlinge handele. Die Antragsteller müssen heute den Beweis liefern, daß eine Rückkehr ins Heimatland schwerwiegende Folgen hätte: Gefängnis, Folter, unzumutbare Diskriminierung. Dies fällt nicht immer leicht. Eine weitere Abschreckungsmaßnahme liegt darin, daß jeder Bewerber um den Asylantenstatus zunächst einmal während einer Periode von zwei Jahren nicht arbeiten darf. Sie werden in Aufnahmelagern zusammengefaßt und erhalten nicht mehr als ein mageres Kostgeld, das die Regierung gewährt. Die Asylbewerber irren deshalb herum wie verlorene Seelen und reichen Gesuch um Gesuch ein, um der Ausweisung zu entgehen.

Die Behörden sind überfordert und haben Mühe, zwischen wirklich Bedürftigen und Abenteurern zu unterscheiden. Dies führt immer wieder zu die Öffentlichkeit erregenden, zu gerade in Deutschland traumatisch wirkenden Dramen: der junge Türke, der sich aus dem Fenster des Gerichts wirft, wo ihm mitgeteilt wurde, daß sein Antrag abgelehnt wurde, die sieben Ceylonesen und Pakistaner, die erstickten, nachdem sie selbst das (überfüllte) Gefängnis angezündet hatten, in welchem sie auf ihre Ausweisung warteten, lasten schwer auf dem deutschen Gewissen. Manche verstehen es glänzend, dieses schlechte Gewissen auszunutzen, wie jene dreizehn Palästinenser und zwei Libanesen, die mit Selbstmord drohten, falls sie in die Heimat zurückgeschickt würden. Sie waren mit der Behauptung nach Deutschland gekommen, die PLO verfolge sie, und hatten sich verschiedener schwerer Delikte schuldig gemacht, vom Drogenhandel bis zur Vergewaltigung.

Deutschland leidet unter diesem Dilemma, zugleich ist man sich der Tatsache durchaus bewußt, daß sechzig Prozent der abgelehnten Asylanträge gar nicht zur Ausweisung führen, da die Flüchtlinge im Strom der Illegalen untertauchen, die auf ungefähr zwei Millionen geschätzt werden. Sie arbeiten ohne Arbeitserlaubnis und sozialen Schutz und werden zur Beute skrupelloser Menschenhändler, während Deutsche arbeitslos sind. Seit 1981 kommen auch zahlreiche Polen; sie legen eine gewisse Arroganz an den Tag, da sie als Staatsbürger eines kommunistischen Landes sicher sein können, den Status des politischen Flüchtlings zu erhalten.

Auch in Frankreich kennt man das Problem des politischen Asylrechts, es ist aber nicht so gravierend; vor allem belastet es die Gemüter weniger als in Deutschland, wo man sich höchst ungern den Spannungen der modernen Welt ausgesetzt sieht. Die deutschen Reaktionen gehen von harter Aggressivität bis zum finstersten Pessimismus. Manche sehen, in Verknüpfung mit den im ersten Kapitel dargestellten Ängsten, ihr Heil nur noch in der Flucht: nach den offiziellen Statistiken verlassen rund 60 000 Bürger jährlich die Bundesrepublik und emigrieren nach Amerika, vor allem nach Lateinamerika, nach Australien oder in andere ferne Weltgegenden, wo sie hoffen, den Problemen zu entrinnen, die Westeuropa und insbesondere die Bundesrepublik Deutschland bedrängen.

Viele schaffen sich auch einen entlegenen Zufluchtsort für die Eventualität, daß die Verhältnisse unerträglich werden oder ein Konflikt heraufzieht ... Blättert man die Anzeigenseiten der *Frankfurter Allgemeinen Zeitung* durch, fällt die Zahl der Annoncen auf, die den Kauf von Grundstücken oder Anwesen in der Schweiz, in Spanien, aber auch in fernen Weltgegenden anbieten: Schneegelände in Kanada, Haziendas in Mexiko, Domänen in Florida, Landbesitz in Neuseeland. Die Neigung zum Exotischen verbindet sich mit dem Drang nach Sicherheit.

Man investiert in Immobilien bis hin in den fernsten Pazifik.[1]

Neben Exotik-Mode und Angst gibt es auch andere Ursachen für die Zahl derartiger Anzeigen in der *FAZ*. Die Deutschen sind ideale Käufer: sie zahlen in Mark und haben keinerlei Schwierigkeiten, ihr Geld zu transferieren, da es in der Bundesrepublik keinerlei Devisenkontrolle gibt. Es ist deshalb auch schwierig, das Ausmaß der Kapitalflucht mit einiger Genauigkeit zu schätzen. Die einzigen veröffentlichten Statistiken sind die der Bundesbank. Ihnen zufolge nahm der Kapitalabfluß aus der Bundesrepublik in die USA zwischen 1980 und 1982 erheblich zu. Hier wirkten der hohe Dollarkurs, mangelndes Vertrauen in die deutsche Wirtschaft und eine geringe Investitionstätigkeit insbesondere der Großbetriebe zusammen. Niemand weiß dagegen, wieviel Geld die deutschen Bürger in voller Legalität im Koffer davontragen, um es in der Schweiz anzulegen oder ihr Traumhaus in der Sonne – oder möglichst weit vom nächsten Krieg – zu kaufen.

Dies alles fällt dem ausländischen Besucher deshalb so auf, weil es unseren stereotypen Vorstellungen vom deutschen Nachbarn widerspricht. Wir suchen nach Leuten, die ein wenig plump (»aber musikalisch«) und ungeheuer selbstbewußt sind, dabei im Überfluß leben. Statt dessen finden wir Leute von reizbarer Empfindlichkeit, die sorgenvoll in die Zukunft blicken. Ihren symbolischen Ausdruck findet diese Stimmungslage in Berlin auf einer Hausmauer bei dem Kanal, der in diesem Stadtviertel die Stadt teilt: *Schlaraffenland geht kaputt* und ein Verbotsschild in türkischer Sprache *diktat olüm tehlikesi su kanali* »Befahren des Kanals verboten«.

---

1) Überraschungen bleiben dabei allerdings nicht aus: so beispielsweise der Fall einer Familie, die sich in den hohen Norden Kanadas zurückgezogen hatte und bald feststellen mußte, daß ihr Haus nur einige Kilometer von Atomraketensilos entfernt lag ... oder jene andere, die kaum vierzehn Tage auf den Falkland-Inseln war, als die Argentinier ihre Invasion starteten ...

Das Bild der achtziger Jahre zeichnet sich keineswegs durch ein Übermaß an Arroganz, sondern vor allem an Pessimismus aus. Bei diesem Vorgang ist es schwierig, zwischen Ursachen und Wirkungen zu unterscheiden. Hat Deutschland die niedrigste Geburtenrate der Welt, weil es sich Sorgen macht, oder macht es sich Sorgen, weil es die niedrigste Geburtenrate der Welt hat? Empfindet es die Probleme der westlichen Welt an der Schwelle zum einundzwanzigsten Jahrhundert deshalb mit besonderer Schärfe, weil es sich in besonders bedrohter Lage befindet? Oder ist diese Stimmungslage die eigentliche Gefahr? Die charakteristische Selbstsicherheit unserer Nachbarn ist auch weiterhin festzustellen, heute zeigt sie sich aber in der Entschiedenheit, mit der sie behaupten, die »wirklichen Fragen« zu stellen.

Deutschland hat sich in einigen Jahren grundlegend gewandelt. Erinnert man sich an die Bundesrepublik unter Erhard (1963-66), an dieses Deutschland des streiklosen Konsenses, das unsere Bewunderung weckte, weil es scheinbar alle Probleme der kapitalistischen Gesellschaft gelöst hatte (frei vom Klassenkampf ging es einer glücklichen Prosperität entgegen), ist es geradezu bestürzend, wie sich das Klima verändert hat. Die Wirtschaftskrise hat das Vertrauen in die Möglichkeiten erschüttert, für alle großen Probleme menschlichen Glücks auf Erden prosaisch materielle Abhilfen zu finden; heute sucht man die Lösungen auf anderen Ebenen. Und von neuem machen sich die Deutschen mit ihrer seit Jahrhunderten immer wieder aufbrechenden Inbrunst auf die Suche.

Eine Feststellung scheint uns unabweisbar. Die Implantation von Modernität westlichen Typs ist nicht wirklich gelungen. Nach mehr als dreißig Jahren treten zwischen dem ursprünglichen Gewebe und den von außen aufgesetzten Zutaten Abstoßeffekte auf, die wachsendes Unbehagen auslösen. Geistige Strömungen wachsen an, die sich von Vorstellungen distanzieren, die vor kurzem noch selbstverständlich übernommen schienen: die Legitimität unseres wirtschaftlichen und politischen Systems versteht sich nicht mehr von selbst.

Die besondere Lage Deutschlands als eines Landes, das weiterhin unter der Aufsicht fremder Mächte steht, dem es zutiefst an Einheitlichkeit fehlt, das überstürzt in die moderne Welt geraten ist, hat Bedingungen geschaffen, die das gegenwärtige Abdriften begünstigen. Das Unbehagen, von dem die deutsche Gesellschaft befallen ist, die Beunruhigung, die sie umtreibt, sind Anzeichen dafür, daß den Deutschen die Schieflage, in der sich ihr Land befindet, bewußt ist. Dies wird umso deutlicher, als alle diese negativen Symptome der »Systemverweigerung« mit einer gewaltigen Welle der Wiederkehr des scheinbar Vergessenen verbunden sind. Man spürt ganze Schübe sich ändernder Gesichtspunkte; neue geologische Schichten brechen auf, die die bislang vertraute deutsche Landschaft durcheinanderbringen. Ein Deutschland, das man für tot hielt, hatte nur geschlafen und wacht heute wieder auf: Kurz, Deutschland wird wieder deutsch. Ein deutscher Frühling ist ausgebrochen, der die glatte Oberfläche der Modernität nach amerikanischem Muster sprengt. Deutschland findet zu seiner Identität zurück.

Dabei geht es keineswegs nur um deutsche Identität im nationalistischen und politischen Sinn des Begriffes, obwohl auch derartige Gefühle vorhanden sind: die Bundesrepublik fühlt ihre Ansprüche wachsen; sie sucht eine bessere Position auf dem internationalen Schachbrett und verändert ihre Einstellung gegenüber den beiden Ländern, die ihr am bedeutsamsten sind, den Vereinigten Staaten und der DDR. Dabei geht es keineswegs um einen Nationalismus des Auftrumpfens. Der kaiserliche Adler flattert nicht über den Demonstrationen, das Wort »deutsch« wird nicht mit Weiheklängen umgeben, im Gegenteil, nichts ist diesem neuen Nationalismus ferner als Eroberungssucht.

Immerhin aber lösen beispielsweise die Ausstellungen von zwei bereits bekannten Malern, Kiefer und Baselitz, erhebliche Diskussionen durch Bilder aus, die ihre germanischen Wurzeln offen zur Schau stellen: überlebensgroße Siegfrieds präsentieren sich in all ihrer Pracht; deutsche Landschaften erstrecken sich ins Unendliche, übersät mit »großen Deutschen« oder mit Mahnmalen, die jeder den Namen eines Lagers tragen. In ähnlicher Weise halten Stockhausen und Henze in der Musik die Flamme Deutschlands hoch; auch in der Unterhaltungsbranche hat sich der Geschmack der Jugendlichen verändert. Die Jugend fiebert mit deutschen Stars, die sich wohl davor hüten, jenen affektierten ausländischen Akzent an den Tag zu legen, der in den fünfziger und sechziger Jahren so beliebt war, wo die Beatles, Françoise Hardy und Mireille Mathieu an der Spitze der Hitparade standen. Heute heißen die Idole Nena, Nina Hagen oder Udo Lindenberg; die deutschen Rockgruppen singen deutsch.

Das Phänomen geht also sehr viel weiter als eine neue Welle des Nationalismus: die geistige, kulturelle Identität des »tiefen« Deutschland lebt wieder auf. Die Traditionen erwachen von neuem; vor allem macht sich Deutschland wie einst moralisch und religiös auf die Suche.

Ganz damit beschäftigt, sich selbst wiederzufinden, scheint Deutschland weniger der Außenwelt zugewandt. Es wirkt, als gäbe ihm die eigene Geschichte genug zu denken, denn der erste Schritt zu dieser Selbstfindung ist die Neuerschließung der Vergangenheit. Deutschland ist dabei, sich wieder eine Erinnerung und eine Moral zu schaffen, über die niemand anderes urteilen soll als es selbst.

Zweiter Teil

Der deutsche Frühling

IV

Die Vergangenheit neu erschließen

Solange es vor allem darum ging, unter dem Bombenhagel und den letzten Zuckungen einer zusammenbrechenden Diktatur zu überleben, seine Angehörigen wiederzufinden, indem man Kreidenachrichten auf Trümmer schrieb, und dann zu arbeiten, um ein Dach über dem Kopf und genug zu essen zu haben, blieb den Deutschen keine Zeit, über ihren Seelenzustand nachzudenken.

Im Rausch des Wirtschaftswunders konnten sie sich an wirtschaftlicher Selbstzufriedenheit begeistern, an Autos mit glitzernden Karosserien, an Farbfernsehern und Sonnenreisen. Allzuviele Fragen brauchte man sich nicht zu stellen. Manche, die dennoch unausweichlich waren, brauchte man nicht unbedingt zu beantworten ...

Unbewältigte Vergangenheit

Heute dagegen hat die Stunde der Bilanz geschlagen. Um sich selbst wiederzufinden, müssen sich die Deutschen ihrer Vergangenheit stellen. Sie tun es auch. Aber nicht ohne Mühe.

Ein derartiger Prozeß ist vor allem deshalb schmerzhaft, weil das Dritte Reich auch nach fünfzig Jahren weiter seinen Schatten wirft und Gegensätze hervorruft. Ein Graben trennt die Generationen, die die *Kollektivschuld* tragen müssen, von den später Geborenen, die sie in der Wiege vorgefunden haben (diese bilden heute die große Mehrheit). Die Vergangenheit führt auch zu vertikalen Spaltungen: die einen hatten mitgemacht, die anderen Widerstand geleistet oder waren emigriert. Manche wollen davon sprechen, andere halten es für besser, wenn die Toten die Toten begraben; diese beschuldigen jene als Nestbeschmutzer. So oder so, die Vergangenheit ist durch die zahllosen Traumata, die sie hinterlassen hat, allgegenwärtig.

Am auffälligsten ist die brutale Konfrontation mit den Greueln: die Aufdeckung der Endlösung durch die Photos und Filme der Alliierten (manche englische und amerikanische Kommandanten ließen die Bevölkerung der benachbarten Dörfer durch die gerade befreiten Lager marschieren), die Informationen über die Brutalität des deutschen Besatzungsregimes in Osteuropa, über die Anwendung der nazistischen Untermenschtheorien, die Veröffentlichung der Briefe von SS-Sturmbannführern, die vom Unsagbaren sprechen wie der Geschäftsbericht eines Krämerladens, die Zusammenarbeit zwischen Großindustrie und Vernichtungslagern (der Chemiekonzern IG-Farben nutzte »Abfallprodukte« der Lager und setzte ihr »Menschenmaterial« ein) – all dies konfrontierte die Deutschen mit einer Frage, die seitdem nicht mehr still wurde: Wie konnte das geschehen?

Zu dieser moralischen Betroffenheit kommen die von Deutschen selbst erduldeten Leiden. Deutschland ging keineswegs unversehrt aus dem Abenteuer hervor, in das es die Welt gestürzt hatte. Unter dem Schock der Verbrechen, deren sich das Dritte Reich schuldig gemacht hatte, achtete niemand auf jene anderen Verbrechen, die an Deutschen begangen wurden oder die sie sich auch selbst antaten. Die Konzentrationslager wurden zunächst für Deutsche geschaffen; ab 1933 verschwanden dort Hunderttausende. Für viele bedeutete das Exil den einzigen Ausweg: 1935 gab es in Frankreich schon 100 000 Deutsche (im Exil sollte sich die Sozialdemokratische Partei unter dem Namen SOPADE, Sozialistische Partei der Emigration, neu konstituieren).

Der deutsche Widerstand war durchaus vorhanden, obwohl er es schwer hatte in einem Land, das die Gestapo fest im Griff hielt. Gewiß war er nie eine breite Volksbewegung: Widerstand leisteten nur Minderheiten, die durch kulturelle Herkunft oder religiöse Überzeugung gegen die nationalsozialistische Ideologie gefeit waren. Die Versuche einer Koordination zwischen konservativen und linken Kräften blieben erfolglos; 1939 löste der deutsch-sowjetische Nichtangriffspakt bei den Kommunisten Verwirrung aus.[1]

Immerhin wurden zwischen 1933 und 1939 nicht weniger als 32 000 Deutsche durch die Gestapo liquidiert. Einige Namen derer, die vergebens versuchten, sich Hitler in den Weg zu stellen, sind berühmt geblieben: die Geschwister Hans und Sophie Scholl und ihre Bewegung »Die weiße Rose«; die Pastoren Niemöller, Bonhoeffer und die protestantische »Bekennende Kirche«; Graf Stauffenberg, der Initiator des Attentates vom 20. Juli 1944 gegen Hitler, jenes späten Aufbegehrens der Militäraristokratie, die entsetzt war angesichts der begangenen Verbrechen und des sich abzeichnenden Zusammenbruchs.

All diese gescheiterten Versuche führten zu schrecklichen Repressalien. Die Anwendung des Prinzips der *Sippenhaft*, die ganze Familien zur Verantwortung zog, die Niederschlagung der Verschwörung nach dem Attentat vom 20. Juli 1944 erfaßte zehntausende von Menschen, die verhaftet, hingerichtet oder zum Selbstmord gezwungen

---

1) Die westlichen Demokratien haben den Widerstand gegen Hitler nie ernsthaft unterstützt. 1936 nahmen sie sämtlich an den Olympischen Spielen in Berlin teil, ohne in irgendeiner Form eine offizielle Mißbilligung des Regimes zu bekunden.

wurden (wie Rommel). Dies führte so weit, daß selbst Sicherheitsdienst und Gestapo schließlich vor einer Isolierung des Regimes warnten.

Tausende von Unschuldigen ließ außerdem der *Volksgerichtshof* vor allem gegen Ende des »Tausendjährigen Reiches« in der Phase des »totalen Krieges« aus geringfügigsten Ursachen hinrichten: in der Straßenbahn mitgehörte Bemerkungen, die als »Wehrkraftzersetzung« bestraft wurden, das Hören ausländischer Sender wie der BBC etc. Ganz zu schweigen von den wegen Fahnenflucht in den letzten Kriegsmonaten erschossenen oder erhängten Soldaten (häufig als letztes Aufgebot eingezogene Jugendliche, die, wo doch offenbar schon alles verloren war, einfach nach Hause wollten).

Der Krieg kostete Deutschland sechs Millionen Tote und läßt zwei Millionen Verstümmelte zurück, deren Anblick der deutschen Nachkriegszeit ein schreckliches Gepräge geben wird.

Die Gefangenschaft, insbesondere im Osten, ist entsetzlich.

Eine Million deutsche Soldaten sind in Rußland gefallen, aber eine Million einhunderttausend Gefangene kehrten niemals zurück. In Stalingrad kämpften dreihunderttausend: einhundertfünfzigtausend sind gefallen, dreißigtausend wurden per Flugzeug evakuiert; von den einhundertzwanzigtausend Gefangenen sahen nur sechstausend die Heimat wieder. Viele Heimkehrer kommen erst sehr spät wieder nach Hause: die letzten erst Mitte der fünfziger Jahre. Für die anderen mußte man bis 1982 warten, als die Sowjetunion schließlich dem Verein Deutsche Kriegsgräberfürsorge den Zugang zu gewissen Gefangenenfriedhöfen gewährte.

Am Ende des Krieges beschließen die Alliierten in Potsdam, Deutschland um einhunderttausend Quadratkilometer zu beschneiden. Zwölf Millionen Deutsche werden alsbald aus Ostpreußen, Schlesien, Pommern sowie aus Ungarn und der Tschechoslowakei vertrieben, aufgefordert, ihre Heimat in weniger als vierundzwanzig Stunden zu verlassen. Sie dürfen höchstens dreißig Kilo Gepäck mitnehmen. Hunderttausende von Männern, Frauen, Kindern, Greisen sterben unterwegs vor Hunger und Kälte, ohne daß die noch unter dem Schock der Entdeckung der Konzentrationslager stehende Welt daran denkt, sich zu erbarmen. Viele, die beispielsweise in Königsberg gewohnt hatten und nach Westen vertrieben worden waren, lassen sich zunächst in der sowjetischen Besatzungszone nieder und brauchen Jahre, bis sie schließlich die Bundesrepublik erreichen, wo sie von neuem Arbeit und Wohnung finden und ein Leben aufbauen müssen.

Derartige Erfahrungen erklären die psychische Situation der deutschen Bevölkerung in den fünfziger Jahren. Die Familien sind dezimiert, geteilt, voller Haß, Mißtrauen oder Neid; zahlreich sind tragische Einzelschicksale: viele Frauen sind, nachdem sie die Bombenangriffe überlebt hatten, mit ihren Kindern vor den Russen geflohen, sie zogen zu Fuß hunderte von Kilometern durch den Schnee, lebten dann vom Schwarzen Markt; viele von ihnen versanken später in den fünfziger Jahren in anhaltende Depression.

Deutschland ist damals ein Land der Geisteskrankheiten, des verschwiegenen Leids, der Verdrängung.

Wie soll man sich beklagen, wenn man das eigene Unglück selbst verschuldet hat, wie hinnehmen, daß man alles verloren hat, Heim, Vaterland, Familie – umsonst?

Dies ist das Deutschland der bleiernen Jahre, über das sich ein stumpfer Wohlstand senkt.

Schon in den frühen sechziger Jahren aber verschafft sich der Protest Gehör. Eine der Schwierigkeiten mit dem Dritten Reich liegt darin, daß sich seine Hinterlassenschaft nicht beseitigen läßt. Gewiß hatten die Alliierten die Entnazifizierung durchgeführt, angefangen mit dem Nürnberger Prozeß, der den Anspruch erhob, die überlebenden Naziführer und die wichtigsten Organisationen zur Rechenschaft zu ziehen: Regierung, Generalstab, SA, SS,

SD, Gestapo und politische Führungsgruppen der NSDAP.

Gewisse deutsche Widerstandskämpfer, die Stalins Glückwunschtelegramm an Hitler nach der Besetzung von Paris nicht vergessen hatten, sahen nicht ohne Melancholie, wie sowjetische Richter über das deutsche Volk urteilten. Auch der Anblick der französischen Richter konnte ähnliche Gefühle auslösen. Vergessen wir nicht, daß sich das französische Volk keineswegs einmütig und mit unerschütterlicher Entschlossenheit gegen Hitler erhoben hatte ... Wie konnte überhaupt ein derartiger Prozeß überzeugen? Was ist ein Kriegsverbrechen? Die Bombardierung Dresdens durch die Alliierten am 13. Februar 1945 mit ihren zweihunderttausend Toten hatte kein militärisches Ziel.

Außer im Falle einiger Individuen, die wie Ribbentrop oder der Gauleiter Streicher eine klare Verantwortung trugen (Hitler, Himmler und Goebbels hatten sich das Leben genommen), war es überaus schwierig, personenbezogene Urteile zu fällen. Wer trug wofür Verantwortung? Hatte ein junger Mann, der zur SS eingezogen wurde, eine andere Wahl als Gehorsam oder Tod? Wer wußte was? Rasch erschöpften sich die Gerichtssitzungen in endlosen Verhören: »Wußten Sie, mein Herr«, fragte der Richter einen in den Zeugenstand gerufenen Bankier, »daß das von Herrn X übergebene Gold Zahngold aus dem Vernichtungslager von ... war?« Selbstverständlich hatte der Bankier keine Ahnung gehabt.

Nach Nürnberg übertrugen die Alliierten die Verantwortung für die Entnazifizierung den Deutschen selbst, um nun die gesamte Bevölkerung zu überprüfen. Alle Deutschen wurden gezwungen, Fragebögen auszufüllen, die sie je nach dem Grad der Schuld in fünf Kategorien einstufen sollten, von »Hauptschuldigen« über »Mitläufer« bis »Entlastete«. Je nachdem, in welche Gruppe man eingestuft wurde, war der Zugang zu bestimmten Berufen gestattet oder verboten. Es war aber durchaus möglich, von einer peinlichen in eine vorteilhaftere Einstufung versetzt zu werden, wenn man Widerstandsleistungen nachweisen konnte ... Unweigerlich entwickelte sich bald ein schwunghafter Handel mit diesen als »Persilschein« bezeichneten Bescheinigungen. Außerdem unterschieden sich diese Regelungen und ihre Anwendungen von einer Besatzungszone zur nächsten; je nach Wohnort befanden sich die Deutschen also in ganz unterschiedlichen Graden von Schuld.

Wieviele Eltern brachten den Mut auf, mit ihren Kindern über diese Frage zu sprechen, ihnen offen zu sagen, in welche Kategorie sie eingestuft worden waren? (Aus mangelhafter Kenntnis der wirklichen Verhältnisse im Nationalsozialismus begingen die Alliierten darüber hinaus manch grobe Fehlgriffe.) Wieviele Eltern wagten es zuzugeben, daß sie dem Telegramm mit der Mitteilung, daß dieser oder jener nicht ganz normale Verwandte, der zwangsweise in eine Anstalt eingewiesen worden war, plötzlich an Lungenentzündung gestorben sei[1], nie Glauben geschenkt hatten?

Die Vergangenheit gärte weiter; immer wieder trieb sie Blasen an die Oberfläche: die großen Prozesse (Auschwitz usw.); die Klage eines Einzelnen, der zwangsweise sterilisiert worden war und zwanzig Jahre später eine staatliche Entschädigung verlangte; die Rücktritte bekannter Politiker, deren plötzlich zutage getretene Nazivergangenheit die politische Öffentlichkeit erschütterte; die Entdeckung, daß der Ministerpräsident eines Bundeslandes, eine hochangesehene Persönlichkeit, einem Gericht angehört hatte, das noch einige Stunden vor der Ankunft der Alliierten »Verräter« zum Tode verurteilte (der Pfarrer Dietrich Bonhoeffer und sein Bruder Klaus wurden am 9. und 23. April 1945 hingerichtet, während Hitler sich am 30. April das Leben nahm) ... An deutschen Familientischen aber,

---

1) Zwischen 1939 und 1945 wurden auf diese Weise 130 000 Geisteskranke und Behinderte beseitigt.

wo oft ein Vater thronte, der sich an die neuen Lebensbedingungen der Bundesrepublik nicht anpassen konnte, herrschte lastendes Schweigen.

Teufelsaustreibung

Im Laufe der Jahre aber hat sich die Einstellung zur Vergangenheit unmerklich gewandelt. Heute geht es darum, sie auszugraben, sie zu entdramatisieren, die bösen Geister zu bannen: das Gewesene auszusprechen, um es sich zu eigen zu machen.

Das in den sechziger Jahren erschienene berühmte Buch Alexander Mitscherlichs *Die Unfähigkeit zu trauern* wirft den Deutschen vor, sie seien unfähig, die notwendige »Trauerarbeit« zu leisten. Solange die Vergangenheit ins tiefste Unbewußte verdrängt würde, blieben auch ihre bösartigen Krankheitsherde wirksam. Diese Diskussion war schon lange in Gang gekommen, als 1981 beschlossen wurde, *Holocaust* im deutschen Fernsehen zu zeigen, jene berühmte amerikanische Serie, die das Schicksal einer jüdischen Familie im nationalsozialistischen Deutschland schildert. Der Film fand in ganz Deutschland ein leidenschaftliches öffentliches Echo. Als Begleitprogramm folgten Debatten, die berichteten, erklärten, korrigierten und Grundlagen für die Diskussion in den Familien boten.

Die Schulen hatten schon immer Dokumentarfilme gezeigt. Manche Lehrer waren unsicher, welche Haltung sie einnehmen sollten; viele waren selbst überzeugte Anhänger des Dritten Reiches gewesen, es fiel ihnen deshalb schwer, Erklärungen zu bieten.

Zu gleicher Zeit erschien eine ganze Serie literarischer Darstellungen, die man als Vaterbücher bezeichnet, am bekanntesten ist vielleicht *Suchbild* von Christoph Mekkel. Diese Bücher bestehen aus einer langen Kette von Fragen, manchmal auch Anklagen, die an die ältere Generation gerichtet sind. Wie, mein Vater, konntest du nur? Wer warst du? Welche Rolle hast du gespielt? ...

Mit dem Heraufziehen einer weiteren Generation versuchen die Großväter jetzt ihren Enkeln zu erklären, was der Nationalsozialismus war, bevor er sich als Diktatur und Greuel offenbarte. Sie erzählen von ihrer Nazi-Jugend, der Gewißheit, für das Heil Deutschlands einzutreten, von den Festen, der Sportbegeisterung, den Wimpeln und Abzeichen, den Olympischen Spielen von 1936, der Freude an Ahnenforschung, die so lange anhielt, bis der verantwortliche Beamte eine Großmutter mit Namen Rebekka entdeckte und die Stirn runzelte. Sie erzählen auch davon, wie wenig man sich um das plötzliche Verschwinden eines jüdischen Schulkameraden kümmerte, daß der Abtransport eines Kommunisten aus ihrer Stadt ins KZ kaum Mitleid auslöste. Es brauchte schon das Verschwinden einer Jugendliebe, einer kleinen nordischen Schönheit mit zartblauen Augen (die in ein »Lebensborn« genanntes Rassenzuchtheim gebracht wurde), um erste Beunruhigung auszulösen.

Die Perspektive, unter der die Deutschen sich heute sehen, ist weiter geworden. Nachdem sie gelernt hatten, der Vergangenheit ins Auge zu sehen und sich den schrecklichen Verbrechen zu stellen, betrachten sie nun die Kehrseite der Medaille. Bücher und Fernsehsendungen über das erlittene Unheil mehren sich: die Hölle von Stalingrad, das Schicksal der deutschen Kriegsgefangenen in der Sowjetunion, deren Lager sich erst Mitte der fünfziger Jahre öffneten, Flucht und Vertreibung von zwölf Millionen Deutschen durch die Ebenen Osteuropas und die eisige Ostsee ... Ein Film, den man auch in Frankreich sehen konnte, *Deutschland, bleiche Mutter*, zeigte solche tragischen Schicksale deutscher Frauen, über die die Geschichte hinwegging. Kurz, neben dem mörderischen Deutschland wird jetzt auch das gequälte Deutschland sichtbar.

Vor allem der 1984 erschienene Film *Heimat* besiegelte die Versöhnung der Deutschen mit ihrer Vergangenheit.

Er hat eine Dauer von insgesamt sechzehn Stunden und wurde als Fernsehserie gezeigt; bei jeder Sendung leerten sich die Straßen. Diese nun von einem Deutschen gedrehte Familiensaga beschreibt das Leben eines kleinen Dorfes seit Ende des Ersten Weltkriegs. Erstmalig wird den Deutschen gezeigt, wie sie die Geschichte erlebten, ohne daß unmittelbar die Frage nach gut oder böse gestellt wird. Man liebt seine Familie, ganz gleich, welche Fehler oder selbst Verbrechen diese begangen haben mag.

Die gleiche Suche nach den Ursprüngen spricht aus der Serie von Kindheitsberichten und vor allen Dingen aus jenen Büchern, die von einer Kindheit in den verlorenen Gebieten erzählen: in Schlesien, Pommern oder Ostpreußen. Lange hatten die Deutschen nicht gewagt, ihren Schmerz über den Verlust dieser Gebiete offen herauszuschreien. Erinnern wir uns doch an die in Frankreich vergossenen heißen Tränen über den Verlust Elsaß-Lothringens nach 1871 oder an die schmerzlichen Erfahrungen des Algerien-Konflikts; vielleicht können wir uns dann besser vorstellen, was die Deutschen empfunden haben.

Das Bewußtsein der Schuld hat die Tränen zurückgehalten. Man höre aber an einem Sonntagmorgen in einer kleinen Stadt einen Chor von alten Schlesiern, die Volkslieder aus ihrer Heimat singen. Dann weiß man, daß Heimweh Heimweh bleibt. Die aus den Ostgebieten Vertriebenen haben sich zu Vereinigungen zusammengeschlossen, den *Landsmannschaften*. In den frühen siebziger Jahren, als Willy Brandt mit seiner »Ostpolitik« eine Anerkennung der Oder-Neiße-Linie einleitete, meldeten sie sich besonders heftig zu Wort. Noch immer sind sie recht aktiv, haben sich aber weitgehend die Einstellung der Bevölkerungsmehrheit zu eigen gemacht, welche die vollendeten Tatsachen akzeptiert: der Moskauer und Warschauer Vertrag wurden ratifiziert – Willy Brandts spektakulärer Kniefall vor dem Totenmal im Warschauer Ghetto wurde von den meisten verstanden.

Diese Hypothek der Vergangenheit ist also verarbeitet. Heute wollen die Kinder oder Enkel der Vertriebenen von 1945 ihre Ferien in Polen verbringen, um zu sehen und zu verstehen, wo ihre Familie herkommt. Die Deutschen sind also dabei, sich ihre Vergangenheit zu eigen zu machen. Sie akzeptieren sie, übernehmen die Verantwortung für zwei Weltkriege und erkennen die Schuld des Nationalsozialismus an.

Der fünfzigste Jahrestag von Hitlers Machtübernahme führte zu zahllosen Veranstaltungen und Veröffentlichungen, die alle versuchten, Lehren aus der Geschichte zu ziehen. Die Anspielungen auf die zwölf dunklen Jahre sind allgegenwärtig. Aber heute betrachten sich die Deutschen als Subjekt und nicht mehr bloß als Objekt der Geschichte und treten öffentlich für ihre Schuld ein. Sie vollziehen eine neue Art der Entnazifizierung, die diesmal aus ihnen selbst kommt; sie tragen ihr Brandmal stolz, wie das Zeichen eines neuen Kreuzzuges.

Aus der Verdrängung ist überall die Vergangenheit aufgetaucht. Gelegentlich wird sie auch überinterpretiert. Gewisse Deutsche sind richtig scharf darauf, Gespenster zu wecken, um dann ihre Fehler »gutzumachen«: hier liegt einer der starken Antriebe für die Friedensbewegung.

Indem sie ihr »Deutschsein« entdecken, befreien sich die Deutschen zugleich von der jüngsten Vergangenheit – in jenem Maße zumindest, wie sie keiner anderen Autorität mehr ein Urteil zubilligen als sich selbst ... Die Zeiten sind vorbei, als die Deutschen bereitwillig alle Vorschläge übernahmen, wenn sie nur westlich waren, als alles Gute und Schöne nur vom Westen kommen konnte.

Damit haben aber auch die durch die Vergangenheit und die Siegermächte geschaffenen Realitäten, selbst wenn sie weiterhin als vollzogene Tatsachen akzeptiert werden, ein Stück ihrer Legitimität verloren. Die Deutschen werden sich von nun an auf eine andere Logik berufen, um ihre veränderten Einstellungen zu begründen. Diese neue Haltung betrifft vor allem die USA.

V

Deutsch-amerikanische Beziehungen: enttäuschte Liebe

»Big sleep«

Deutschland erwacht aus einem langen Schlaf.

Man könnte fast glauben, es sei – seit 1945 von amerikanischen Sirenentönen eingeschläfert – plötzlich aufgewacht und reibe sich erstaunt die Augen.

Es ist nicht verwunderlich, daß die Deutschen den Amerikanern lange ein richtiggehendes Gefühl der Verehrung entgegengebracht hatten. Beide Völker stehen sich sehr nah. Deutsche Emigranten stellten einen guten Teil der amerikanischen Elite: fünfeinhalb Millionen Deutsche haben zwischen 1820 und 1920 in der Neuen Welt ein neues Leben gesucht (gewisse deutsche Gebiete wie der Hunsrück haben auf diese Weise bis zu einem Drittel ihrer Bevölkerung verloren). Zahlreiche Deutsche befanden sich auch unter den ersten amerikanischen Siedlern. Oft waren sie aus religiösen Gründen ausgewandert (Mennoniten, Wiedertäufer) und ließen sich vor allem in Pennsylvania nieder, damals entstanden Städtenamen wie King of Prussia oder Germantown.

Der Nationalsozialismus führte zu einer neuen Emigrationswelle; nach dem Krieg kamen Wissenschaftler wie

Wernher von Braun, der künftige NASA-Direktor, und schließlich die Auserwählten des *brain drain* in die USA. Heute findet man im Establishment der amerikanischen »WASP« zahlreiche deutschklingende Namen.

In den sechziger Jahren zeigten beide Völker erstaunliche Entsprechungen: es war schwierig, deutsche Werbung von amerikanischer Werbung zu unterscheiden, so ähnlich waren sich die idealen Konsumenten auf beiden Seiten des Atlantiks geworden. Diese Verwandtschaft trieb die Deutschen zur Nachahmung.

Außerdem hatten die Amerikaner zweimal gesiegt. Ohne unbedingt Churchills berühmten Satz »Die Deutschen hat man entweder an der Gurgel oder zu Füßen« übernehmen zu wollen, kann doch kein Zweifel daran bestehen, daß bei dieser Verehrung für die USA ein gewisses Ausmaß etwas masochistischer Bewunderung für die überlegene Macht eine Rolle spielte. Entscheidend aber war dies nicht. Freundschaft und Dankbarkeit spielten eine wichtige Rolle.

»Ami« – willkommen

In der unmittelbaren Nachkriegszeit zeigten die Deutschen eine klare Vorliebe: als sich die Amerikaner aus den den Sowjets zugesprochenen Gebieten zurückzogen, folgte ihnen ein guter Teil der Bevölkerung. Diese Bewegung nahm im Laufe der Jahre ein derartiges Ausmaß an, daß schließlich die Mauer gebaut wurde ...

So entstand ein Bild von den Amerikanern als Rettern vor den »slawischen Horden«, die plündern, vergewaltigen, morden. Sie bedeuten Sicherheit, Ordnung und Gesetz gegen die chaotische Gewalt. zwanzig Jahre nach dem Krieg spielen deutsche Kinder immer noch ein Spiel, das heißt *Die Russen kommen*.

Die »Amis«, wie die Deutschen sagten, denen das Wort Amerikaner zu lang war, zeigten sich als großmütige Sieger, sie kamen mit Schokolade und Zigaretten. Wenn sie sich auch nicht scheuten, die zahlreichen Möglichkeiten zu nutzen, die damals der Schwarze Markt bot – vor allem jene höchst offiziellen *barter-centers*, wo man Kaffee gegen kleine Silberlöffel tauschen konnte, empfanden sie angesichts des Elends doch auch Mitleid. In den großen Städten, die bombardiert und wie Dresden oder Hamburg zu achtzig, beziehungsweise zu sechzig Prozent zerstört worden waren, war die Lage dramatisch. In Kellern hausend, ohne Wasser und Elektrizität, litt die deutsche Bevölkerung unter Unterernährung, Mangel an Kleidung und Medikamenten. Allein in der Stadt Hamburg litten noch 1946 einhunderttausend Menschen an Hungerödemen. Amerikanische Journalisten, die auf Reportage nach Deutschland kamen, entsetzten sich und schrieben Artikel, die in den Vereinigten Staaten eine Welle großzügiger Hilfsbereitschaft auslösten. Zu hunderttausenden kamen die Care-Pakete nach Deutschland. Noch vierzig Jahre später erinnern sich die Deutschen an ihr Staunen über den Inhalt dieser Pakete …

Die Idee, Deutschland durch die Verwandlung des Reichs in ein Agrarland auf immer wehrlos zu machen, wie dies der Morgenthau-Plan vorgesehen hatte, geriet rasch in Vergessenheit. Eine Zukunft zog herauf, in der die Bedrohung aus dem Osten kam; Deutschland und Europa mußten wieder aufgebaut werden, hierzu entwickelten die Vereinigten Staaten den Marshall-Plan. Die Pariser Konferenz hatte 1947 den europäischen Kapitalbedarf zum Wiederaufbau der Wirtschaft auf zweiundzwanzig Milliarden Dollar geschätzt. Der Erfolg war so groß, daß dreizehn Milliarden genügten. Diese Pariser Konferenz hatte aber auch eine andere Folge: sie bekräftigte die Teilung Europas entlang der Linie, die die europäischen Länder, welche den Marshall-Plan akzeptierten oder ablehnen mußten, voneinander trennte.

Da versuchte Moskau zu beseitigen, was Chruschtschow später als »Krebsschaden« bezeichnete, der am Ostblock nagte: West-Berlin mitten in der sowjetischen Besatzungszone. Am 23. Juni 1948 (die Alliierten hatten gerade die Währungsreform durchgeführt und die D-Mark geschaffen) schalten die Russen die Elektrizitätsversorgung ab. Am 24. Juni sperren sie die Autobahn, die Eisenbahnzufahrt und die Kanäle. Am 28. Juni landen einhundertfünfzig, vor allem amerikanische Flugzeuge mit vierhundert Tonnen Lebensmitteln auf dem Flugplatz Tempelhof. Um die Stadt halten zu können, waren viertausendfünfhundert Tonnen täglich erforderlich: die Herausforderung wird bestanden. Auf dem Luftweg wird sogar ein ganzes auseinandergenommenes Elektrizitätswerk mit der nötigen Kohle nach Berlin transportiert! Aber der Berliner Winter ist hart (minus zwanzig Grad), die Wetterbedingungen für die damaligen Flugzeuge äußerst schwierig, die mit nur wenigen Minuten Abstand auf der Piste landen. Einunddreißig amerikanische und neununddreißig englische Piloten werden ihr Leben opfern. Im Frühling 1949 geben die Russen nach und heben die Blockade auf. Die begeisterte Erinnerung an diese gemeinsam bestandene Probe schafft ein festes Band deutsch-amerikanischer Freundschaft.

Will man sich die Gefühle vorstellen, welche die Deutschen diese ganzen Jahre hindurch den Amerikanern entgegenbrachten, genügt es, den Film über Kennedys Berlin-Reise im Juni 1963 anzusehen. Gewaltige Volksmengen jubeln ihm zu und rasen vor Begeisterung, als er erklärt: »Ich bin ein Berliner«.

Zwanzig Jahre später ist Reagan in Bonn Beschimpfungen ausgesetzt. Der Polizei gelingt es nur mit Mühe, den gigantischen Aufmarsch von fünfhunderttausend Demonstranten gegen seine Teilnahme am NATO-Gipfel unter Kontrolle zu halten. Der amerikanische Vizepräsident Bush ist bei den Feiern zur Erinnerung an die ersten, im achtzehnten Jahrhundert aus Krefeld aufgebrochenen Auswanderer sogar körperlichen Belästigungen ausgesetzt.

US, go home!

Was ist im Zeitraum von zwanzig Jahren geschehen? Unterliegen die Deutschen dem psychologischen Zwang, den Vater zu töten? War der Zugriff der Vereinigten Staaten derart erdrückend?

Gewiß hatten sich die Deutschen mit Leib und Seele in die Identifikation mit Amerika gestürzt. Nachdem ihre eigenen Eliten gescheitert waren und keineswegs mehr als Vorbild dienen konnten, hatte sich die Jugend am amerikanischen Modell orientiert. Dieses war allgegenwärtig: *business* und *success* wurden zu Schlüsselworten[1], der *american way of life* breitete sich aus, und Stipendien nach den USA waren heiß umkämpft. MIT, Stanford und andere Business-schools üben ihre höchste Faszination aus. Die Deutschen lieben nur noch Paul Anka und Elvis Presley, nennen sich Mike oder Tom, sprechen ein scheußliches halb angelsächsisches Idiom: noch heute erreicht diese Perversion der deutschen Sprache ein in Frankreich unvorstellbares Ausmaß, wo man sich doch ebenfalls über das »Franglais« beklagt: »il est *fit*, je suis *clever*« etc.

Dies alles beruhte selbstverständlich auf einer erheblichen wirtschaftlichen Verflechtung. Seit der Zeit ihres ersten gemeinsamen Aufschwungs unterhalten Deutschland und die Vereinigten Staaten kontinuierliche Beziehungen. Ende des neunzehnten Jahrhunderts beeinflussen die deutschen Methoden industrieller Produktion in erheblichem Ausmaß die amerikanische Entwicklung. US-Kapital trägt später zu schneller Erholung der deutschen Industrie in den zwanziger Jahren bei. Nach 1945 beschränkt sich das siegreiche Amerika nicht darauf, Deutschland seine gesellschaftlichen und politischen Institutionen vorzuschreiben: mit der Konsumgesellschaft vererbt es ihm auch die tayloristischen Methoden, Fließbandproduktion

---

1) Auch wir Franzosen sollten uns erinnern: zur gleichen Zeit begeisterten wir uns für »die junge dynamische Führungskraft«.

und Management. Während der fünfziger und sechziger Jahre, jener Periode der »amerikanischen Herausforderung« für Europa, bietet Deutschland den amerikanischen Multis unvergleichlich günstige Aufnahmebedingungen, es akzeptiert ohne jede Einschränkung sowohl ihre Investitionen wie ihren Export von Spitzentechnologien. Umgekehrt blüht der Export deutscher Werkzeugmaschinen; die deutsche Chemieindustrie läßt sich jenseits des Atlantiks nieder.

Kurz, wenn die Deutschen auch nicht ihre Seele verkauft haben, haben sie sich doch selbst aus den Augen verloren. Bis schließlich eine neue Generation heranwuchs. Diese erinnert sich nicht mehr an die Care-Pakete. Ihre neuen Universitäten sind nicht mehr aus Geldern des Marshall-Plans gebaut, die Gedenkstätte für die Toten der Berliner Luftbrücke bedeutet ihnen nichts. Ihre Kindheitseindrücke sind anderer Art: Demonstrationen gegen den von den Amerikanern unterstützten Schah, Protest gegen die materialistische Konsumgesellschaft nach amerikanischem Vorbild und vor allem, Abend für Abend im häuslichen Fernsehen, das Bild amerikanischer Soldaten, die in Vietnam kämpfen – kämpfen oder bloß töten?

Nach und nach verschlechtert sich das Image Amerikas. Seine kulturellen Werte beginnen brüchig zu werden. Paradoxerweise war gerade diese Bewegung von den amerikanischen Universitäten selbst ausgegangen: der Studentenprotest der sechziger Jahre, Demonstrationen gegen den Vietnam-Krieg, das große Streben nach Solidarität in einer steuerbaren Wohlstandsgesellschaft (*equal rights* für Frauen und Schwarze). All dies hat sich in den Vereinigten Staaten inzwischen beruhigt. In Deutschland sind die Spuren dieser Bewegung dafür umso dauerhafter: die Deutschen sind langsam, verfolgen ihre Ideen aber bis auf den Grund. Ivan Illich, der Papst der »Konvivialität«, hat die ganzen letzten Jahre an einer deutschen Universität gelehrt. Insgesamt aber läßt die geistige Faszinationskraft der Vereinigten Staaten deutlich nach, wenn sie Deutschland auch weiterhin mit Büchern, Moden, Musik und Filmen überschütten (die einige Monate früher herauskommen als in Frankreich); Dienstag abend sieht man mit gleicher Leidenschaft *Dallas* wie bei uns.

Zu diesem Verblassen der kulturellen Faszinationskraft kommt mit Präsident Carter ein rascher Glaubwürdigkeitsverlust der amerikanischen Politik. Man weiß nicht mehr, worauf man bauen soll: aus dem State Department, dem Pentagon und dem Weißen Haus kommen schrille Widersprüche.

Carters Priorität für die Menschenrechte führt zum Abbruch traditioneller Bündnisse. Manche Regimes verlieren von einem Tag auf den anderen ihre traditionelle Schutzmacht. Die Amerikaner lassen den Iran im Stich und verlieren das Gesicht, als sie sich unfähig erweisen, ihre Geiseln zu befreien. Die Amerikaner werden das, was Deutsche am schlechtesten ertragen: unberechenbar. Und auch die einst gewaltige nukleare Übermacht der Vereinigten Staaten gehört nun der Vergangenheit an. Die deutschen Kanzler wagen sogar gelegentlich das Sakrileg, amerikanische Präsidenten mehr oder minder offen der Inkompetenz (Carter) oder Unwissenheit (Reagan und seine »Bande von Kaliforniern«, die nichts von Europa verstehen) zu bezichtigen. Anläßlich der Affäre um die Gasrohrleitung nach Sibirien und der amerikanischen Hochzinspolitik werden die USA offen des »Egoismus« bezichtigt: frustriert fühlen sich die Deutschen nicht mehr »für voll genommen«.

Schließlich werden die Vereinigten Staaten, die als größte Macht der Welt auf immer unverletzlich schienen, gerechtfertigt und gestärkt durch die Vorbildlichkeit ihrer moralischen Werte, 1980 ebenfalls von der Wirtschaftskrise erfaßt. Die Konkurrenz Japans und der neu industrialisierten Schwellenländer erschüttert das amerikanische Prestige erheblich: seit zehn Jahren wankt die amerikanische Textil- und Konsumgüterindustrie unter dem Wettbewerbsdruck aus der Dritten Welt; Automobilbau, Elektronik und Stahlproduktion haben erhebliche Marktanteile an Japan verloren; die amerikanische Industrie büßt sogar in den Spitzentechnologien wie der Weltraumforschung, der Nuklearindustrie, dem Fernmeldewesen und der Informatik an Vorsprung ein.

Gewiß bleibt das Ansehen der amerikanischen Industrie in zahlreichen Ländern hoch; in Deutschland aber, wo man auf Grund des eigenen hohen Niveaus über eine genauere Urteilsfähigkeit verfügt, wird am deutlichsten empfunden, wie die technologische Wettbewerbsfähigkeit der USA ständig sinkt. Als die französische Zeitschrift *Express* im Februar 1984 eine Untersuchung über das gegenseitige Bild verschiedener Völker durchführte, fragte sie auch, welche Länder in den nächsten zwanzig Jahren wahrscheinlich einen Aufstieg oder Niedergang erleben würden: die Deutschen sind weit und breit die einzigen, die ein Absinken der Vereinigten Staaten voraussehen! Kurz, Amerika gilt als überholt, gealtert, unfähig, sich den Herausforderungen des einundzwanzigsten Jahrhunderts zu stellen.

Das Idol von gestern tritt man heute hämisch mit Füßen, manche beschuldigen es geradezu der Tollwut, des moralischen Verfalls. Steigern die *Reagonomics* das Elend in den USA? Die Streichungen im amerikanischen Sozialbudget werden in den deutschen Zeitungen sofort mit Schlagzeilen herausgestellt. Auf dem Höhepunkt der letzten amerikanischen Krise schickten manche Bürger der Bundesrepublik sogar Lebensmittelpakete für amerikanische Arbeitslose! Vor allem aber wird der amerikanische Imperialismus erneut auf die Anklagebank gezerrt. Reagans ungeschickte Ausdrucksweise, die Steigerung der Rüstungsausgaben, die interkontinentalen MX-Raketen, die Aufstellung der Pershing: alles Zeichen amerikanischer Intoleranz, einer fast verbrecherischen Kriegstreiberei. Ganz zu schweigen von der »Invasion« auf der Insel Grenada. Man könnte fast glauben, die Amerikaner würden in Deutschland als »großer Satan« bezeichnet, wäre Reagan nicht, als er seinerseits Moskau diese Rolle zuschrieb, den Deutschen zuvorgekommen.

Große Liebe, große Enttäuschung ... Nichts ist schlimmer als die Verbitterung, die nach enttäuschter Liebe zurückbleibt. Die frühere Nähe wirkt verfehlt, beschämend: manche Deutsche zeigen ähnliche Gefühle, wenn sie an die Zeit des Wiederaufbaus denken, wo man sich unweigerlich mit der Besatzungsmacht gemein gemacht hatte. Heute sieht man die Vergangenheit in einem anderen Licht: die Amerikaner, so tuschelt man, kannten die russische Absicht, die Berliner Mauer zu errichten, sie haben aber nichts unternommen, um die Sowjetunion davon abzubringen oder die Bevölkerung zu warnen. Sie erwogen ja auch ernsthaft die Durchführung des Morgenthau-Planes, der die Verelendung Deutschlands bedeutet hätte. Obwohl sie schließlich darauf verzichteten, haben sie doch zunächst einen Teil des industriellen Produktionsapparates demontiert und zerschlagen. Niemals haben sie ernsthaft an die Zukunft Deutschlands gedacht.

Heute greift in manchen Kreisen sogar die Vorstellung um sich, daß »die Russen gar nicht so schlimm seien«. »Die Nazi-Propaganda hatte uns benebelt«, so sagt man, »um uns in den Widerstand bis auf den letzten Mann zu treiben; Adenauers CDU-Propaganda schloß direkt daran an und hämmerte uns ein, die Russen seien Wilde, um uns leichter dem Westen in die Arme zu treiben.« Außerdem erinnert man an den Erlaß *Joint Chief of Staff 1067*, der ausdrücklich betonte, daß »die Besetzung Deutschlands nicht seiner Befreiung dient«. Man erinnert daran, daß es die Amerikaner waren, die am entschiedensten die Hinzuziehung eines deutschen Richters zum Nürnberger Kriegsverbrecherprozeß ablehnten, um damit ihre Auffassung von *Kollektivschuld* deutlich zu machen, dieser so schwer erträglichen Verurteilung eines ganzen Volkes.

Diese in ganz unterschiedlichen Formen auftretende Abwendung von den Vereinigten Staaten hat die ganze Bevölkerung erfaßt. Sie kann schließlich zu der von der

Friedensbewegung aufgenommenen Theorie führen, die Vereinigten Staaten seien einfach »gefährlich«. Ein schlechterdings absurder Anblick kann dann nicht mehr überraschen: an der Berliner Mauer liest man auf der westlichen Seite antiamerikanische Parolen.

VI

Bundesrepublik – DDR:
die feindlichen Brüder?

In dem Maße, wie die amerikanische Schutzmacht ver-
blaßt, sieht die Bundesrepublik auch die DDR in einem
neuen Licht. Die Konfrontation zwischen Deutschland-
West und Deutschland-Ost hat andere Züge angenommen. Diese Veränderung vollzieht sich im Zusammenhang eines allgemeinen deutschen Sinneswandels und
kann für einen Franzosen nur dann verständlich werden,
wenn man die DDR zunächst um ihrer selbst willen betrachtet.

Erich *wer* ...?

Wer ist Erich Honecker? Kaum jemand weiß in Frankreich die Antwort. Dabei steht der Staatsratsvorsitzende
und Generalsekretär der Sozialistischen Einheitspartei
SED Erich Honecker an der Spitze der DDR, der zehnten
Wirtschaftsmacht auf der Weltrangliste.
    Die DDR macht aber wenig von sich reden. Als Ost-
blockland bleibt sie undurchsichtig: Informationen dringen kaum nach außen. Selbst die westdeutschen Experten
haben es schwer, die Kämpfe um Macht und Einfluß zu

durchschauen. Seit den Arbeiterunruhen des 17. Juni 1953 ist die DDR von vorbildlicher Stabilität. Nichts könnte das Scheinwerferlicht weltweiter Aufmerksamkeit auf sich ziehen. Sie wird deshalb von den Medien vernachlässigt. Ebenso von den westlichen Touristen; die östlichen kommen dagegen jährlich zu Millionen. Hinter ihrer Grenze liegen viele Weihestätten der deutschen Kultur: Weimar, Luthers Wartburg, Dresden, Leipzig, Unter den Linden (in Ostberlin); für die große Mehrheit der Franzosen endet Deutschland aber doch an der Elbe. Alles, was jenseits des immer seltener so bezeichneten »eisernen Vorhangs« liegt, gilt als eine Art kümmerliches Deutschland: Thüringen, Sachsen, Brandenburg und Mecklenburg ...

Auf den ersten Blick könnte es also so scheinen, als habe die Bundesrepublik ihren *Alleinvertretungsanspruch* als einziger Repräsentant deutscher Legitimität erfolgreich durchgesetzt, als sei es ihr mit Hilfe der Hallstein-Doktrin, die den Abbruch der diplomatischen Beziehungen zu allen Ländern forderte, die die DDR anerkannten, gelungen, ihre Rivalin von der internationalen Szene zu verdrängen, obwohl die juristischen Grundlagen inzwischen andere sind. Übrigens denkt man in Ost-Berlin noch immer mit Verbitterung an die Zeit, als beim Empfang des diplomatischen Corps höchstens ein Dutzend Botschafter anwesend waren. Die DDR fühlte sich diskriminiert, vor allem durch die Bundesrepublik als Paria behandelt. Inzwischen haben sich die Beziehungen zwischen diesen beiden Nachkommen des deutschen Reiches gewiß gewandelt, die Tatsache bleibt aber bestehen, daß beide deutsche Staaten zueinander noch immer in einer diametral entgegengesetzten Position stehen: jeder spielt eine Vorreiterrolle, hier für das kapitalistische, dort für das kommunistische System.

Von vorneherein war die DDR als Reaktion auf die Schaffung Westdeutschlands errichtet worden. Als den Alliierten 1947, nach den Konferenzen von London und Moskau, bewußt wurde, daß eine Verständigung mit den Russen unmöglich war und sie die Währungsreform sowie die Zusammenlegung ihrer Besatzungszonen zu einem westdeutschen Staat beschloßen, erwiderten die Russen jede Maßnahme mit einer entsprechenden Maßnahme. Nachdem sie zunächst erklärt hatten, »das sowjetische Modell sei nicht auf Deutschland übertragbar«, erzwingen sie dennoch mit Gewalt die Zusammenlegung der kommunistischen und sozialistischen Parteien, aus denen die SED hervorgeht. Diese duldet neben sich nur Schattenparteien, an deren Spitze die Russen zuverlässige Leute plazieren. So wird 1949 die Deutsche Demokratische Republik geschaffen, deren institutionelle Strukturen ein genaues Abbild der sowjetischen Institutionen sind: der Musterfall einer Volksdemokratie.

Zeigt die Bundesrepublik eine beispielhafte kapitalistische *success story*, hält sich die DDR für ebenso gelungen und schreibt sich sogar ein höheres Verdienst zu, da sie ihren beachtlichen wirtschaftlichen Aufschwung erreicht hat, ohne sich mit Marshallplanhilfe zu kompromittieren.

Die DDR versteht sich nämlich als fleißig und tugendhaft. Sie rühmt sich, die Gebote der Sieger (»Entnazifizierung« und »Demokratisierung«) in der sowjetischen Besatzungszone sehr viel drastischer durchgeführt zu haben als die Westzonen. Im Westen beendeten die schon seit den zwanziger Jahren bestehenden zahlreichen Verbindungen zwischen amerikanischen und deutschen Kapitalisten so manches Untersuchungsverfahren vor der Zeit, die Suche nach dem Schuldigen stockte. Es gab nur noch einige spektakuläre Verfahren, wie den Auschwitz-Prozeß, aber ebenso wie die Bombenangriffe wunderbarerweise gewisse amerikanische Interessen ausgespart hatten, durfte auch die Entnazifizierung die deutsche Gesellschaft nicht allzusehr erschüttern.

Auch die Demokratisierung hielt sich in Grenzen, während sie im Osten extreme Formen annahm. Die Agrarreform führte zu einer völligen Umverteilung des Landes: da das Ziel alle Mittel rechtfertigte, wurden die Familien der Junker deportiert und auf der Insel Rügen ihrem Schicksal überlassen. Dort starben viele, anderen gelang es auszureisen, oft mit Hilfe ihrer rasch benachrichtigten Familienangehörigen im Westen. Schließlich wurden die Wirtschaft verstaatlicht und die Großbetriebe unter zuverlässige Führung gestellt: häufig traten Kommunisten an die Spitze, die in der Nazizeit in die Sowjetunion emigriert waren. Da außerdem zwischen 1947 und 1961 drei Millionen Ostdeutsche besonders aus den wohlhabenderen Kreisen in die Bundesrepublik flohen, wurde die DDR im wahren Sinne des Wortes ein »Land der kleinen Leute«, was die Durchsetzung des Gleichheitsprinzips erheblich erleichterte.

Hierauf beruft sich die von der DDR zur Schau gestellte Tugendhaftigkeit. Sie behauptet von sich, sie sei »im wahren Sinne demokratischer« als die Bundesrepublik und vor allem »antifaschistisch«: das nationalsozialistische Erbe verweigert sie ausnahmslos und überläßt es mit all seinen Belastungen nur allzugern dem Nachbarstaat; damit sieht sie sich von aller Schuld reingewaschen. Sie lehnt es auch strikt ab, irgendeine Form von Entschädigung an Opfer des Nationalsozialismus zu zahlen. Als beispielsweise im neueröffneten Pariser Kulturzentrum der DDR der große Schriftsteller Stefan Hermlin eine Lesung abhielt, wiesen die ersten Worte der Einführung darauf hin, daß es sich um einen »antifaschistischen« Schriftsteller handele. Für französische Ohren mag dieser Begriff »antifaschistisch« überholt klingen. In Ostdeutschland ist er dies keineswegs; dort herrscht offiziell noch immer die Furcht vor dem Faschismus und wird aus tausend Anlässen lebendig gehalten: subventionierte in der Bundesrepublik der Flick-Konzern nicht ebenso politische Parteien, wie er einst vor allem die nationalsozialistische Partei unterstützt hatte?

Faschismus, eine Gefahr heute wie gestern. Aber auch Brecht als Aushängeschild der Kultur, eine Malerei, die zwischen Postexpressionismus und Abstraktion schwankt, und die stalinistische Architektur, die an die fünziger Jahre erinnert: Immobilismus scheint ein besonderes Kennzeichen dieses Landes. In der DDR auf der Straße spazierenzugehen, ist wie eine Reise durch die Zeit: beim Anblick der Häuser, der Läden, der Passanten fühlt man sich um zwanzig Jahre zurückversetzt. Vor allem fällt auf, daß es überhaupt keinen Ausländer gibt. In der DDR stehen blonde Deutsche mit blauen Augen am Preßlufthammer. So war Deutschland also vor der Einwanderungswelle.

Wie kann die Bevölkerung einen derartigen Immobilismus ertragen, dieses Abgeschnittensein von den modernen Strömungen in Lebensweise, Denken und Kunst? Es ist schwer zu sagen, wie weit die Bevölkerung ihrer Regierung zustimmt, die Abgrenzung zwischen öffentlicher und offizieller Meinung ist nicht zu fassen. Die Spezialisten stimmen in der Einschätzung überein, es gäbe in der DDR kaum mehr als fünfzehn Prozent überzeugte Kommunisten. Was aber die anderen denken ...

Eines ist sicher: Ostdeutschland sieht westdeutsches Fernsehen. Dies geht so weit, daß es schwierig wurde, Arbeitskräfte für die Dresdener Region zu finden, wo das Westfernsehen schlecht zu empfangen war. Die Behörden entschlossen sich schließlich, eine Übertragungsstation einzurichten. Die Regierung toleriert dieses Phänomen deshalb, weil es eine Art Ventilfunktion besitzt; außerdem wechseln viele Fernsehzuschauer, die lieber die weniger verkrampften und lehrhaften westdeutschen Programme ansehen, dann doch auf den östlichen Kanal über, um die Nachrichten zu sehen. Diese enthalten stets eine beeindruckende Menge von Katastrophenmeldungen aus dem Westen: das »Heer der Arbeitslosen« wächst schon wieder um soundsoviel Prozent, hier ein Erdbeben, dort eine Überschwemmung, eine besonders kriegerische Rede Reagans (aus der alle versöhnlichen Passagen ausgestrichen sind) ..., der Westen erscheint immer als gefährliche und höchst unmoralische Weltgegend.

Jene Fernsehzuschauer, die auch westliche Nachrichten sehen, gehören zu den Millionen Schizophrenen, die die DDR bevölkern. Diese sprechen am Tag bei der Arbeit eine ganz andere Sprache als am Abend bei Freunden. Für viele von ihnen spielt die Kirche eine wichtige Rolle, insbesondere die evangelische Kirche, da die Ostgebiete fast gänzlich protestantisch sind. Seitdem Bischof Schönherr 1978 mit den Regierungen ein Abkommen unterzeichnet hat, das die Kirche in den Sozialismus einbindet, konnte diese ihren Einfluß erheblich steigern. Mit der Einschränkung allerdings, daß man sonntags immer weniger in die Kirche geht (der Kirchenbesuch sank regelmäßig wie auch die Zahl der Taufen), dafür aber immer häufiger Sonntag abend an nicht-konfessionellen Treffen zur »Besinnung«, an Vorträgen etc. teilnimmt, die jedermann offenstehen. In der Tat bietet die Kirche heute eine gewisse Nische der Versammlungs- und Meinungsfreiheit; sie organisiert Begegnungen, die von der Regierung selbst dann toleriert werden, wenn es um außerkirchliche Themen und Teilnehmerkreise geht; die Gemeindeblätter spielen fast die Rolle eines »Samisdat«. Hier vollziehen sich sogar wirtschaftliche Aktivitäten, die dem Zugriff der Behörden entzogen sind: im Rahmen des Abkommens von 1978 hat der Staat der Kirche die Versorgung von Waisen, Alten, Kranken überlassen ...; dies gibt die Möglichkeit, in karitativ tätigen Gruppen auch solchen Bürgern Unterschlupf zu gewähren, die Schwierigkeiten mit dem Staatsapparat haben: so wurden manche, die nach Einreichung eines Ausbürgerungsantrags ihre Arbeit verloren hatten, Krankenpfleger oder Friedhofsgärtner. Der Staat gewährt den Mitgliedern der Kirche auch bereitwilliger Visa für West-Reisen, wohl wissend, daß sie hierdurch in den Augen der übrigen Bevölkerung diskreditiert sind, die nur allzuleicht Glauben und Ausreiselust gleichsetzt. Die Kirche ist so eine der »Nischen« in einem System, das man insgesamt als *Nischengesellschaft* bezeichnet hat: eine Gesellschaftsform, wo sich jeder sein kleines Schlupfloch sucht, eine Lücke, in der er in Ruhe leben kann.

Neben der Kirche nehmen auch die »Punks« ständig zu. Wahrscheinlich bieten sie ebenfalls eine für die Jugend attraktive »Nische«, die es in ganz anderer Weise gestattet, sich dem Zugriff des Staates zu entziehen; allerdings ist schwer zu ermessen, wie weit dieses Phänomen tatsächlich geht. Der Staat selbst versucht durch die *Jugendweihe* einen Anknüpfungspunkt, ein wenig Seele zu bieten; sie ist eine Art weltlicher Initiationsritus, der an die Stelle der protestantischen Konfirmation treten soll.

Insgesamt scheint das Gros der Bevölkerung mit seinem Schicksal gar nicht so unzufrieden; es zweifelt nicht daran, daß die Dinge ordentlich laufen, wenn man auch vieles wie in allen Ostblockländern nur gegen ausländische Devisen erhält: Ersatzteile, Qualitätswaren und Erleichterungen aller Art. Die DDR wird im großen und ganzen als relativ sicherer Ort in einer gefährlichen Welt empfunden; ein Land, das gewiß bescheiden ist, aber auch seine Verdienste hat, wo der Lebensstandard höher ist als in den Bruderländern (dies gilt insbesonders für den Wohnungsbau). Und wenn auch Reisen, Paris oder London sehen, ein unerfüllbarer Wunschtraum bleiben muß, wird dieser oft ohne Verbitterung geäußert: er wird sich schon erfüllen, wenn der Sozialismus erst weiter fortgeschritten ist.

Die DDR macht also den Eindruck eines Landes, das die kommunistische Führung fest im Griff hält und das ein relativ stabiles Gleichgewicht erreicht hat: die 13000 jährlich registrierten Abgänge nach Westen (davon rund 5000 illegale) werden annähernd durch den Geburtenüberschuß kompensiert, die Bevölkerungszahl sinkt nicht mehr.

Die DDR in Bewegung?

Dennoch beobachtet man seit einiger Zeit auch in der DDR überraschend tiefgreifende Veränderungen. So gewährt die Regierung seit Januar 1984 eine sehr viel größere Zahl von Ausreisegenehmigungen als früher.[1]

---

1) 1984 wurden vierzigtausend Ausreisegenehmigungen erteilt, eine außergewöhnlich hohe Zahl.

Die Berliner Straße Unter den Linden symbolisiert die DDR in frappierender Weise. Auf dieser windigen, betonierten Esplanade findet sich alles: die Mauer, die hier das Brandenburger Tor umzieht, das Denkmal für die Opfer des Faschismus, einige herrliche alte, sorgfältig restaurierte Gebäude, die finsteren Regierungsbauten der fünfziger Jahre, riesenhaft und abschreckend mit ihren stets geschlossenen Haupteingängen (der Zugang ist einzig durch die kleinen Seitentüren möglich[1]) und sogar seit zwei Jahren das Reiterstandbild eines früheren Volksfeindes: Friedrichs II.! Friedrich II. ist nämlich zur Symbolfigur Preußens erhoben worden. Genau wie Bismarck ist er – den ostdeutschen Lehrern wurde dies per Runderlaß mitgeteilt – zum »positiven historischen Vorbild« aufgerückt: die Friedrich-Bücher mehren sich. Außerdem hat man mit großem Pomp den fünfhundertsten Jahrestag von Luthers Geburt begangen. Thomas Münzer, der wegen seines wesentlich revolutionäreren Profils bis dahin eine Vorzugsstellung genossen hatte, wurde in den Hintergrund verbannt.

Die Pankower Regierung rehabilitiert die Vergangenheit. »Preußisch« gilt nicht mehr wie »militaristisch« oder »faschistisch« als Schimpfwort. Während die DDR noch bis vor kurzem versucht hatte, sich dadurch von Westdeutschland abzugrenzen, daß sie diesem allein die Verantwortung für eine als »belastend« angesehene Vergangenheit zuschrieb, erhebt sie jetzt selbst Anspruch auf die Geschichte und macht der Bundesrepublik die deutsche Identität dadurch streitig. Die Bevölkerung geht mit, kauft wie im Westen Geschichtsbücher und besucht eifrig die Ausstellungen.

Die DDR gerät aber nicht nur im Hinblick auf ihre Vergangenheit in Bewegung, und nicht nur deshalb, weil ihre

---

1) Die gleiche abweisende Anordnung findet sich bei den Eingängen zum Pariser Kulturzentrum der DDR auf dem Boulevard Saint Germain, wie auch in der Pariser DDR-Botschaft ...

Regierung es so beschlossen hat. Drei andere Einflüsse sind wirksam: die Friedensbewegung, die Nähe zu Polen und die Bundesrepublik.

Die Friedensbewegung im Osten

Im Osten wie im Westen ist die Friedensbewegung zugleich eine Protestbewegung gegen den Staat oder zumindest gegen die Regierung. Schon deshalb muß die Bewegung im Osten in Ausmaß und Zielen bescheidener sein. Umso mehr stürzt sich die westliche Presse auf ihr geringstes Lebenszeichen und spielt jeden Vorgang hoch, der den Unterdrückungsmaßnahmen der DDR entgangen ist.

Um gelegentliche unkontrollierte »Friedensaktivität« in der DDR auszuschließen, stellt Erich Honeckers Regierung einfach offiziell die These auf, der Staat als ganzer sei die Friedensbewegung. An der Autobahn, die vom Flughafen Schönefeld ins Ostberliner Zentrum führt, verkünden riesige rote Plakate mit weißen Buchstaben »Der Sozialismus ist der sicherste Garant des Friedens« oder »Sozialismus ist der Marsch zum Frieden«. So organisiert der Staat selbst »Künstlerwettbewerbe für den Frieden« und stellt die besten Zeichnungen Unter den Linden aus. Der Staat zieht hieraus doppelten Gewinn: er präsentiert sich im Gegensatz zum Kapitalismus, der seiner Natur nach unweigerlich imperialistisch und expansionslüstern ist, als großer Vorkämpfer des Friedens und schürt zugleich die Angst der Bürger (vielleicht sogar seine eigene) und kann damit die Militarisierungsmaßnahmen rechtfertigen, die in den letzten Jahren immer schärfer wurden.

So sieht der Spaziergänger Unter den Linden das Bild eines blutenden, geköpften Mannes mit der Unterschrift »Köpfung – so bezeichnen die amerikanischen Strategen den Atomschlag zur Zerstörung ...«; bereitwilliger wird er dann hinnehmen, daß seit 1978 an allen Schulen eine paramilitärische Pflichtausbildung für Jungen wie Mädchen eingeführt wurde. Oder auch, daß Wehrdienstverweigerung aus Gewissensgründen fast ausgeschlossen ist. Im vergangenen Jahr war es nur vierhundertfünfzig Wehrpflichtigen gelungen, den Status von ›Bausoldaten‹ zu erreichen. Gewiß führen derartige Maßnahmen in der Bevölkerung zu Unbehagen, aber wer kann es wagen, sie offen zu kritisieren? Wer riskiert es schon, Petitionen zu unterzeichnen? Der »Berliner Appell‹, ein antimilitaristischer Aufruf des Pastors Eppelmann, brachte es auf siebenhundert Unterschriften. Dabei handelte es sich allerdings im wesentlichen um Personen, die im kirchlichen Bereich arbeiten, also relativ ungefährdet sind, oder die bereits einen Ausbürgerungsantrag nach Westen gestellt hatten und deshalb nur danach trachteten, sich zusätzlich unbeliebt zu machen. Die Friedensbewegung ist vielgestaltig, schwer faßbar, besitzt aber im Verborgenen durchaus eine gewisse Ausstrahlung, wie der Erfolg des Ansteckers *Schwerter zu Pflugscharen* beweist, eine Anspielung auf die Bibelstelle: »Aus ihren Schwertern werden sie Pflugscharen schmieden« (Micha 4,2). Zunächst wurde er in aller Legalität gedruckt, hatte aber auf die Parkas geheftet einen solchen Erfolg, daß ihn die Regierung verbot – außerdem war er das Motto jenes Dresdener Friedensforums vom 13. Februar 1982 gewesen (dem Jahrestag der Bombardierung der Stadt durch die Alliierten 1945), dem die westlichen Medien unliebsam große Aufmerksamkeit gewidmet hatten. Sobald Friedenssehnsucht die Regierung zu deutlich beim Wort nimmt oder sogar offen über deren Absichten hinausgeht, bleibt nur noch Ausbürgerung oder Gefängnis. So erging es den Friedensdemonstranten von Weimar und Jena, so geht es Künstlern und Schriftstellern, sobald sie ihre Kritik zu offen äußern.

Unter derartigen Bedingungen kann man nicht von einer wirklichen Volksbewegung sprechen, die derjenigen vergleichbar wäre, die auf der anderen Seite der Elbe die Bundesrepublik erschüttert. Könnte aber Polen ein Vorbild sein ...?

Das polnische Modell

Polen stellt für die DDR gewiß kein Modell dar. Seit dem Mittelalter empfinden die Deutschen den Polen gegenüber ein deutliches Überlegenheitsgefühl. Das Dritte Reich hatte derartige, ohnehin schon vorhandene Gefühle auf die Spitze getrieben. Noch heute machen die Ostdeutschen aus ihrer Verachtung für die Polen, die sie für faul und unseriös halten, keinerlei Hehl. Bis 1972 war die Grenze geschlossen. Ihre Öffnung hatte zwei Folgen: einerseits verbrachten viele junge Ostdeutsche ihre Ferien in Polen, wo sie eine freiere Luft atmen konnten, andererseits stürzten sich die Polen auf die deutschen Läden und kauften zum Ärger der örtlichen Bevölkerung alles auf, was sie nur bekommen konnten. Die DDR ist stolz darauf, keinerlei Spur von »Revanchismus« zu beherbergen; die aus ihrer Heimat vertriebenen Pommern und Schlesier wurden nach beruflicher Qualifikation angesiedelt, und dabei wurde sorgfältig darauf geachtet, daß sie sich nicht erneut zusammenschließen konnten. Zusammenschlüsse von Vertriebenen bestimmter Herkunft, wie man sie im Westen findet, werden nicht zugelassen. Trotz allem hört man häufig Klagen und Äußerungen des Bedauerns über die einst so blühenden Gebiete, die jetzt den »unfähigen Polen« und ihrer »polnischen Wirtschaft« überlassen sind.

Es ist wahr, daß die in den neuen Westgebieten angesiedelten Polen, die ihrerseits von den Russen aus Galizien vertrieben worden waren, verständlicherweise zunächst keine besondere Neigung zeigten, diese fremde Erde liebevoll zu bebauen. Pommern und Schlesien sind heute auf weite Strecken »geschichtslose« Gebiete. Wenn die Vertriebenen von 1945 als Touristen zurückkehren, ist dies ein Schock: von Deutschland kaum noch eine Spur, die verlassenen Friedhöfe verschwanden umso schneller, als die Grabsteine mit anderen Inschriften jetzt dazu dienen, neugeschaffene polnische Friedhöfe zu schmücken ..., bis zu den protestantischen Kirchen, die jetzt katholisch sind.

Dennoch sind diese Touristen (die aus Ost- und Westdeutschland kommen) durchaus willkommen. Die örtliche Bevölkerung ist aufgeschlossen, neugierig zu erfahren, wann ein Bach umgeleitet wurde, wo eine alte Kirche gestanden hat oder wozu jene Ruine gedient hatte ... Langsam erschließt sich die heutige polnische Bevölkerung so die Vergangenheit eines Landes, in das sie durch die Wechselfälle der Geschichte geraten war.

»Deutsch« war jedes von der Reformation erfaßte Gebiet geworden. Diese hatte die deutsche kulturelle Identität mit sich gebracht, während sich eine polnische kulturelle Identität in jenen Gebieten ausbildete, die katholisch geblieben waren. In Polen ist die Bedeutung des katholischen Glaubens und die Rolle der Kirche noch heute ganz anders als in der DDR. Der Marienkult deckt sich mit dem Selbstbehauptungswillen eines Volkes, das zwischen russischer Orthodoxie und deutschem Protestantismus in der Klemme saß. Die polnische katholische Kirche bewahrt eine viel größere Distanz zum kommunistischen System als die protestantische Kirche in der DDR.

In der Phase der »polnischen Gegenrevolution« ermutigte die ostdeutsche Regierung gezielt antipolnische Stimmungen. Westdeutsche Lastwagen mit für Polen bestimmten Lebensmitteln wurden gelegentlich von der ostdeutschen Bevölkerung angegriffen. Seit Jaruselszki 1981 in Polen die Macht übernahm, schicken auch die Ostdeutschen Lebensmittel und Kleider nach Polen ... Die Grenze ist von neuem geschlossen.

Es gibt noch einen anderen überzeugenden Grund, weshalb die »polnische Versuchung« in der DDR undenkbar ist: in Polen stehen zwei sowjetische Divisionen, in der DDR zwanzig ...

Der Sog der deutsch-deutschen Beziehungen

Eine viel größere Anziehungskraft, die verführerisch und unruhestiftend wirken kann, geht von den Beziehungen zur abgefallenen Schwester aus. Zunächst drifteten beide Staaten immer weiter auseinander, der Gravitation der beiden entgegengesetzten Systeme gehorchend. Die dem zuwiderlaufende Anziehungskraft der Bundesrepublik auf die DDR führte schließlich zum endgültigen Bruch: seit dem Krieg waren schon drei Millionen Ostdeutsche in den Westen gegangen; immer hermetischer wurde die Grenze geschlossen, Berlin blieb schließlich die einzig mögliche Übergangsstelle. 1961 greift Panik um sich: um den Maschen des Netzes zu entgehen, das sich immer enger schließt, überschreiten allein im Juli dreißigtausend Ostdeutsche in Berlin die Grenze; vom 1. bis 12. August sind es siebenundvierzigtausend! Am 13. August errichten Pankows Soldaten vor den Augen der entsetzten Bevölkerung den »antifaschistischen Schutzwall«. Die Teilung ist vollzogen.

Für manche deutsche Familien bedeutet dies zehn Jahre Wartezeit, bevor man ein Kind, eine Mutter, einen Mann wiedersehen kann. Nach zehn Jahren schließen die Alliierten (Amerikaner, Russen, Briten und Franzosen) das Viermächteabkommen über Berlin und beauftragen in diesem Rahmen die Deutschen, untereinander die Transit- und Verkehrsfragen zu regeln.

Einige Monate später schafft Brandts Ostpolitik mit dem Grundlagenvertrag die Voraussetzungen für Beziehungen mit der »sowjetischen Besatzungszone«, die jetzt als gleichberechtigter Staat, als Deutsche Demokratische Republik, anerkannt wird – wenn auch gewisse rechtsorientierte westdeutsche Zeitungen DDR auch noch 1985 mit Anführungsstrichen schreiben.

Seitdem gleichen die Beziehungen zwischen beiden Ländern einer riesigen Pokerrunde oder auch einem großen Katz- und Mausspiel.

Die DDR will Devisen, die Bundesrepublik »menschliche Erleichterungen«. Also kauft sie diese. Das Prinzip einer angemessenen Gegenleistung ist aber schwer einzuklagen. Was die DDR mit der einen Hand gewährt, nimmt sie mit der anderen wieder zurück. Sie »finassiert« nach allen Regeln der Kunst.

Reisen von Westen nach Osten sind durch das Viermächteabkommen erlaubt, der Zugang nach Berlin muß also frei sein. Gewiß! Aber die Autos warten an der Grenze sechs Stunden, die Autobahn ist in miserablem Zustand, die Besucher werden gezwungen, für jeden Tag jenseits der Grenze fünfundzwanzig DM in Ostmark einzutauschen etc. Die DDR unternimmt alles Erdenkliche, um abzuschrecken.

Die Bundesrepublik versucht dagegen unermüdlich, Wohlwollen zu erkaufen: sie räumt Kredite ein (Swing-Kredit), vor allem aber kauft sie zu hohen Preisen mal in Berlin ein Stückchen Gelände, mal Menschen, eben jene, die in den Westen überwechseln wollen. Die Mauer ist praktisch unüberwindlich geworden: Stacheldraht, freigewalzte Sperrstreifen, die die kleinste Fußspur offenbaren, Minenfelder, Polizeihunde, automatische Selbstschußanlagen, die sich bei der geringsten Erschütterung lösen, Wachttürme und nimmermüde »Vopo«-Scharfschützen ... Nur noch selten gelingt die Flucht, trotz Unterstützung aus dem Westen, immer phantasievolleren (U-Boot oder Luftballon zur Überquerung der Spree) und immer gefährlicheren Fluchtwegen: noch vor kurzem wurde ein junger Mann, als er versuchte, die Elbe zu durchschwimmen, von den Vopos erschossen.[1]

Da ist es schon besser, sich wegen versuchter »Republikflucht« verhaften zu lassen. Dies gibt gewisse Chancen, von der Bundesrepublik freigekauft zu werden. Ein Arbeiter kostet fünfzigtausend Westmark, ein Akademi-

---

1) Seit 1961 wurden fünfundfünfzig Personen beim Versuch erschossen, die Mauer zu übersteigen.

ker zweihunderttausend Westmark. Auf diese Weise kommen jährlich mehrere tausend Personen in den Westen (laut Spiegel vom 8. März 1983 wurden zwischen 1971 und 1983 so siebzehntausend Gefangene befreit und einhundertneunzig Spione ausgetauscht). Die Rentner dagegen erhalten ihr Ausreisevisum ohne Schwierigkeiten – Anlaß zu einem im Osten, wo man den schwarzen Humor liebt, weitverbreiteten Witz: »Die DDR wartet ungeduldig auf das Jahr 2014; dann feiert sie ihren fünfundsechzigsten Geburtstag und kann endlich nach Westen ausreisen.«

So unerfreulich dieses ständige Feilschen auch sein mag, die Entspannung der siebziger Jahre bedeutete für die Deutschen beiderseits der Demarkationslinie einen erheblichen Fortschritt. Die beiden deutschen Staaten haben sich stärker aneinander angenähert, als auf den ersten Blick ersichtlich ist. Die Anerkennung der bestehenden Tatsachen und die mit ihr verbundene Normalisierung hat keineswegs einen Schlußstrich unter die deutsche Frage gezogen, sondern, ganz im Gegenteil, eine ganze Kette neuer Fragen eröffnet. Die Ostpolitik hat Ostdeutschland wieder mehr ins Blickfeld der Westdeutschen gebracht. Neue Abhängigkeiten sind zwischen beiden Staaten entstanden: siebzig Prozent des DDR-Außenhandels vollziehen sich weiterhin mit dem Ostblock, aber ein erheblicher Teil des restlichen Exports geht in die Bundesrepublik.

Überhaupt ist die Wirtschaftslage der DDR zwiespältig. Im Comecon ist sie bei weitem Klassenbeste. Ihre Wirtschaftsleistung pro Einwohner ist über die Großbritanniens hinausgewachsen: die Ostdeutschen schaffen es, den industriellen Kommunismus wirksamer funktionieren zu lassen als die Engländer den Sozial-Liberalismus ... Sie hat aber zu geringe Energiequellen (abgesehen von der höchst umweltschädlichen Braunkohle) und wird von der UdSSR ausgebeutet, welche ihr Erdöl überteuert verkauft und zu niedrigen Preisen Industriegüter einkauft; der Umsatz des Einzelhandels stagniert, das Wachstum der privaten Einkommen beträgt nur die Hälfte des Wachs-

tums der Industrieproduktion; 1982 lag die Gesamtver-
schuldung der DDR bei dreizehn Milliarden Dollar. Im
zweiten Halbjahr 1982 kam es in Karl-Marx-Stadt (dem
früheren Chemnitz) zu wilden Streiks, ausgelöst durch
Schwierigkeiten in der Lebensmittelversorgung.

Trotzdem gelang es seit 1983, die Verschuldung erheblich zu verringern: die eiserne Entschlossenheit der politischen Führung war höchst erfolgreich. Eine der Hauptur-
sachen für die wirtschaftliche Gesundheit der DDR wird
aber sorgsam verschwiegen: die erheblichen Unterstüt-
zungen von seiten der Bundesrepublik. Die DDR wird von
der Bundesrepublik richtiggehend »ausgehalten«. Jeder
Besuch von Westdeutschen bei ihren ostdeutschen Verwandten ist Anlaß für eine wahre Orgie von Geschenken.
Aus dem Westen bringt man alles, was man sich im Osten
nicht beschaffen kann. Außerdem schickt man regelmäßig
Päckchen. Für Güter, die zu sperrig und schwer zu trans-
portieren sind, hat die DDR selbst ein überaus praktisches
System organisiert. Nahe an der Mauer steht, auf der östlichen Seite, ein Staatsbetrieb, die Genex, welche auf An-
forderung ihren Katalog in der Westen verschickt.
Mit ihrem Angebot kann sich der reiche westliche Vetter
großzügig zeigen, für die »drüben« nach Herzenslust Autos, Lastwagen, Schiffe und sogar Häuser bestellen!
Diese Geschenke erreichen jährlich einen Umsatz
bis zu zwei Milliarden. Obwohl die DDR dies nicht
gerne zugibt, liegt hier eine ihrer wichtigsten Devisen-
quellen.

Die innerdeutsche wirtschaftliche Integration geht aber
über derartige private Geschäfte weit hinaus: einerseits
kann die DDR über die Bundesrepublik ohne Steuern
oder Abgaben in den Gemeinsamen Markt exportieren,
vor allem aber ermöglichen dieser Freihandel, die bestehenden Finanzabkommen, der künstlich hohe Wechsel-
kurs der Ostmark etc. den beiden Bruderstaaten gegenseitige Vorteile. Diese immer tiefer gehende wirtschaftliche
Verflechtung bildet ein durchaus integriertes deutsches

Wirtschaftspotential, das die gesamten Märkte Osteuropas beherrscht.

Als sich 1982 in der Bundesrepublik zugleich der Wechsel der Regierungsmehrheit und die Aufstellung der Pershing abzeichnen, ist die Furcht deshalb groß. Die DDR kündigt eine neue Eiszeit in den innerdeutschen Beziehungen an, die bundesdeutsche Linke warnt vor wachsenden Verständigungsschwierigkeiten zwischen beiden Staaten. Zwei Jahre später aber haben sich die Beziehungen zur allgemeinen Verblüffung noch vertieft.

»Das Geschäft läuft weiter«: Franz Josef Strauß begibt sich höchstpersönlich in die DDR, um einen von einem Konsortium westdeutscher Banken gewährten Kredit in Höhe von einer Milliarde Mark auszuhandeln. Gewiß hofft man als Gegenleistung auf östliches Nachgeben im Bereich der menschlichen Erleichterungen. Wiederum aber fällt der Lohn mager aus: Kinder unter vierzehn Jahren, die aus dem Westen kommen, werden von der Umtauschpflicht befreit, die automatischen Schießanlagen an der Grenze zum Teil abgebaut (gewissen Quellen zufolge waren sie allerdings zuvor schon durch andere, perfektere Systeme ersetzt worden). Gleichzeitig unterzeichnet man ein Postabkommen: die Westdeutschen werden höher bezahlen, damit die Ostdeutschen mehr Päckchen bekommen und weniger verschwinden (im Klartext: die ostdeutschen Kontrollinstanzen verpflichten sich, weniger Pakete zu unterschlagen). Die neue Verbindungsautobahn zwischen Hamburg und Berlin wird gebaut. In Berlin selbst können die Verhandlungen über den Kauf der S-Bahn, der ursprünglich dem Osten gehörenden oberirdischen Stadtbahn, in zwei Monaten abgeschlossen werden – zur großen Überraschung der Öffentlichkeit, die sich auf ein schwieriges Hinundher eingestellt hatte. Das VW-Werk eröffnet in der DDR eine Produktionsstätte.

Vor allem aber beobachtet man, daß Richard von Weizsäcker, damals Berliner Regierender Bürgermeister, ohne Pauken und Trompeten mit Honecker zusammentrifft, daß er an den im Fernsehen übertragenen Lutherfeiern teilnimmt und daß die Besuche auf allen Ebenen zunehmen: erster offizieller DDR-Besuch des westdeutschen Bauernverbandes und des Deutschen Gewerkschaftsbundes, aber auch zahlreiche Reisen anonymer Bürger: 1983 besuchten acht Millionen Westdeutsche den Osten (erinnert man sich daran, daß die DDR selbst nur siebzehn Millionen Bürger hat, wird offenbar, wie beeindruckend diese Zahlenverhältnisse sind). Ein anderes Anzeichen: die traditionellen Jahresabschlußreisen deutscher Schulklassen gehen mehr und mehr in die DDR.

Auch der Ton ändert sich: auf die Musik von *Chatanooga Choo Choo* singt Udo Lindenberg, der westdeutsche Rockstar, Honecker höchstpersönlich an. Er wünscht einen *Sonderzug nach Pankow*, ins Regierungsviertel, um »Honey«, das heißt Honecker, zu besuchen, der gewiß heimlich Westmusik hört. Das Lied ist ein solcher Hit, daß der gestrenge »Honey« Lindenberg einlädt, in Ostberlin bei einem großen »Konzert für den Frieden« zu singen, allerdings vor einem sorgfältig ausgewählten Publikum von Parteijugend und ohne Fernsehübertragung ...

Aus Anlaß der olympischen Winterspiele, die 1984 in Sarajewo stattfanden, berichtete ein kleiner Artikel in der *Frankfurter Allgemeinen Zeitung*, wie jede von ostdeutschen Sportlern gewonnene Medaille herzhaften Beifall der westdeutschen Zuschauer erhielt, die richtig stolz waren. Auch in Berlin stellt man fest, daß die Mauer nicht mehr so trennt wie früher. Mit den Karten, die neun eintägige Besuche in drei Monaten gestatten und die man nur abstempeln lassen muß, oder indem man ein Visum für zwei Tage beantragt, kann man eine Liebesaffäre im Osten haben. Man muß nur Ostberlin vor Mitternacht verlassen, kann aber gleich nach null Uhr zurückkehren! Es genügt also, Samstag um Mitternacht einen Spaziergang zum nächsten Grenzposten zu machen, seine Karte abstempeln zu lassen und sich dann wieder niederzulegen, um das Wochenende bei der Erwählten zu beschließen.

Die Bundesrepublik ist heute auf DDR-Kontakte so begierig wie nie zuvor. Vor allem aber sieht sie den Nachbarstaat heute anders. Bisher überwog Herablassung. Heute ist man stolz auf größere Aufgeschlossenheit, auf eine gerechtere Einschätzung der Lage. Die Zeiten sind vorbei, als der Bürger der Bundesrepublik die östlichen Brüder nur mit Mitleid betrachtete und sich vorstellte, sie seien Gefangene eines unmenschlichen Staates, die sich beim westdeutschen Werbefernsehen vor Neid verzehren. Heute setzt sich die Vorstellung durch, daß die DDR ein eigenständiges Land ist, mit ihren eigenen Werten, denen die Bundesrepublik Achtung schuldet.

Dies ist die Haupttendenz des Buches von Günter Gaus *Wo Deutschland liegt?* Günter Gaus, Journalist, früher Staatssekretär im Bundeskanzleramt, war von 1974 bis 1981 »Ständiger Vertreter« der Bundesrepublik in Ost-Berlin. Auf dieser Erfahrung beruht seine Beschreibung des anderen Deutschland. Er fordert ein Ende der »Kreuzzugsmentalität«. Gaus geht von einer bescheideneren Einstellung aus. Hierzu spricht er der parlamentarischen Demokratie alle jene Qualitäten ab, die ein Überlegenheitsgefühl des Westbürgers gegenüber dem Osten rechtfertigen könnten. Die westdeutsche Demokratie hat ihrer östlichen Schwester keinerlei Lektionen zu erteilen.

Gaus geht auf den östlichen Tugendanspruch ein: hier ist ein Land, dessen Führer vielfach Opfer Hitlers waren (Honecker war 1935 zu zehn Jahren Gefängnis verurteilt worden) und das den Geist der Jahre 1945 bis 1950 bewahrt hat, jener berühmten Jahre der Besinnung. Nach Gaus orientiert sich die DDR noch immer an den aus der Niederlage des Nationalsozialismus hervorgegangenen Idealen; das durch den wirtschaftlichen Erfolg korrumpierte Westdeutschland habe sie dagegen aus dem Auge verloren. Aus dem »Wirtschaftwunder« seien die Illusionen erwachsen, die die wirklichen Machtstrukturen überdecken. Ostdeutschland sei nicht in dem Ausmaß ein »Satellit«, wie man sich das vorstellt, die Machtausübung sei nicht so willkürlich, wie man annimmt, Honecker habe tatsächlich eine Mehrheit der Bevölkerung hinter sich. Was bedeutet es dagegen, daß man im Westen alle vier Jahre wählt, wenn die wirkliche Macht doch in der Hand der Besitzenden bleibt, die seit Anfang des Jahrhunderts dieselben sind? Kurz, »wollen die Deutschen nicht allen Sinn für Identität verlieren«, ist es an der Zeit, sich klarzumachen, daß »der Osten nicht das Böse an sich darstellt und im westlichen System die Machtinteressen keineswegs angemessen durch die Kritik der öffentlichen Meinung und durch parlamentarische Entscheidungen kontrolliert werden«.

Ostdeutschland hat noch ganz andere Qualitäten. Von übereilter Industrialisierung verschont, ist das Land reiner, wahrer geblieben; die traditionellen Landschaften blieben erhalten. Das Leben ist dort langsamer, ehrlicher, gefühlvoller, kurz, die DDR ist deutscher. In Gaus' Augen ist sie weniger entfremdet als Westdeutschland. Im Gegensatz zu den Westdeutschen, die bindlings die Vereinigten Staaten bewundert und kopiert hatten, kümmerten sich die Ostdeutschen schon immer wenig um Rußland; so sind sie der geistigen Knechtschaft und der Überfremdung ihrer Identität entgangen.

Gaus glaubt schließlich, auch in Ostdeutschland (das er immer als »Mitteldeutschland« bezeichnet) einen Wandel feststellen zu können: er spürt den allerdings noch schwachen Hauch einer größeren Freiheit, wachsender Unabhängigkeit des Bürgers von der Verwaltung; er sieht immer mehr DDR-Bürger im »aufrechten Gang«. Zugleich sieht er den Handlungsspielraum der DDR gegenüber der Sowjetunion wachsen; er schreibt ihr sogar einen gewissen Grad von Unabhängigkeit zu.

Eine derartige Darstellung formuliert Einschätzungen, die überhaupt in der Bundesrepublik gerade Mode sind. Es schickt sich heute, lobend darauf hinzuweisen, daß in den Volksrepubliken kein sozialer Druck besteht: angeblich leidet der Bürger dort nicht unter der Verpflichtung, sich gesellschaftlichen Verhaltensmustern anzupassen, um »Karriere zu machen«, mangelnder sozialer Aufstieg sei dort keine Schande. Ebenso behauptet man, trotz der scharfen Unterdrückungsmaßnahmen herrsche in den östlichen Systemen doch mehr menschliche Wärme als im Westen. Unterdrückt vom Staat, zögen sich die Bürger auf sich selbst zurück, um »Nischen« zu schaffen, wo mehr Herzlichkeit, mehr Freundschaft herrsche als in der harten westlichen Gesellschaft, wo jeder in seiner Einsamkeit sich selbst überlassen bleibe.

Kurz, Gaus geht es darum, »die psychologische Mauer, die wir selbst errichtet haben«, wieder abzubauen, zuzugeben, daß die DDR und ihre Bevölkerung nicht mehr nur auf das Heil durch Verschwinden der Mauer wartet, um sich dann der glücklichen reichen Schwester in die Arme werfen zu können. Manche glauben im Westen inzwischen sogar, daß das Regime, »gäbe es keine Mauer, diese überhaupt nicht mehr brauchen würde«, daß also die Ostdeutschen, wenn sie heute wieder Freizügigkeit erhielten, keineswegs in Massen nach Westen fliehen würden.

Dennoch kann wenigstens zur Zeit keine Rede davon sein, Honeckers Forderungen zu erfüllen. Die Bundesrepublik ist nicht bereit, eine eigene ostdeutsche Staatsangehörigkeit anzuerkennen oder die Ständigen Vertretungen in Botschaften umzuwandeln. Sie lehnt es auch weiterhin ab – der Streit dauert seit Jahren –, die Grenzziehung in der Mitte der Elbe statt wie bisher an deren Ostufer zu verlegen.

Psychologisch aber verkehrt die Bundesrepublik mit der DDR von gleich zu gleich. Sie wartet auf den Besuch Honeckers wie auf ein großes Ereignis, auf ein Wunder, das schließlich doch eintreten muß. Was die Russen auch tun, was die Amerikaner auch denken; eines Tages wird nichts den Repräsentanten von siebzehn Millionen Deutschen daran hindern können, in ihrem Namen den sechzig Millionen weiteren Deutschen gegenüberzutreten.

VII

»Idylle des Guten« –
Die religiöse Erneuerung

Einem in der Bundesrepublik lebenden Franzosen wird
bald eine Besonderheit des deutschen Lebens auffallen:
das Gewicht moralischer Gesichtspunkte in der öffentlichen Diskussion. Die politische Sprache der Deutschen ist
voller moralischer oder religiöser Anspielungen und Bezüge. Nach französischer Ansicht paßten Moral und Politik
nie so recht zusammen; jeder Versuch, beide zu vermen-
gen, führte zu den schlimmsten Katastrophen. Der Begriff
der Staatsräson deckt durch seine Autorität die Über-
schreitung moralischer Regeln, auf die eine wohlverstan-
dene Politik eben einfach nicht verzichten kann; der Gebrauch der Moral ist dem Privatleben vorbehalten. Moralische »Übertretungen« fallen in der Politik weniger ins
Gewicht, vor allem kommt es darauf an, keine »Irrtümer«
zu begehen. In Deutschland ist dies anders: Deutschland
ist ein Kind der Reformation.

Deutschland ist ein protestantisches Land, selbst wenn
heute die Hälfte der Bevölkerung katholisch ist. Fast alle
deutschen Denker, die meisten Philosophen entstammten
der protestantischen Kultur; an den Universitäten domi-
nierte eine Mehrheit protestantischer Professoren, selbst
in München, der Hochburg des Katholizismus.

141

Luther und die Reformation

Aber was bedeutet die Reformation?

Sie war keineswegs nur ein religiöses Phänomen. Für die Franzosen ist Luther weiterhin ein großer Unbekannter. Wer ihn kennt, sieht ihn nur als Theologen; dabei hat er mehr als eine Religion geschaffen, er hat Deutschland geschaffen. Durch seine Bibelübersetzung erhob er die deutsche Sprache aus dem Stand eines vulgären Dialekts in eine dem Latein gleichwertige Sprache; durch seine berühmte Schrift »An den christlichen Adel deutscher Nation« gab er der Führungsschicht des Heiligen Römischen Reiches Deutscher Nation das Bewußtsein ihrer Identität.

Sein Aufenthalt in Rom – seine Oberen hatten ihn auf die Reise geschickt – löste diese ganze Entwicklung aus. Dieser deutsche Mönch kommt am Beginn des »Cinquecento« nach Italien, im Jahrhundert Michelangelos und Leonardo da Vincis; der Entfaltung der Künste, der fieberhaften kulturellen Aktivität seiner Zeit widmet Luther aber kein einziges Wort: betäubt vom Kulturschock nimmt er sie nicht einmal wahr. Er ist einzig entsetzt von der Lokkerung der Sitten, dem Handel mit Ämtern und Würden, der Korruption, der an dieser Stätte herrscht »ärger und schändlicher, denn je in Sodom und Gomorrha«, in diesem »Hurenhaus über alle Hurenhäuser«. Was ihn besonders aufbringt, ist die weltliche Nutzung der geistlichen Position des Papstes. »Da ist ein Kaufen, Verkaufen, Wechseln, Tauschen, Lärmen, Lügen, Trügen, Rauben. Stehlen, Prachten, Hurerei, Büberei, Gottesverachtung (...) Es ist nichts mit Venedig, Antwerpen, Kairo gegenüber diesem Jahrmarkt und Kaufhandel«, der Papst, »der nicht besser regiert als der Antichrist«, wagt es, sich auf den Glauben zu berufen, um seine Übertretungen zu rechtfertigen. Luther gibt eine beißende Beschreibung der römischen Mißbräuche auf deutschem Boden: Rom reißt unter den verschiedensten religiösen Vorwänden Bistümer, Pfründen und Klöster an sich, erhebt immer drückendere

Steuern, treibt Ablaßhandel ... Hierzu ruft Luther empört aus: »Wie kommen wir Deutschen dazu, daß wir solch Räuberei, Schinderei unserer Güter von dem Papst leiden müssen? Hat das Königreich zu Frankreich sich dessen erwehret, warum lassen wir Deutschen uns so narren und äffen? Die Klöster sind zerstört, die Bistümer verzehrt, Prälaturen und aller Kirchen Zinsen gen Rom gezogen, Städte zerfallen (...) Drum lasset uns aufwachen, lieben Deutschen, und Gott mehr denn die Menschen fürchten, daß wir nicht mitschuldig werden an all den armen Seelen, die so kläglich durch das schändliche, teuflische Regiment der Römer verloren werden.«

Durch die schonungslose Enthüllung aller Fehler seiner Zeit will Luther die Nation aufrütteln. Er setzt den Hebel an der Wurzel an: negiert jegliche weltliche Autorität des Papstes über Deutschland. In seinen Augen ist es eine Schande, daß der Papst »sich vom Kaiser die Füße küssen läßt«. Nur der Kaiser allein soll über das Heilige Römische Reich Deutscher Nation herrschen. Nach Luther aber: »Wir sind der allerlistigsten Tyrannen Knechte geworden, haben den Namen, Titel und Wappen des Kaisertums, aber den Schatz, Gewalt, Recht und Freiheit desselben hat der Papst. Der Papst frißt den Kern und wir spielen mit den leeren Schalen« ... »Der Papst gebe zurück unsere Freiheit, Gewalt, Gut, Ehre, Leib und Seele ...«

Nachdem er jegliche Vormacht des Papstes über die deutschen Fürsten in Frage gestellt hat, greift Luther ihn dann unmittelbar auf geistlichem Gebiete an. In einer Widmung von außerordentlicher Unverblümtheit, mit der er seine berühmteste theologische Schrift *Von der Freiheit eines Christenmenschen* an den römischen Pontifex richtet, schreibt er: »Du, Heiliger Vater, Leo sitzest wie ein Schaf unter den Wölfen und wie Daniel unter den Löwen und wie Ezechiel unter den Skorpionen ... Oh! wollte Gott, daß du entledigt der Ehre (Papst zu sein) ... etwa von einer Pfründe oder deinem väterlichen Erbe dich erhalten könntest (Luther weiß ganz genau, daß Leo X. ein Medici ist) ... Du sitzest auf dem allergefährlichsten Stuhl ... Ist es nicht wahr, daß unter dem weiten Himmel nichts Ärgeres, Schlechteres, Vergifteteres, Hassenswerteres ist denn der Römische Hof; denn er überschreitet der Türken Untugenden weit ... Darum, mein Heiliger Vater, wolle niemals anhören deine süßen Ohrensinger, die da sagen, du seist nicht ein bloßer Mensch, sondern vermischt mit Gott ... du bist ein Knecht aller Knechte Gottes und in einem gefährlicheren, elenderen Stand als irgendein Mensch auf Erden.«

Für Luther ist der Anspruch des Papstes auf besondere, vom Siegel Gottes geprägte Autorität als Vertreter Petri auf Erden durch nichts begründet. Der Papst verdient keinerlei besondere Achtung, ebenso wenig wie der Klerus überhaupt. Denn in Luthers Augen sind wir alle Priester. Die Laien brauchen keinerlei Mittler: das einzige, was den Menschen aus seiner schrecklichen Unfähigkeit erretten kann, den Forderungen Gottes zu genügen, ist der Glaube. Allein der Glaube zählt. Ein Christ ist ein Mensch, der an Gottes Wort, an das Evangelium glaubt; dazu braucht er keinen Mittler. Und ein Mensch, der den Glauben hat, wird nur gute Werke tun, »ein guter Baum trägt keine böse Frucht«; die besten Werke aber sind vergebens, wenn der Mensch nicht glaubt. Es hilft also nichts, zu fasten, sich zu kasteien, Pilgerfahrten zu machen, Dispense und Ablässe zu kaufen oder in sonstiger Weise zur Bereicherung der römischen Kirche beizutragen. Das einzige, was zählt, ist die persönliche Beziehung zwischen dem Christen und seinem Gott.

Die Zwänge der irdischen Welt sieht Luther mit vollkommener Klarheit. Er berücksichtigt, daß der Mensch von Natur an seinen Körper, an seine »Triebe« gebunden ist: »Ein Christenmensch ist ein dienstbarer Knecht aller Dinge und jedermann untertan«, mit diesen Worten ergänzt er die Aussage, daß er geistlich »König und Priester ist«, »ein freier Herr über alle Dinge und niemand untertan«. Im zeitlichen Rahmen, an den ihn seine leibliche Existenz bindet, soll der Christ sich auch der »natürlichen« Obrigkeit der Fürsten unterwerfen.

Luther widersetzt sich auch den gesellschaftlichen Veränderungen seiner Zeit mit großer Heftigkeit, die unter dem Druck des heraufziehenden Kapitalismus immer weitere Bereiche den Gesetzen des Marktes unterwerfen. Er donnert gegen die Ausbeutung menschlicher Arbeit zum Zweck der Kapitalvermehrung, gegen den Handel insgesamt und vor allem gegen den Wucher; er überbietet sich in schärfsten Anklagen gegen die Fugger, mit deren Unterstützung der Papst seine Transaktionen durchführt. Dem wahren Christenmenschen rät er, die Erde zu bebauen und den Luxus zu verachten; Sparsamkeit lobt er dagegen als große Tugend, ebenso wie Fleiß und Pflichterfüllung, sofern diese im Dienste des Nächsten stehen.

Die Botschaft Luthers ist die Aufforderung, zu den Quellen zurückzukehren, zur Wahrheit von Gottes Wort; aus ihr spricht der Wille zur Klarheit, der Wunsch, jeden falschen Schein zu durchschauen, sich alleine dem Absoluten zu stellen, ohne Hemmnis und Abschirmung durch Heilige, Priester, Sakramente (die Luther auf zwei reduziert), welche es dem Katholiken erleichtern zu leben, sich mit seinem Gott zu arrangieren. Der Protestant dagegen muß die höchste Konfrontation alleine ertragen.

Luther hat sein Ziel erreicht. Der »Adel deutscher Nation« schüttelte das Joch des Papstes ab und eignete sich die weltlichen Güter des Klerus an. Dies war die erste Säkularisierung. Die Gegenreformation wird die Kerngebiete Deutschlands nie ernsthaft bedrohen können. Die Bekehrung zum Protestantismus, dieser Reinigung des christlichen Glaubens, bleibt endgültig. Um die Tragweite der Reformation einzuschätzen, genügt die Feststellung, daß seit dem sechzehnten Jahrhundert kein deutscher Denker einer Auseinandersetzung mit Luther aus dem Wege gehen konnte.

Luthers Wirkung

Luther und sein Werk, die Reformation, haben tiefe Spuren im deutschen Geist hinterlassen. In Frankreich gibt es nichts vergleichbares. Weshalb hat Frankreich keine derartige Reformation erlebt? Laut Hegel waren einzig die germanischen Völker in der Lage, diese Wahrheit aufzunehmen, weil sie noch nicht von jener Kultur durchdrungen waren, die den Glauben verdunkelt. Den romanischen Völkern dagegen war die Einfalt verloren gegangen, jene kindliche Offenheit gegenüber Gott, jene Ungebrochenheit, die es allein erlaubt, bis zur Wahrheit vorzudringen:

»Bei den romanischen Völkern findet man nicht diese Totalität des Geistes ... nicht dies Sinnen über den Geist selbst in sich, – sondern sie sind im Innersten außer sich. Das Innere ist ein Ort, dessen Tiefe ihr Gefühl nicht auffaßt ... und die Unendlichkeit des Geistes ist nicht darin.«

Und weiter:

»Gebildete Franzosen haben daher einen Widerwillen gegen den Protestantismus, denn er erscheint ihnen als etwas Pedantisches, als etwas Trauriges, kleinlich Moralisches, weil der Geist und das Denken mit der Religion selbst zu tun haben mußte«.

In Hegels Augen ist die Reformation ein großer Schritt nach vorn in die Modernität. Die katholische Kirche fesselte den Geist in Wunderglauben (also Aberglauben) und in die Achtung vor der weltlichen und geistlichen Autorität des Klerus. Luther dagegen befreit den Geist vom Aberglauben und von der Autoritätsbindung und eröffnet ihm damit den Weg in das Wesentliche des Glaubens. Deutschland gewinnt dadurch einen Vorsprung vor der übrigen Welt. Während sich die romanischen Länder extrovertiert mit Indien und Amerika befaßten, trieben die Deutschen den Fortschritt des menschlichen Geistes voran.

Eine solche Interpretation der Reformation ist aber gar nicht nach Nietzsches Geschmack. Für ihn hat Luther, indem er »die Kirche wiederherstellte«, die Deutschen daran gehindert, in die moderne Welt einzutreten, an der italienischen Renaissance teilzuhaben. In seinen Augen bedeutet dies nicht den Anfang der Neuzeit, sondern ein letztes Sichaufbäumen des Mittelalters. Laut Nietzsche haben die Deutschen mit ihrem plumpen und hinterwäldlerischen Geist die große Chance vertan, die gerade in der Korruption der Kirche, ihrem moralischen Verfall und im Schwinden ihrer geistlichen Autorität lag: »Was geschah? Ein deutscher Mönch, Luther, kam nach Rom. Dieser Mönch ... empörte sich in Rom gegen die Renaissance. Statt mit tiefster Dankbarkeit das Ungeheure zu verstehen, das geschehen war ...: das Christentum saß nicht mehr auf dem Stuhl des Papstes! Sondern das Leben! Luther sah nur die Verderbnis des Papsttums ... Und Luther stellte die Kirche wieder her: er griff sie an ... Ah diese Deutschen, was sie uns schon gekostet haben! ... Sie haben auch die unsauberste Art des Christentums, die es gibt, die unheilbarste, die unwiderlegbarste, den Protestantismus auf dem Gewissen. Wenn man nicht fertig wird mit dem Christentum, die Deutschen werden daran schuld sein.«

Auch Marx kam als deutscher Philosoph nicht darum herum, sich zu Luther zu äußern. Die Ambivalenz seines Werkes sieht Marx mit besonderer Schärfe. Er hebt vor allem hervor, daß Luther den Menschen zwar von der Autorität befreit hat, aber nur, um ihn noch fester anzuketten »mit den Banden des Herzens«.

Kurz, gleichgültig ob man sich die Meinung Hegels oder die Nietzsches über Luther oder die Rolle der Reformation zu eigen macht, immer wird man unweigerlich feststellen, daß sie einen kulturellen Abgrund zwischen Deutschen und Franzosen aufgerissen hat. Während man die Renaissance in Deutschland als Nebenerscheinung der Reformation ansieht, bedeutet für uns Franzosen die Reformation ganz im Gegenteil einen eher nebensächlichen Aspekt der Renaissance. In Deutschland werden sich im Laufe der Jahrhunderte alle wichtigen geistigen Richtungen in irgendeiner Weise auf Luther beziehen, ihn in ihrer Weise umdeuten. Je nach der jeweiligen Lutherdeutung wird auch seine bildliche Darstellung entweder einen aufgeregten jungen Mönch oder aber einen weisen und gestrengen Staatsmann zeigen.

Dies zeigt sich auch heute noch, wo die Behörden in West und Ost mit ungeheurem Aufwand seinen fünfhundertsten Geburtstag feiern und jeweils das ihnen genehme Bild des Reformators hervorheben. In der DDR stellt die offizielle Geschichtsschreibung Luther als einen Mann des »Fortschritts« dar, als »Revolutionär«, der den Untergang des Feudalismus beschleunigte. Man verschweigt dabei sorgsam jenen Luther, der für die naturgegebene Obrigkeit der Fürsten eintrat und deshalb im neunzehnten Jahrhundert besonders gefeiert worden ist; die Reformation wird als Grundlage der Aufklärung präsentiert, welche später die Französische Revolution ermöglichte!

Das Urteil über Luther ist eine Sache; die faszinierende Beobachtung eine andere, wie tief das deutsche Denken mitten im zwanzigsten Jahrhundert von Luthers Werk durchdrungen ist.

Am leichtesten ist es, einen gewissen Ton herauszuhören, eine gewisse Musik der Sprache, die unmittelbar aus den lutherischen Kirchenliedern stammt, mit denen viele Deutsche, ob Katholiken oder Protestanten, aufgewachsen sind. Außer dem berühmten *Ein feste Burg ist unser Gott,* das Engels als »Marseillaise des Bauernkriegs« (jener 1525 ausgebrochenen, von Luther verurteilten, aber doch in erheblichem Ausmaß durch seine Theorien verursachten Unruhen) bezeichnete, findet sich dieser Tonfall, der Rhythmus der lutherischen Kirchenlieder in vielen Liedern, Gedichten und sogar in den politischen Reden.

Dies ist nicht verwunderlich; fast alle deutschen Denker kamen aus protestantischen Pfarrhäusern: Hegel, Lessing, Herder, Hölderlin, Fichte oder Nietzsche, Hermann Hesse oder Jürgen Habermas, alle waren Kinder oder Enkel von Pastoren, sogar Gudrun Ensslin. Der protestantische Pfarrer war für Deutschland, was der Volkschullehrer der Dritten Republik – jeder berühmte »schwarze Husar« – für Frankreich war.

Bis in unsere Zeit hat Luther durch all die Jahrhunderte hindurch das deutsche Denken befruchtet, allerdings in mehreren Umdeutungen.

Die wichtigste Folgeerscheinung des Luthertums ist der Pietismus. Er war eine sehr viel tiefergreifende und dauerhaftere Bewegung als die Fülle zukunftsloser Sekten, die sich mit der Reformation bildeten (Marguerite Yourcenar stellt in ihrem Roman *L'œuvre au noir* die Wirren dar, die die bedeutendste dieser Sekten, die der Wiedertäufer, 1535 in Münster auslöste). Der Pietismus suchte ein reineres Luthertum als jenes, das inzwischen zu etabliert, zu institutionalisiert war, sich zu sehr mit den Mächten dieser Welt eingelassen hatte. Man kann ihn mit der »Low Church«-Bewegung in der anglikarischen Kirche vergleichen. Er ist eine Art deutscher Methodismus. Der Pietismus versteht sich als eine Fortführung der Reformation; er will die orthodoxe Theologie weitertreiben, aber ohne die Kirche zu spalten. Im Grunde haben die Pietisten dem Luthertum gegenüber die gleiche Einstellung wie Luther in seinen Anfängen gegenüber dem Katholizismus.

Der Pietismus betont die *Innerlichkeit* des Glaubens und die Bedeutung des Zusammenlebens in der Gemeinde. Er legt Wert auf das Verhältnis des Christentums zur Alltagswirklichkeit, auf die Bedeutung der Praxis; in diesem Sinne gründete August Hermann Francke, einer seiner berühmtesten Vertreter, im siebzehnten Jahrhundert die *Realschule* und die *Waisenhäuser.* Vom brandenburgischen Kurfürst an die Universität Halle berufen, schafft Francke dort die Grundlagen für das künftige Bündnis zwischen dem Pietismus und dem Staat des Soldatenkönigs Friedrich I.

Der Pietismus beeinflußte das preußische Denken besonders stark, spielt aber in der geistigen Entwicklung ganz Deutschlands eine wichtige Rolle. Dem Pietismus verdankt es einige seiner sympathischsten Züge: diese Innerlichkeit, diese Suche nach Harmonie, diese Kunst, aus den kleinen Anlässen des Lebens große Ereignisse des Gefühls zu machen, sind Eigenschaften, die alle politischen Wechselfälle überlebt haben. Sie sind Ausdruck jenes feinsinnigen, nachdenklichen Preußens, jenes gefühlvollen »Biedermeier«, jenes verträumten und poetischen Deutschland der Madame de Staël; sie sind die Kehrseite des kargen und autoritären Puritanismus. So verdanken wir es vielleicht Luther, daß wir in Deutschland einen Nachbarn finden, der auf den ersten Blick besonders abstoßend wirkt, dafür aber, wenn man sich wirklich um ihn bemüht, besonders anziehend sein kann.

Aus dem Pietismus stammt auch die Freude am Überschwang, an Herzensergießungen, jene unbestimmten pantheistischen Gefühle, die heute in der Umweltbewegung fortleben (schon im neunzehnten Jahrhundert hatte diese deutsche Romantik die französischen Dichter inspiriert ...). Auch einen weiteren Charakterzug der deutschen Stimmungslage kann man auf den Pietismus zurückführen: Sehnsucht, jenes Heimweh nach einer vollkommenen Welt, einer Welt ohne Sündenfall, ohne Vertreibung aus dem Paradies.

Die Deutschen haben immer von einer idealen Welt geträumt, einem Reich des Guten: sie nennen dies eine »Idylle«. Dieser Begriff ist allgegenwärtig und hat eine Aussagekraft, die keineswegs mit dem entsprechenden französischen Wort vergleichbar ist. Der Sinn für Idylle durchzieht die Jahrhunderte und erscheint heute in neuer Form: der in alternativen Kreisen behaupteten Gewißheit, die Welt könne ein Garten Eden sein, wenn sich nur die Menschen für das Gute entschieden.

Ohne Pietismus muß unverständlich bleiben, wie sich Deutschland entwickelt hat. Unmöglich, Fontane oder Goethe zu verstehen und die Atmosphäre in *Wilhelm Meister*. Die Figur der Mignon mit ihrer Frage: »Kennst du das

Land, wo die Zitronen blühen?« ist eine »schöne Seele« nach pietistischer Tradition.

Fichte, Kant und Hegel sind nicht zu begreifen, berücksichtigt man nicht den pietistischen Einfluß, der auch die deutsche Form der *Aufklärung* prägte. Im Einklang mit dem Pietismus formuliert Hegel die zwei Hauptideen seines Systems.

Bei der Frage nach der Freiheit greift Hegel auf den Streit zwischen Luther und Erasmus über die »freie Willensentscheidung« zurück. Er entscheidet sich für Luther, welcher die Freiheit in der freiwilligen Unterwerfung unter den Willen Gottes sieht: erst wenn ein Christ seine völlige Abhängigkeit hinnimmt, beginnt er frei zu sein. Hegel leitet davon seinen Begriff der Freiheit als Verstehen, als »Verinnerlichung« der Notwendigkeit ab. Hiermit öffnete er allen Gefahren des Totalitarismus Tür und Tor. Auf dem Hintergrund derartiger Erkenntnisse versteht man besser, weshalb Madame de Staël sich über die Liebe der Deutschen zum Gehorsam verwundern konnte, die »Befehle ausführen, als handele es sich um eine heilige Pflicht«.

Auch bei der Formulierung seiner Staatstheorie stützt sich Hegel auf Luther. Hegel zufolge eröffnet der Protestantismus durch die Versöhnung zwischen Mensch und Gott einen neuen Blick auf die Welt, erreicht sozusagen die Rehabilitierung des Zeitlichen. »Es ist durch die errungene Versöhnung das Bewußtsein gegeben, daß das Weltliche fähig ist, das Wahre in sich zu haben ... Es wird nun bewußt, daß das Sittliche und Rechte im Staate auch das Göttliche und das Gebot Gottes sind und daß es dem Inhalte nach kein Höheres, Heiligeres gibt.« Staaten und Gesetze sind also nichts anderes als die Verwirklichung der Religion in der Realität. Aus dieser Feststellung leitet Hegel den Absolutheitsanspruch des Staates ab. Auch der Nationalsozialismus wird hier eine Rechtfertigung finden – ein seltsames Ergebnis des Pietismus.

Derartige Theorien scheinen einer fernen Vergangenheit anzugehören; man sagt sich, daß die fortschrittlichen und liberalen Deutschen von heute derartige Versuchungen längst überwunden haben. Mögen sie sich an die klare Trennung erinnern, die Luther zwischen den »zwei Reichen«, dem weltlichen und dem geistlichen, errichtete.

Vermischung von Glauben und Vernunft

Dennoch haben die Franzosen auch weiterhin allen Anlaß zur Verwunderung. In der Bundesrepublik der achtziger Jahre machen die politischen Stellungnahmen der Kirchen in den Zeitungen Schlagzeilen. Im Bundestag berufen sich die Politiker häufig auf das Evangelium.

Neu ist das nicht. In Deutschland gab es nie eine klare Trennung von Kirche und Staat, wie sie mit dem Gesetz von 1905 in Frankreich vollzogen wurde. Noch heute weisen zahlreiche Formulare und Personalpapiere die Konfessionszugehörigkeit aus. Immer noch beauftragen die Kirchen den Staat, in ihrem Namen Kirchensteuer zu erheben. Diese Steuer beträgt rund acht bis zehn Prozent der Lohn- oder Einkommensteuer. Sobald man in eine höhere Stufe der Steuerprogression aufrückt, vermehrt man zugleich auch die Einnahmen seiner Kirche. Es ist durchaus möglich, die Kirchensteuer zu verweigern. Hierzu muß man aber umständliche Formulare ausfüllen, offiziell aus der Kirche austreten: nur vier Prozent der Deutschen bezeichnen sich offiziell als »konfessionslos« und entziehen sich damit der Steuer (noch 1970 wurden siebzig Prozent der Ehen zwischen Partnern gleicher Konfession geschlossen, es ist also keineswegs gleichgültig, ob man katholisch oder protestantisch ist).

Die Kirchen sind reich, und das Geld schafft Handlungsmöglichkeiten. Sie betreiben tausende von Kindergärten, Waisenhäusern, Altersheimen, Krankenhäusern. Sie verfügen über eine große Zahl regionaler Zeitungen und Zeitschriften. Selbstverständlich spielen sie auch eine wichtige

Rolle im Bildungswesen. Dies trägt zusätzlich zu ihrem Einfluß bei.

Die heutigen politischen Parteien spiegeln die alten politisch-religiösen Strukturen Vorkriegsdeutschlands. Die CDU ist Erbe des Zentrums, jener von Bismarck bekämpften katholischen Partei; anders als diese besitzt sie außerdem einen starken protestantischen Flügel. Die SPD dagegen ist vorwiegend protestantisch ausgerichtet. Der letzte sozialdemokratische Kanzler, Helmut Schmidt, ist aktiver Lutheraner. Der CDU-Kanzler Helmut Kohl ist katholisch wie einst Adenauer.

Die protestantische Kirche befindet sich gegenüber der katholischen allerdings deutlich im Vorteil: sie hat eine gewisse Säkularisierung reibungsloser vollzogen. Vielleicht hatte sie es einfacher, da die Aufhebung des Unterschieds zwischen Laien und Priestern zumindest in der Beziehung zu Gott ohnehin Teil ihrer Lehre war. Heute ist sie jedenfalls vorzüglich in die Gesellschaft integriert. Sie wird durch Laienräte verwaltet: Gemeinderäte in jeder Kirche, Synoden auf regionaler Ebene.

Diese Organisationsform verdankt sie Bismarck, der als mit einer Pietistin verheirateter gläubiger Lutheraner darauf drang, die Kirche an eine sich demokratisierende Welt anzupassen und zugleich die Prärogativen des Staates zu erweitern: er war es, der die standesamtliche Ehe durchsetzte, welche in Frankreich schon seit der Revolution bestand. Heute lebt die protestantische Kirche in enger Symbiose mit der Gesellschaft: zur Führungsgruppe ihrer wichtigsten Laienorganisation, des Kirchentages, gehörte jahrelang eine Persönlichkeit wie der neue Bundespräsident Richard von Weizsäcker. Die protestantische Kirche hat durchaus einen gewissen Chic, nicht jene altmodische, etwas anachronistische Aura, die die katholische Kirche in Frankreich umgibt.

Dies ist deutscher Geist: während Frankreich sich in Renaissance und Aufklärung von der Theologie abwendet, scheinen in Deutschland Glauben und Vernunft untrennbar miteinander verbunden. Auf das Jahrhundert der Aufklärung folgt die religiöse Unruhe der Romantik. Diese gegenseitige Durchdringung von Glauben und Denken führte immer wieder zu einem Primat der Theologie, die häufig an Stelle von Philosophie oder Politik trat. Auch heute können deutsche Studenten an der Universität Theologie genau so studieren wie Literatur oder Sprachen. Noch nie hat es in Deutschland eine politische Strömung gegeben, die nicht in irgendeiner Weise auch religiös geprägt war.

Am Ende des neunzehnten Jahrhunderts treibt der sogenannte *Kulturprotestantismus* dieses Phänomen auf die Spitze. Er vollzieht eine vollkommene Verschmelzung zwischen kulturellem und religiösem Leben. Alles geht ineinander über, Gott und seine Schöpfung, die Welt: Gott verkörpert sich im Volk, wobei dieser Begriff zugleich Nation, Land und Rasse umfaßt. Hier liegt auch die Grundlage des Bündnisses von Thron und Altar, der Herrschaft eines konservativen und nationalistischen Protestantismus. *Gott mit uns* wird auf den Gürtelschnallen stehen, mit denen die Soldaten 1914 in den Weltkrieg ziehen. Überall werden Lutherdenkmäler errichtet, seine Theorie der Gehorsamspflicht gegenüber der »naturgegebenen« Obrigkeit, der jeweiligen Regierung an der Macht, wird zum Leitbild erhoben.

Auch Frankreich erlebte ein »Bündnis zwischen Säbel und Weihwasserwedel«, das aber nie so tief ging. Es mußte erst Hitler kommen, um den Deutschen die Augen zu öffnen für die Gefahren einer zu weitgehenden Gleichsetzung von Gott und Welt, von Kirche und Staat. Die protestantische Kirche war ein so wichtiger Faktor, daß Hitler sich um sie bemühen mußte. Er versuchte also, sie auf seine Seite zu ziehen, und hätte es mit Manövern, die darauf zielten, von ihm vorgeschobene »Deutsche Christen« in die Synoden wählen zu lassen, auch fast erreicht. Die protestantische Kirche erwachte erst, als ein Kongreß dieser sogenannten Deutschen Christen die jüdische Herkunft

Christi in Zweifel zog. Aufgeschreckt veröffentlichte eine Gruppe von Pfarrern 1934 die »Barmer Theologische Erklärung«, die berühmt wurde, weil sie mit Nachdruck jede Gleichschaltung verweigerte: die Fragen der Religion sind nicht Sache der Welt.

Diese Unabhängigkeitserklärung mußte teuer bezahlt werden. Viele der in der »bekennenden Kirche« zusammengeschlossenen Pfarrer kamen ins Konzentrationslager.

Eine neue Reformation

Was vollzieht sich in den achtziger Jahren? Es sieht aus, als seien die Deutschen wieder einmal versucht, Gott und Welt zu vermischen. Dies zeigt sich vor allem in der »grün«, ökologisch getönten Linken, überall in der Protestbewegung. Selbst jener Teil der Jugend, der sich von der evangelischen Kirche abgewendet hat, bleibt weiterhin von der protestantischen Doktrin geprägt. Eine säkularisierte protestantische Mentalität ist immer noch etwas ganz anderes als eine säkularisierte katholische Mentalität.

Diese jungen Deutschen neigen dazu, die ganze Welt als Betätigungsfeld für ihre »Frömmigkeit« oder ihr Interesse anzusehen. Nichts kann ihnen gleichgültig sein oder sich dem Zugriff ihres moralischen Urteils entziehen. Sie fühlen sich durch sämtliche Bereiche von Politik und Gesellschaft gefordert. Daraus erwächst die weitverbreitete Neigung, auf die unmittelbare Umgebung einzuwirken: zahllose Vereinigungen und Gruppen kümmern sich um Bildung und Schulhilfe; der Nachbar, insbesondere, wenn er in irgendeiner Hinsicht unterprivilegiert ist, verdient Fürsorge. Hieraus folgt auch die Verpflichtung, unmittelbar zu handeln, um eine weitere Zerstörung der Umwelt oder auch politische Entscheidungen zu verhindern, die die Welt im ganzen und die Dritte Welt im besonderen gefährden können.

Die Kirchen unterstützen diese Bewegung. Auf Grund ihrer tiefen gesellschaftlichen Verwurzelung sind sie der Ort geworden, wo sich öffentliches Nachdenken über den Sinn des Lebens vollzieht. Zwei große Vorbilder der heutigen Jugend stammen aus der protestantischen Kirche: die beiden Pfarrer Bonhoeffer und Niemöller. Ersterer wurde bei den Verfolgungen hingerichtet, die auf das gescheiterte Attentat vom 20. Juli 1944 folgten; Niemöller dagegen, der ebenfalls durch seinen Widerstand gegen Hitler bekannt geworden war, begleitete die ganze Entwicklung der deutschen Protestbewegung seit dem Krieg und starb 1984. Niemöller kämpfte gegen die Teilung Deutschlands und lehnte ebenso den »kommunistischen Totalitarismus wie den Dollarimperialismus« ab, er verurteilte jede Nutzung von Atomwaffen zur Verteidigung der Menschenrechte und der Freiheit, sowie alles, was den Menschen zum bloßen Mittel im Dienste eines Zieles macht, ob dieses nun Kapitalzuwachs oder staatliche Planwirtschaft heißt. Deutschland warf er vor, in moralischer Selbstzufriedenheit hinzudämmern, statt den steilen Pfad der Bußfertigkeit einzuschlagen.

Die Kirchen nutzen ihren Einfluß: sie veranstalten auf Gemeindeebene eingehend vorbereitete Treffen, mit dem Ziel, »sich zu begegnen und gemeinsam über den Sinn des Lebens und die großen Tagesfragen« zu diskutieren. So hat der evangelische Kirchentag in Hannover auf dem Höhepunkt der Nachrüstungsdebatte mehr als zweihunderttausend Menschen versammelt. Die Nachrüstungsgegner trugen einen violetten Schal, viele hatten sich das Gesicht mit Asche beschmiert und sangen am Abend das Lied *Kehret um und ihr werdet leben,* das zum Symbol dieses Treffens geworden war. Dieser Gesang ist eine Anspielung auf das Schicksal der Stadt Ninive: vierzig Tag vor ihrer angedrohten Zerstörung ermahnte der Prophet Jonas die der Sünde verfallenen Stadt, Buße zu tun, sich zu bekehren. Nach Ezechiel hörten die Bewohner Ninives auf Jonas, sie bekehrten sich und überlebten ... Auch die Katholikentage finden großen Anklang; sie sind aber weniger heftig, weniger exzessiv, sie malen die Welt in weniger schwarzen Farben. Ihr Motto lautet eher *Mut zum Leben.*

Allerdings weckt dieser Aktivismus der Kirchen auch einiges Unbehagen. Evangelische Pfarrer tauchen überall auf, in allen Zentren der Protestbewegung: im Zeltdorf von Gorleben; im Frankfurter »Dorf im Wald«, mit seiner Kirche und seinen Plakaten, auf denen Thomas Münzer, der Anführer der Bauernkriege, zitiert wird. »Es sind die hohen Herren, die sich den kleinen Mann zum Feind machen ...«. Die Photos von Pfarrern, die sich in Brokdorf mit zum Kreuz ausgestreckten Armen zwischen Demonstranten und Polizei stellten, hatten bei den Bildagenturen ganz außergewöhnlichen Erfolg. Bücher entstanden vom Stil *Dreißig Tage Meditation und Gebet in Gorleben* ... Die Aufrichtigkeit dieser Pfarrer steht außer Zweifel. Die moralischen Bedürfnisse der Teilnehmer aber, die sich vor allem auf weltliche Fragen wie auf humanitäre Aktivitäten richten, wirken nicht sonderlich spirituell: der Kirchenbesuch nimmt ebenso ab wie die Zahl der Taufen und kirchlichen Trauungen. Sehen die Kirchen in den Demonstrationen ein Mittel, ihre Schäflein zurückzugewinnen, »folgen sie der Bewegung, weil sie ihre Hirten sein wollen«?

Der Aufruf zur »Umkehr«, diese Berufung auf Ninive, zeigt deutlich, in welcher Richtung die Suche nach einer neuen Moral in Deutschland geht: sie zielt auf nichts Geringeres als den Willen zu einer neuen »Reformation«. Luthers Ratschläge an die Christen werden heute wie ein Katalog ökologischer Anweisungen gelesen. Die gleiche Sehnsucht nach »Reinheit« kommt hier zum Ausdruck. Dem Luxus entsagen, in Armut leben, heißt heute Konsumeinschränkung – die gesellschaftspolitischen Theorien, die heute Mode sind, wirken wie ein getreues Abbild von Luthers Verurteilung des Kapitalismus. In Frankreich erinnert man sich vor allem an die Gleichsetzung von Protestantismus und Geschäftssinn und vergißt dabei, daß wir das protestantische Bankwesen Calvin und nicht Luther verdanken. So wie Luther sich gegen die Geldgier des Papstes erhob, empfinden die Deutschen heute Empörung angesichts kapitalistischer Geschäftemacherei; Fassbinders Filme wie *Lola* oder *Die Ehe der Maria Braun* sind Ausdruck jenes Ekels vor der Geschäftswelt, vor der Käuflichkeit und all den mehr oder minder dunklen Geschäften, in die sich Nachkriegsdeutschland verstrickte, als es sich dem Einfluß New Yorks, jenes Babels der modernen Welt, hingab; bei vielen Deutschen unserer Zeit erzeugt es einen ähnlichen Abscheu, wie ihn Luther gegenüber Rom empfand.

Hinter diesem Aufruf zur »Umkehr«, zur »Erneuerung« verbirgt sich eine weitere Ähnlichkeit mit Luther. Luther war von der Dringlichkeit der Reformation deshalb überzeugt, weil er den Weltuntergang nahe glaubte. Seine Schriften sind voller Anspielungen auf die Gewißheit, die in der Apokalypse beschriebene Zeit der »falschen Propheten« sei gekommen. Wenn der Mensch aber schon bald vor seinen Schöpfer treten muß, ist Eile geboten. Deshalb sind Luthers Appelle so eindringlich. Ein ähnliches Gefühl höchster Dringlichkeit findet man in den Schriften der Protestbewegung, diesmal entspringt es der Angst vor der atomaren Katastrophe. Das Ergebnis ist das gleiche: Ermahnungen zur Umkehr, verbunden mit einer heftigen Neigung zu lyrischer Empörung. Hören wir nur Petra Kelly, eine führende Grüne: »Laßt uns nicht ohnmächtig werden, laßt uns nicht in die Emigration gehen, laßt uns schweigend Hände halten ... und laßt uns gemeinsam singen: *We shall overcome!* Nein, schlaft nicht, während die Ordner der Welt geschäftig sind! ... Wacht darüber, daß eure Herzen nicht leer sind, wenn mit der Leere eurer Herzen gerechnet wird! Tut das Unnütze, singt die Lieder, die man aus eurem Munde nicht erwartet! Seid unbequem, seid Sand, nicht Öl im Getriebe der Welt!«

Ein derartiger großartig klingender Text steht am Ende eines ihrer Artikel in einer Broschüre der Grünen; eine derartige Prophetensprache fällt dort keineswegs aus dem

Rahmen. Beliebt sind bei der Protestbewegung auch »Revolutionäre« wie Martin Luther King und Gandhi. *We shall overcome*, Martin Luther Kings Hymne, erklingt am Ende jeder Friedensdemonstration. Man wird nachdenklich, wenn man beobachtet, wie gesammelt und andächtig die Teilnehmer singen.

Wie zur Zeit der Reformation sind die Deutschen von neuem aufgebrochen, nach der Wahrheit zu suchen. Die romanischen Völker sind geneigt, einer Halbwahrheit, die jedermann entgegenkommt, den Vorzug vor einer Wahrheit zu geben, die stört. Die Deutschen haben dagegen eine Leidenschaft für die bedingungslose Suche nach Wahrheit. Sie ist eine Form ihres Drangs zum Absoluten, der erneut zum Ausbruch kommt. Mit aller Gewalt muß die Welt bis aufs Letzte entblößt werden: auch im politischen, wirtschaftlichen, gesellschaftlichen Bereich. Die großen Debatten, über die sich heute die deutschen Intellektuellen erregen, betreffen infolgedessen Grundsatzfragen, wie das Dilemma zwischen »Macht und Moral«. Der Begriff der Macht als solcher gilt als problematisch. Man erklärt, Luther habe die weltliche Obrigkeit der Fürsten nur deshalb unterstützt, um die Macht des Papstes zu bekämpfen: ein revolutionärer Luther wird konstruiert, der den Menschen von aller Autorität befreien soll.

Wie weit ist es »gerecht«, der Macht Widerstand zu leisten? Für Intellektuelle wird aus diesem Problem die Frage, »ob Widerstand in einem demokratischen Staat legitim ist oder nicht«. Bedeutende Schriftsteller wie Günter Grass treten in die erste Reihe der Protestbewegung und ermahnen die Jugend zur Wehrdienstverweigerung in einem Staat, dessen Legitimität in Zweifel gezogen wird; der amerikanische Dichter Thoreau kommt mit seinem Essay über *Zivilen Ungehorsam* zu neuem Ruhm. Diese Zusammenhänge erklären auch die Debatten über den Wert von Mehrheitsentscheidungen. Ist eine Minderheit, die engagierter ist, unerbittlicher nach der Wahrheit sucht, nicht sehr viel besser legitimiert, Entscheidungen zu treffen, als eine träge und überdies manipulierte Mehrheit?

Interessanterweise offenbart sich dieses Bedürfnis nach Wahrheitssuche, dieses Absolutheitsstreben, das sich heute vor allem in den Kirchen und der Politik artikuliert, auch in Form von Sekten wie den Anthroposophen. Diese am Ende des neunzehnten Jahrhunderts von Rudolf Steiner geschaffene Bewegung, die eine gewisse Verwandtschaft mit den deutschen Freimaurern aufweist, hat Anhänger höchst unterschiedlicher Herkunft, die meist aber besonders kultiviert sind. Unter ihnen befindet sich eine Anzahl bekannter Persönlichkeiten aus Wirtschaft und Politik. Sie suchen nach einem »natürlichen Leben«, betreiben biologisch-dynamische Landwirtschaft, eine naturgemäße »totale« Medizin; wie alle spiritualistischen deutschen Bewegungen kümmern sie sich um Erziehung: sie unterhalten die berühmten *Waldorfschulen*, die es sich zum Ziel gesetzt haben, ganzheitlich die Seele des Schülers zu entfalten. Außerdem glauben sie mehr oder minder an Theorien voller Parapsychologie und Okkultismus. Es ist ein Zeichen der Zeit, daß eine derartige Bewegung in den achtziger Jahren neuen Aufschwung erlebt.

Welche Schlüsse soll man aus derartigen Beobachtungen ziehen?

Die katholischen Romanen wissen, daß sie nur Menschen sind, und arrangieren sich mit dieser Tatsache. Sie behandeln sich selbst mit der gebotenen Nachsicht. Die protestantischen Deutschen dagegen scheinen sich mit der Lage des Menschen nicht abfinden zu können. Sie wollen geradewegs in die Sonne blicken, ohne die Augen abzuwenden.

Deutschland verdankt diesem Drang eine Reihe von Genies, allerdings sind sie meist jung oder im Wahnsinn gestorben: Nietzsche, Hölderlin, Novalis. Zugleich aber hat dieser Drang Deutschland in unsägliche Katastrophen getrieben.

Man sollte nicht vergessen, daß Luthers unerbittlicher Wahrheitsdrang schließlich zum Dreißigjährigen Krieg führte, der im Verhältnis zu den damaligen Bevölkerungszahlen mehr Menschenleben kostete als der Erste und der Zweite Weltkrieg zusammen.

Wie dem auch sei, in Deutschland sind die protestantischen Eiferer wieder im Aufbruch: der Begriff: »Protestbewegung« spricht für sich selbst. Hat ihr Protest nicht allerhand Ähnlichkeit mit Luthers Auftreten in Speyer 1529, wobei der Neu-Protestantismus auf den moralischen Verfall des Westens zielt? Gewiß, auch die Sowjets im Osten sind bedrohlich, aber Luther nahm schließlich auch die türkische Gefahr zur Kenntnis ...

Eines jedenfalls ist sicher, das heutige Deutschland bleibt unverständlich, wenn man nicht erkennt, daß es im Aufbruch ist zu einem neuen Protestantismus.

Dritter Teil

Der neue Mensch und seine Kleider

Deutschland ist also geistig ins Rutschen gekommen. Was als sicher galt, schwankt, neue Überzeugungen brechen sich Bahn. Die Bundesrepublik ist in der Klemme. Die wachsende Ablehnung eines von den anderen westlichen Demokratien als selbstverständlich angenommenen Systems führt zu fortschreitender Destabilisierung, das Aufkommen neuer Denkrichtungen, jenes germanische Erwachen, zerstört das alte Gleichgewicht. In dieser Bedrängnis sucht es nach Auswegen, neuen Richtungen, die es aus seiner unangenehmen Lage befreien könnten.

Hieraus erklärt sich auch das Auftauchen all dieser marginalen Gruppen, dieser wuchernden »Protestbewegungen«. Sie sind Ausdruck dieses Strebens nach neuen Lösungen, sie haben neue Modelle parat. Sie siedeln sich größtenteils außerhalb der etablierten Strukturen an (zwischen 1970 und 1980 stieg die Zahl der jährlichen gewaltlosen Demonstrationen in der Bundesrepublik von tausenddreihundert auf viertausendvierhundert – ohne die rund zweihundert dazuzurechnen, die dabei regelmäßig außer Kontrolle geraten). Ihre Publizität steht im Gegensatz zu ihrem begrenzten Teilnehmerkreis, auch in Frankreich, wo viel von der deutschen Friedensbewegung und von den Wahlerfolgen der Grünen die Rede war.

Unter diesen aufgebauschten Vorgängen verbirgt sich ein sensibler Kern: immer mehr Menschen, die sich fragen, wie man in einer Gesellschaft, die man ablehnt, aber nicht aus der Welt schaffen kann, leben soll; wo jeder Tag einen neuen Konflikt gebiert zwischen neuen Werten, einer neuen Moral und einer Macht, die diese Schulter an

165

Schulter mit den Medien, der Politik, dem Geld und der herrschenden Kultur mit Füßen tritt.

Als Ausdruck seiner neuen Identität und zur Beruhigung seiner planetarischen Ängste hat Deutschland die Friedensbewegung erfunden. Seine gesellschaftlichen Probleme versucht das Deutschland der Grünen durch eine »andere Politik«, eine Art »anders zu leben«, durch die »Alternativbewegung«, in den Griff zu bekommen.

VIII

Anders leben

Im Winter 1984 ertrank ein junger Journalist, früherer Mitarbeiter der *Zeit*, bei Vorarbeiten für einen neuen Fernsehfilm, als er versuchte, seinen Hund, der in den Fluß gefallen war, zu retten.

Aus diesem Anlaß veröffentlichte die *Zeit*, die Wochenzeitung der intellektuellen Elite, einen offenen Brief eines der Freunde des Verstorbenen, ebenfalls ein früherer Journalist:

»Michael! Ich könnte wütend werden, wenn ich den Gedanken zuließe, daß du wegen eines Projektes der Medien gestorben bist. Aber so will ich nicht denken. Eine Zeitlang haben wir uns beide mit dem Konflikt herumgeplagt, ob wir Journalisten nicht anmaßend das Leben vermarkten; das Leben von Fremden gerade dann, wenn wir uns sozialkritische Themen vornehmen, unser eigenes Leben, wenn wir über uns selbst schreiben. Dann haben wir beide gekündigt, voller Zweifel am Reporter- und Redakteursdasein.

Seither hast du drei Bücher geschrieben, ich habe Kühe gemolken. Unsere Wege gingen auseinander, aber mein Gefühl ist, daß wir uns weiterhin aneinander gemessen haben. Du suchtest meine Kritik, wenn deine Bücher herauskamen, wenn du dich auf dem Medienkarussell hast herumdrehen lassen. Und ich, wenn ich dich las, wenn ich spürte, wie du wächst auf deinem ausgesetzten Weg, ich fühlte dich oft wie einen Stachel, fühlte mich zu etwas aufgefordert in der gelegentlichen Selbstvergessenheit meines Aussteigerlebens.

Ich dank dir dafür, Michael. Ich will mich daran erinnern, wie ich mich schon damals in der Redaktion über dein Zutrauen gefreut habe, wenn wir zusammen deine Manuskripte redigierten. Will mir vorstellen, wie wir einmal vor aller Augen zusammen getanzt und miteinander angegeben haben wie die Kinder, glücklich, uns ineinander spiegeln und verdoppeln zu können, für einen Moment. Will dich sehen, wie du zum erstenmal über die nassen Wiesen nach Bschaid gekommen bist in dem schnellen Wanderschritt, von dem du schon wußtest, daß er dich von Hamburg bis ins Allgäu und wieder zurück tragen würde. Du hast Nähe zugelassen, Abgrenzung nicht bestraft. Dank dir für Mut, Treue, Vertrauen.

Idealisiere ich dich? Kann sein. Von deiner Nachtseite weiß ich wenig, weiß nur, daß sie stark war als Bedingung deines starken Strahlens. Polaritäten, Kreisläufe, Wechselbilder. In deinem Buch beschreibst du in diesem Sinn die Emscher, deinen Fluß. Die klare Quelle schilderst du, aber schon wenig unterhalb beginnt mit der Verschmutzung ihr Sterben. ›Totenreich‹ spielen hier die Kinder. Doch ist der Tod auch in deiner Vorstellung nicht das Ende des Seins: ›Nach dem Jüngsten Gericht‹, so beschreibst du deine Gedanken, ›oder nach dem Inferno einer Atomkatastrophe muß es auf der entvölkerten Erde ähnlich aussehen wie hier und jetzt. Nur daß dann die Emscher wohl sehr bald wieder quellklar sein wird, Bussarde werden vom blauen Himmel herab die Kaninchenplage bekämpfen, auf dem dicht bewaldeten Betriebsgelände von Hoesch wird der Platzhirsch mit seinem Rudel im ersten Morgenlicht zwischen den schweigenden Fabrikruinen äsen, durch deren zerbrochene Fenster die Schwalben ein- und ausfliegen. Das Paradies auf Erden, denn der Mensch, der ärgste Feind der Natur, wird endlich verschwunden sein.‹

Kreisläufe. Das Leben ist nicht linear. Das Ende ist zugleich der Anfang. Wir weinen, Michael «

Le Monde hat uns derartige Nachrufe niemals geboten. Sei es darum, in seiner ganzen Sentimentalität ist dieser Artikel typisch für die neue deutsche Empfindsamkeit. Er reflektiert alle jene Tendenzen, die angesichts der Kälte, der eisigen Rationalität, der Isolierung, des übersteigerten Individualismus und der seelischen Verletzungen durch die moderne Gesellschaft eine neue Bestätigung suchen. Hand in Hand mit der Angst vor einem Atomtod, vor der Umweltverschmutzung, mit dem Abscheu vor den Medien wachsen der Mythos der ewigen Wiederkehr, alte Werte wie Treue, Mut und Wärme, zu denen sich auch ohne Angst vor Mißverständnissen Männer untereinander bekennen, und endlich der Glaube an die Erneuerungskraft der Natur. All diese sogenannten »neuen Werte« haben das geschaffen, was die Deutschen die *Szene*, oder, amerikanisch, die *scene* nennen.

Die »Szene«

Wenn die Deutschen von der Szene sprechen, wissen sie selbst nicht so recht, was damit gemeint ist. Die Szene, das ist eine ganze Welt: Leute, Unternehmungen, Örtlichkeiten, Gefühle, Ideen und Lebensweisen, die anders sein wollen als die Produkte und Zwänge der modernen Gesellschaft, und die sich deshalb »alternativ« nennen. Sie ist so vielgestaltig, so sehr dauerndem Wandel unterworfen, so rasch wechselnd, daß es schwierig ist, die Szene zu beschreiben, wenn man sie nicht selbst erlebt hat. Sie umfaßt so unterschiedliche Dinge und Menschen, daß man nicht sagen kann, wo sie beginnt, wo endet. Alles greift ineinander, und der einzige gemeinsame Nenner besteht darin, ähnlich zu empfinden, im gleichen Fluß zu schwimmen.

Michael und sein Kollege Rüdiger, die dem Journalismus den Rücken gekehrt haben, kann man in gewisser Weise zur Szene rechnen. Beide sind sie »Alternative«; Rüdiger ist zudem ein richtiger Aussteiger, das was die Engländer als *drop out*, die Franzosen als *Marginal* bezeichnen. Aber Aussteiger bedeutet im Deutschen nicht ganz das gleiche: Der deutsche Aussteiger ist nicht etwa ein Wrack, das durch die Maschen des gesellschaftlichen Netzes gefallen ist, es ist jemand, der aus freiem Willen beschlossen hat, aus dem »Zug« der Gesellschaft, der Geschäftswelt, der Karriere auszusteigen, um vielleicht in einer »Kommune« Schafe zu züchten – was in Frankreich seit der achtundsechziger Welle unmodern geworden ist. Meist entschließt man sich ziemlich jung, ein Aussteiger zu werden.

Seien wir ehrlich, nicht immer geht dem Aussteigertum eine »freie« Entscheidung voraus; auch in Deutschland gibt es *drop out, Ausgeflippte,* Jugendliche, die einfach mit dem Leben nicht fertig werden; die nicht einmal den Hauptschulabschluß geschafft haben, keine Lehrstelle finden oder sich nicht anpassen können und die Truppen der Punks, der Mods, der Skinheads, der Rocker oder Freaks vermehren. Dort tasten sie sich an eine Identität, eine Form der Selbstverwirklichung und der Herausforderung gegenüber einer Gesellschaft heran, die nichts mit ihnen zu tun haben will. In den von ihnen besetzten Häusern, in ihren Cafés und Diskotheken frönen sie einer rein augenblicksbezogenen Lebensweise: morgen ist weit, »die Scheißwelt, die sie uns mit ihrer Atombombe und all ihrem Mist überlassen, geht sowieso bald drauf«. Sie leben von Sozialhilfe und hie und da ein wenig Bettelei (»Hast du nicht 'ne Mark für 'nen Hausbesetzer?«) und sind besonders drogenanfällig.

Sie wechseln oft von einer Gruppe zur anderen: von Mods zu Punks, zu Skinheads – und manche werden Jünger von Baghwan Raneesh, tragen einen neuen Namen, eine Holzkette mit dem Bild Baghwans um den Hals, finden, wenn auch nicht Sicherheit, so doch Ruhe ... Andere tummeln sich weiter in ihren schwarzen Lederjacken, ihren Stachelhalsbändern, ihren Eisenketten und Irokesenfrisuren, machen Musik in Orchestern, die »neuer deutscher Ekel« oder »Dekadenz Achtzig« heißen, und wohnen in Häusern, die sie »Schnellwohnungen« oder schlicht »Führerbunker« nennen, die sie besetzen und herunterwirtschaften. Ihre Lieblingsausdrücke sind *fuck, Schit, Anarchie, destroy* und *no future*. Sie prangen auf ihren Jacken in möglichst runenähnlichen Buchstaben. Vor allem das S wie bei SS.

Sie neigen zu Gewalt und beteiligen sich an allen Demonstrationen, um die »Bullen«, das deutsche Schmähwort für Polizist, zu attackieren: maskiert, mit Steinen und Ketten bewaffnet, sind sie die berüchtigten Chaoten, die Randalierer, Schläger jeder Herkunft. Natürlich gibt es sie in Frankreich auch, aber nicht so zahlreich wie in Deutschland, wo die Infrastruktur günstiger für sie ist: sie werden zu Mitläufern des alternativen Milieus.

Die Alternativen: »Stärker als das System«

Die Alternative definiert sich zunächst im Hinblick auf den Staat. Sie verdankt ihre Entstehung einer doppelten Tatsache: einerseits dem Scheitern der frontalen Opposition, wie sie die Terroristen praktiziert hatten, andererseits der Ablehnung des »langen Marsches« durch die Institutionen, wie ihn Rudi Dutschke, Pfarrersohn auch er, Ende der sechziger Jahre konzipiert hat. Die Vergeblichkeit ihrer Bemühungen, die Forderung der Linken auf institutionellem Wege durchzusetzen, ihre Angst, sich mit dem System gemein zu machen, der eigenen Identität verlustig zu gehen, hatte die Anhänger der Protestbewegung veranlaßt, ein praktisches Betätigungsfeld zu suchen, fern von den endlosen theoretischen Diskussionen der leninistischen oder maoistischen »K«-Gruppen.

171

Jetzt sollte das Leben konkret reformiert, zu prakti-
schen Maßnahmen gegriffen werden, um »das System zum
Explodieren zu bringen« ... So entstanden die ersten
»Kommunen« die heute in der Mythologie der Linken legendären Ruf genießen. Eine radikale Epoche begann, wo
sexuelle Befreiung zur Pflicht wurde, Paar-Beziehungen
verboten waren. Ein unvergeßliches Foto: auf einem riesigen Bett sitzen sechs oder sieben splitternackte Kommu-
narden wie die Hühner auf der Stange und sehen fern.

Die Ursachen für das Scheitern der ersten Kommunen
K 1 und K 2 sind bekannt: in ihrem Drang, sich selbst zu
verändern, um die Welt zu verändern, hatten die Gründer
die Schwierigkeiten des Gemeinschaftslebens unterschätzt, und dadurch, daß sie alle Gruppenbeziehungen
analysieren wollten, verschärften sie nur die Konflikte.
K 1 und K 2 lebten vom Verkauf der kleinen roten Mao-Bi-
bel oder von der höchst sporadischen Arbeit ihrer Mitglieder; ihre Haupttätigkeit aber war die politische Agitation,
die Organisation von »happenings, um die Institutionen
lächerlich zu machen« und von Propagandaaktionen aller
Art.

Heute sind diese stolzen Ziele vergessen. Statt dessen
wimmelt es von *Wohngemeinschaften,* deren Zusammenleben nichts mehr vom Heroismus des Sakrilegs hat, das
ihre Vorahnen, die Kommunen, suchten.

Mit dem Drang, »Politik in der ersten Person« zu machen, der in den siebziger Jahren spürbar wurde, konnte
der Wille, sein eigenes Leben in die Hand zu nehmen, sich
der Logik der Kleinfamilien zu entziehen, eine wärmere,
solidarischere Welt zu schaffen, nicht mehr an der Haustü-
re stehen bleiben. Um besser zu leben, mußte man auch
»besser arbeiten«. Hier liegt der Ursprung alternativen
Wirtschaftens.

Die alternative Wirtschaft ist keineswegs Schwarzarbeit
wie in Italien. Sie tritt offen zutage, unterzieht sich sämtlichen Steuer- und Versicherungspflichten wie die »bür-

gerlichen« Unternehmen. Eher ist sie eine »Gegenwirtschaft«; ihre Formen sind äußerst vielgestaltig.

Die ersten Versuche waren die *Kinderläden* genannten Kindergärten, die in zu diesem Zweck gemieteten Ladenräumen untergebracht waren. Sie sollten den Kindern eine Früherziehung vermitteln und den Einfluß des Konkurrenz- und Leistungsdenkens korrigieren. Seitdem hat die Alternativbewegung auf zahlreiche Wirtschaftsbereiche übergegriffen, von der Landwirtschaft bis zu Dienstleistungsbetrieben. Es gibt alternative Bauernhöfe, wo die landwirtschaftliche Produktion auf Dünge- und Schädlingsbekämpfungsmittel verzichtet, Bäckereien, die mit dem Mehl dieser Höfe »Bio-Brot« herstellen; aber auch mannigfaltige Handwerksbetriebe: Schreiner, Plattenleger, Klempner; Kollektive, die die Schafwolle spinnen und färben, und vor allem die besonders beliebten Druckereien.

Ein erheblicher Teil der Aktivitäten besteht in Dienstleistungen. Sie umfassen Taxifahrergemeinschaften, das Entrümpeln von Kellern und Speichern, Kino, Zirkus, Theater, vielerlei Läden und Flohmärkte, Reisebüros und natürlich Cafés – jene berühmten *Kneipen*, die ein zentraler Ort der »Szene« sind –, außerdem Restaurants und Buchhandlungen, die als Treffpunkte dienen. Die Medien spielen eine große Rolle, und es gibt eine Vielfalt erfolgreicher Verlage. Erfolgreich sind aber auch alternative Gruppen von Zahnärzten, Anwälten, Ärzten und Software-Produzenten für Computer; Sozialhilfegruppen, Therapiegruppen, Frauengruppen, die Frauenhäuser für mißhandelte Frauen unterhalten, Schulen, Abendkurse zur Fortbildung, Jugendhilfe etc.

Was aber hat eine Zahnärztegruppe mit einer Gruppe von Buchbindern oder Klempnern gemein? Wie wird man »alternativ«? Es genügt nicht, Latzhosen zu tragen, sich die Haare mit Henna zu färben und Müsli zu essen, obwohl dies schon Symptome für die richtige Einstellung sind. Um ein richtiger Alternativer zu werden, muß man in einer

Gruppe arbeiten, die eine Anzahl prinzipieller Grundsätze befolgt:

- Das Geld verachten, also die Vermehrung des Kapitals nicht zum Gruppenziel machen, und auch nicht Profite suchen, die über das »Vernünftige« hinausgehen. Ausgeschlossen ist auch der Privatbesitz an Produktionsmitteln: sie gehören der Gruppe; wer diese verläßt, kann keinerlei Rechte geltend machen.
- Spezialisierung ablehnen, da diese die Herausbildung von Machtpositionen in der Gruppe bedeutet: jeder soll alles machen können: Am Montag in der Reparaturgruppe Fahrräder reparieren, am Dienstag über den Kauf von Ersatzteilen verhandeln, am Mittwoch Buch führen.
- Keine Hierarchie: Die Entscheidungen werden einstimmig nach langen Diskussionen gefällt – infolgedessen kann die Betriebsgröße nicht über eine »menschliche Größenordnung« hinausgehen.
- Kein Druck: niemand darf einem Leistungszwang unterworfen werden. Jeder gibt bekannt, wieviel Stunden er zu arbeiten beabsichtigt.
- Die Entlohnung muß für alle gleich sein.

Die Grundsätze in dieser Aufzählung scheinen der beste Garant für einen raschen Bankrott zu sein: mangelnde Professionalität, mangelnder Wettbewerb, Dilettantismus und selbstverständlich chronischer Kapitalmangel. Wie überleben solche Gruppen gegenüber der bürgerlichen Konkurrenz?

Schlecht.

Entweder stoßen sie auf Marktlücken, die die etablierte Wirtschaft bisher vernachlässigt hatte, oder sie betreiben Selbstausbeutung durch Verzicht auf ein normales Einkommen. Oft laufen die Projekte, Kinos oder Fotoateliers gut, ihre Mitglieder aber leben von der Arbeitslosenversicherung ...

Es ist immer schwierig, Startkapital zu finden. Die Hälfte stammt aus Fördermitteln des Staates oder der Kirchen, die der – häufig arbeitslosen – Jugend Hilfe zur Selbsthilfe geben wollen,[1] die andere wird von der Familie, Freunden oder Sympathisanten gestellt. Oft auch handelt es sich um Anleihen des »Netzwerkes«. Dieses wurde 1978 ins Leben gerufen und hat als Warenzeichen eine Sparkasse in Form eines galoppierenden Wildschweins. Die ursprüngliche Idee der Gründer (die dem linken Establishment angehören) war, eine Versicherung gegen Berufsverbote zu schaffen. Sie wandelte sich rasch, und das Netzwerk ist heute eine Art Bank, die alternativen Projekten zinslose Anleihen gibt. Das Geld kommt von den Mitgliedern des »Netzes«, die einen festen monatlichen Beitrag zahlen. Das Wildschwein des Netzwerkes hat Junge bekommen; es gibt heute mehr als dreißig Zweigstellen, die in der Bundesrepublik, in der Schweiz und in Österreich Geld sammeln und Jahr um Jahr etwas mehr als eine Million Mark zusammenbringen.

Um Geld vom Netzwerk zu bekommen, muß man allen alternativen Kriterien entsprechen und »neue emanzipatorische Arbeitsformen erproben«; diese Kriterien sind aber innerhalb der Szene selbst äußerst umstritten. Dem Netzwerk wird vorgeworfen, dem ökonomischen Erfolg eines Projektes zu große Bedeutung beizumessen und seine politische oder strukturrevolutionäre Bedeutung nicht hinreichend zu berücksichtigen. Besonders heftig ist die Kritik der Frauen: von heute siebzehn Prozent würden sie gerne einen Budgetanteil von zweiunddreißig Prozent erhalten, der ausschließlich in feministische Projekte zu investieren wäre. »Ist die Sparkasse des Netzwerkes ein Eber oder eine Sau?« lautet der Titel eines kürzlich in der Hauszeitung erschienenen Artikels.

Das Netzwerk hat seinen Sitz in Berlin, in einem jener typischen Mietshäuser mit viereckigen Hinterhöfen. Hat man einmal die große Eingangspforte hinter sich gelassen

---

1) Zahlreiche alternative Kollektive bezeichnen sich als *Arbeitslosenselbsthilfe*.

(die ganz ähnlich ist wie in Pariser Häusern), betritt man einen der Tempel der Alternativbewegung: den Mehringhof. Diese Gebäudereihe, die Ende 1979 für zwei Millionen Mark gekauft wurde, beherbergt neben dem Netzwerk auch eine Menge anderer Projekte; man wandert durch die Schule für Erwachsenenbildung, die auf das Abitur vorbereitet, durch die Druckerei Graph Druckula, wirft einen Blick auf den Judo-Saal oder auf das Caberet des Westens (CdW, um das Berliner Konsum-Eldorado, das KdW, das Kaufhaus des Westens zu verhöhnen) oder man geht auf einen Sprung in das Café Spektrum, blättert im *Stattbuch* (dem Handbuch sämtlicher alternativer Projekte) und wirft einen Blick auf die Publikationen der Zitronenpresse, eines Frauenverlages ... eine Alphabetisierungsschule, eine Kinderkrippe, ein Keramikatelier, eine Türkengruppe, eine Video-Cooperative ... im Mehringhof gibt es alles, auch Punks, die im Hof ihre Wohnstätte aufgeschlagen haben und in scharfem Ton eine Zigarette oder eine Mark heischen. Die Unordnung ist beträchtlich, und die Menschen, die hier aus- und eingehen – oder einfach gammeln – tragen ein betont »ökologisches« Aussehen zur Schau, mehr oder weniger einheitlich und mit einer demonstrativen, eher bäurischen Ärmlichkeit.

Alle betragen sich untereinander wie zu einer großen Gemeinde gehörig.

Wer aber sind sie?

Sie kommen aus allen Epochen der Protestbewegung; die ältesten noch aus der Studentenbewegung von 1968, sie werden hier »APO-OPAS« genannt (die Opas der APO-Zeit, jener außerparlamentarischen, gegen die Große Koalition zwischen CDU und SPD von 1966 bis 1969 gerichteten Opposition). Heute haben sie die Vierzig erreicht.

Die jüngeren kommen aus allen vier Winden, und die Mehrzahl von ihnen hätte wahrscheinlich nur mit Mühe Eingang in das bürgerliche Establishment gefunden. Nur ungefähr ein Drittel hat das Abitur. Unter diesen Aussteigern gibt es *drop out*, deren Leben, seit dem sie in einer alten verlassenen Mühle eine kleine Müllerei betreiben, wieder einen »Sinn« hat. Andere haben sich ganz bewußt für diesen Lebensstil entschieden, so zum Beispiel jene Berliner Diplomingenieure, die »Wuseltronick« erfunden haben. Sie stellen Meßgeräte her, schreiben Gutachten und haben den Prototyp einer Windmühle entwickelt. Sie legen Wert darauf, darüber zu entscheiden, wie ihre Forschungsergebnisse angewandt werden; sie könnten mühelos in einer Universität oder in einem Großunternehmen viel Geld verdienen, aber ihr Ziel ist es gerade, sich nur jenen Lebensstil zu sichern, den sie schon, mit Nebenjobs, als Studenten hatten. Es ist ihnen wichtiger, unabhängig zu bleiben und den Konsum intelligent zu nutzen.

Wuseltronick ist ein Musterfall: die Mitglieder des Kollektives sind gleich hoch qualifiziert und bieten Dienstleistungen an, die leicht Abnehmer finden. Andere Gruppen müssen sich mit sämtlichen Problemen herumschlagen, die entstehen, wenn die verschiedenen Mitglieder unterschiedlichen Arbeitseifer zeigen, es ihnen an wirklicher beruflicher Qualifikation fehlt, die anfängliche Begeisterung nachläßt, oder eines der Gruppenmitglieder eine Führungsrolle anstrebt.

Unter den Alternativen befinden sich auch viele arbeitslose Akademiker, vor allem Lehrer und diplomierte Sozialwissenschaftler, mit katastrophalen Berufsaussichten, die sich trotz der mythischen Überhöhung der Handarbeit in der Szene vor allem intellektuellen Aktivitäten zuwenden: pädagogischen, politischen, journalistischen. Sie sind die treibende Kraft, wenn es um Bürgerinitiativen (aus Stadtteilgruppen, Mietergruppen, Ausländergruppen, Gruppen von Häftlingen oder ehemaligen Häftlingen etc.) und um das Verlagswesen geht.

Das Verlagswesen ist einer der Bereiche, in denen die Alternativbewegung am besten floriert. Sie ist regelmäßig auf der alle zwei Jahre in Mainz stattfindenden »Mini-Presse-Messe« vertreten, wo Verlage wie »Die Maus«,

177

»Uhu«, »Igel«, »Eselsohr«, Verlagshäuser wie »Abraka-
dabra«, »Edition ad absurdum« oder auch »Lehr- und
Spielzentrum des Friedenshauses« ausstellen. Häufig sind
Autor, Drucker und Verleger ein und dieselbe Person.
Die Angebote sind vielfältig: politische Satiren, Aufrufe,
sich von der Realität ab- und der Meditation oder vegetari-
scher Diät zuzuwenden, Ratschläge für ein »Leben ohne
Verlierer oder Gewinner«, »Spiele ohne Tränen, Spiele
ohne Sieger«. Der Ton ist von einer eher provokativen
Sorglosigkeit, kritisch und leise salopp. Hier wurden als
erstes jene Themen benannt, die später von den großen
Verlagen aufgegriffen wurden: Frauenfragen, Homosexualität, Ökologie, Frieden.

Die Berliner TAZ (*Die Tageszeitung*) ist ein weiterer
großer Erfolg des alternativen Verlagswesens. Sie hat
einen festen Platz unter den großen Berliner Zeitungen
und wird sogar bundesweit verkauft: sie hat eine Auflage
von mehr als vierzigtausend, ist zum offiziellen Organ der
Szene geworden und trägt sich sogar einigermaßen. Insgesamt gibt es heute in Deutschland ungefähr zweihundert
alternative Zeitungen und Zeitschriften mit einer Gesamt-
auflage von fünfzehn Millionen Exemplaren.

Die Alternativbewegung ist also eine Art »zweite Kultur«, die ein Leben völlig außerhalb der traditionellen
Strukturen erlaubt. Man kann in einer Wohngemeinschaft
wohnen, die zu einer Einkaufsgemeinschaft gehört, die
sich ihrerseits bei einer Landkommune versorgt. Man arbeitet in einem Kollektiv, kleidet, pflegt und amüsiert sich
»alternativ«: sämtliche Lebensbereiche sind abgedeckt.
1978 befand sich die Alternativbewegung auf dem Höhepunkt ihres Ruhmes und ihrer Kreativität, sie veranstalte-
te den Kongreß »Tunix«, der vom dominierenden Modell
abweichende Gruppen aus ganz Europa versammelte. In
einem riesigen Festival gaben zehntausende von »Stadtin-
dianern«, »Spontis«, Hausbesetzern und Anarchisten dem
alternativen Modell ihren Segen.

Heute wird der Alternativenbewegung häufig vorgeworfen, ein parasitäres Ghetto zu sein, in das sich übersensible Gemüter vor der Härte der Wirklichkeit flüchten. Für ein Ghetto ist sie aber recht geräumig: schätzungsweise neunzigtausend Projekte mit fünfhunderttausend beschäftigten Mitarbeitern. Die Zahl der Sympathisanten wird auf sechs Millionen geschätzt; sie zahlen regelmäßig Beiträge und unterstützen die Alternativbewegung durch Einkäufe in der Szene oder setzen ihren Einfluß zu ihren Gunsten ein. Auch der Vorwurf des Parasitismus scheint nicht berechtigt, da die jungen Leute Klein-Betriebe unterhalten – dennoch bleibt die Frage, ob sich dieses Gegenmodell finanziell auch halten würde, gäbe es das herrschende Modell nicht.

Auf jeden Fall entwickelt sich die Alternativbewegung weiter. Infolge chronischer Schwierigkeiten ist die Doktrin flexibler geworden; warum soll Profit verdammenswert sein, solange er keinen individuellen Zielen dient? Heißt nicht das oberste Gebot Erfolg? Warum in der Armutei und immer opferbereit verharren? Manche sprechen auch von einer dualen Gesellschaft. Das Netzwerk hat anläßlich seines fünfjährigen Bestehens eine Broschüre veröffentlicht, die eine Hinwendung zu neuen Initiativen, zur Selbstkritik, zur Entwicklung neuer Modelle suggeriert. Der Aufschrei erfolgte postwendend: das sei Anpassung. Ist es aber wirklich die Szene, die sich anpaßt, und nicht vielleicht die übrige Gesellschaft, in die sich alternatives Denken infiltriert hat? Heute kann man überall Alternativen begegnen, bis hin zum professionellen Tennisspieler.

Wir Franzosen fragen uns, weshalb die Szene, die nichts anderes als eine praktische Umsetzung der Ideen von 1968 darstellt, in Deutschland auf einen so fruchtbaren Boden fallen konnte, während sie in Frankreich nie wirklich Fuß faßte. Sollte es wirklich daran liegen, daß das gesellschaftliche Zusammenleben in Deutschland eine Bereitschaft zu Zwang und Gemeinschaftsarbeit voraussetzt, die den Franzosen ohnehin mangelt? In der Gemeinschaft leben und arbeiten heißt vielleicht der Anonymität und der Entfremdung der Arbeit entgehen, aber diese Vorteile müssen teuer bezahlt werden. Ein Gegenmodell durchzuhalten fordert eine andauernde Anstrengung, und die gewollte Einheit von Lebens- und Arbeitsgemeinschaft führt zu einem erstickend intimen Zusammenleben.

All diese Schwierigkeiten wirkten auf die Franzosen von Anfang an abstoßend und wurden schließlich auch in Deutschland unerträglich. Die Alternativbewegung hat sich nur darum gehalten, weil sie sich ständig wandelte und vor allem Zwänge abbaute. Hier liegt das eigentliche Paradox: die gleiche Szene, die unaufhörlich Zwänge schafft (in den Wohngemeinschaften des Arbeitskollektivs verfügt niemand über ein individuelles Einkommen, aber jeder nimmt sich soviel Geld, wie er zu brauchen glaubt, muß aber alle seine Bedürfnisse bis ins Kleinste darlegen und rechtfertigen ...), die gleiche Szene behauptet, den einzelnen aus seinen Zwängen zu befreien.

Sie nimmt für sich in Anspruch, erfinderisch zu sein: und tatsächlich liegt ihr Erfolg vor allem darin, daß sie Möglichkeiten schafft, um dem allgemeinen Konformismus, den festgelegten Ideen und den Tabus der bürgerlichen Gesellschaft zu entrinnen; vor allem jenen der Infragestellung von Arbeit und Leistung, aber auch sexuellen oder moralischen. Die Szene brüstet sich, allen unterdrückten Minderheiten zur Freiheit verholfen zu haben, den Frauen vor allem, die sich noch immer unterdrückt glauben, obgleich sie zahlenmäßig keine Minderheit mehr sind[1], aber auch Homosexuellen beiderlei Geschlechts, Pädophilen, Marihuana-Rauchern, allen Gruppen eben, die von der Gesellschaft ausgestoßen werden.

Die Szene provoziert gern, es ist ihr geradezu ein Bedürfnis, zu schockieren. Die alternativen Spektakel im

---

1) Der Feminismus ist in diesen Milieus sehr viel ausgeprägter als in Frankreich, wo wiederum viel mehr Frauen aus »bürgerlichem« Milieu arbeiten als in Deutschland.

Berliner Tempodrom beispielsweise sind von rüder Obszönität. Nina Hagen, Star des deutschen Rock, hat nicht gerade einen ausgeprägten Sinn für Nuancen; und die Art der jungen Protestler, ihre Meinungen kundzutun, ist auch nicht besonders fein: wem Deutschland nicht ganz und gar gleichgültig ist, dem müssen in der Presse jene Fotos aufgefallen sein, wo Punks vor entgeisterten Bürgern – und sie ließen, wie die klassischen Exhibitionisten, jedes Raffinement vermissen – in der Untergrundbahn die Nummer des plötzlich geöffneten Mantels vorführten. Fotos von splitternackten, aber maskierten und gut beschuhten Demonstranten gehören ebenso wie die Zeichnungen und Sprüche auf Hinterteilen und Gesichtern zum Alltag: *no future* ist da zu lesen oder die pazifistische Rune, jenes auf den Kopf gestellten Y.

Sind die Demonstranten aber bekleidet, sind sie auch zugleich verkleidet: und auch ihre Verkleidungen zeichnen sich nicht durch Diskretion aus. Auffallen, Eindruck schinden heißt die Parole. Die Exzesse mancher Verkleidungen, die bis zur Unkenntlichkeit weiß gekalkten Gesichter, die Entsetzen ausdrücken sollen, gemahnen an die Tradition des Karneval. Die neuen Lebensformen wollen auch in gewisser Weise an die alten anknüpfen. Das Berlin der achtziger Jahre erinnert teilweise an das der zwanziger Jahre: der gleiche Hang zur Übertreibung, die gleiche der expressionistischen Tradition verhaftete Neigung zu grellen Farben, brutalen Zeichnungen, schreienden Slogans. Ein solches Bild der deutschen Kultur ist uns vertraut. Guter Geschmack hat hier nicht Pate gestanden – aber wer wollte schon in Deutschland guten Geschmack erwarten, es sei denn in Preußen?

Auf seine Kosten aber kommt man bezüglich der Kreativität. Die Szene ist geradezu ein Ausbund an Kreativität. Ihr Mangel an Ehrfurcht und ihre Lust am Skandal haben eine äußerst sympathische Konsequenz: sie setzen Phantasie frei. Leider ist es eigentlich nicht möglich, diese Geistesblitze von einer Sprache in die andere zu übertragen.

Die Druckerei Graph Druckula bezieht sich zugleich auf den Grafen Dracula; die Hausbesetzer nennen sich selbst »Instandbesetzer«, die einschlägigen Treffpunkte der Szene sind voll von witzigen Inschriften – in einer Kneipe beispielsweise: Geld ist die Hure der *All-Gemeinheit* oder: wir lassen uns nicht *BeeRDigen*.

Die Demonstrationen werden zu erstaunlichen Happenings, mit Tänzen, kunstvoll geschmiedeten Versen, Liedern und Musikinstrumenten oder symbolischen Pappobjekten. Eine pulsierende schöpferische Unruhe teilt sich gewöhnlich mit – als ob unter der zugepflasterten Straße wieder der Strand hervorkäme, wie man im Pariser Mai 1968 zu sagen pflegte, als ob man auf einem Vulkan von Ideen lebe und wie das spürbar sei. Daneben nimmt sich das bürgerliche Leben ziemlich platt und trübe aus ...

Wir können aber der Szene nicht den Rücken kehren, ohne auf eines ihrer Probleme einzugehen, das sie in den letzten Jahren am meisten bewegt hat: die Hausbesetzungen.

Hausbesetzer

Das Besetzen von Häusern, ihre willkürliche Inbesitznahme, hat innerhalb der Szene – aber auch außerhalb – leidenschaftliche Auseinandersetzungen ausgelöst; man kann ohne Übertreibung sagen, daß sich ganz Deutschland darüber erregte. Während das alternative Wirtschaftsmodell sich mit dem Staat zu arrangieren versucht – und teilweise sogar davon lebt, obgleich die Frage, ob man staatliche Gelder, die sogenannte »Staatsknete«, annehmen soll, immer wieder heftig diskutiert wird – gehen die Hausbesetzer auf direkten Konfrontationskurs zum Staat. Sie rühren an den sakrosankten Bereich des Rechts, vor allem aber lösen sie die große Debatte über Widerstand im demokratischen Staat aus. Hat man moralisch das Recht, sich einer juristischen Entscheidung zu widersetzen?

In diesem Fall geht es um die Frage, ob es eine moralische Rechtfertigung dafür gibt, ohne legales Wohnrecht sich in einem Haus einzurichten, das sein Besitzer aus welchen Gründen auch immer leerstehen läßt.

Wie soll der Staat reagieren? Ist die Polizei verpflichtet, illegale Bewohner zu vertreiben, oder darf sie sie so lange tolerieren, wie diese weder das Leben noch die vitalen Interessen des Besitzers gefährden? Wo beginnt der »Extremfall«, in dem die Polizei sich absolut zum Eingreifen verpflichtet glaubt? Es gibt auf der Rechten eine ganze Strömung, die der Polizei vorwirft, sie kapituliere vor diesen gewalttätigen Unruhestiftern, den Politrockern, wenn sie nicht ganz hart als Rechtsvollstrecker auftritt.

Die Hausbesetzer aber, die behaupten, Instandbesetzung zu betreiben – und die oft wirklich viel für die Häuser tun –, stehen ihrerseits auf dem Standpunkt, sie machten gegenüber einer unerträglichen sozialen Ungerechtigkeit nur ihr gutes Recht geltend. Recht darf doch nicht Ungerechtigkeit rechtfertigen. Sie und viele andere finden keine Wohnung, wo doch aus spekulativen Gründen zahlreiche Wohnungen, Häuser oder ganze Gebäudekomplexe seit Jahren leerstehen. Die Konfrontation mit dem Staat ist ähnlich wie in den Auseinandersetzungen um den Frankfurter Flughafen, um die Atomkraftwerke oder auch um die Pershing-Raketen. Staatsrecht gegen Bürgerrecht.

Wie konnte es so weit kommen und warum überhaupt gibt es in Deutschland, diesem fortschrittlichen und reichen Land, ein Wohnungsproblem? Tatsächlich ist es in bestimmten Städten der Bundesrepublik äußerst schwierig, unterzukommen, vor allem, wenn man Student ist oder ein bescheidenes Einkommen hat. »Zehntausende von Wohnungen stehen leer in der Bundesrepublik« lautet eine Titelüberschrift in der *Stuttgarter Zeitung* vom 30. Mai 1981; in der gleichen Zeit waren Zehntausende auf Wohnungssuche. Wieso? Aus den bekannten Gründen.

Eine sozial gemeinte Gesetzgebung schützt den Mieter in einem solchen Maße (keine Mieterhöhungen, Kündigungshindernisse), daß die Besitzer einerseits zögern, ihre Wohnung überhaupt zu vermieten, und Investitionen in Mietwohnungen auf der anderen Seite kaum mehr attraktiv sind; dies führt zur Stagnation des Wohnungsbaus. Die deutschen Städte weisen darüber hinaus die gleichen Phänomene wie die französischen auf: die »Renovation« baut anstelle der billigen Unterkünfte in den Innenstädten Luxuswohnungen, die die früheren Bewohner sich nicht leisten können.

Wohnungsbaugesellschaften kaufen alte Gebäude auf, »modernisieren« sie und verfahren dabei, wenn es darum geht, die bisherigen Bewohner zu vertreiben, skrupellos. »Zufällige« Rohrbrüche, bissige Hunde, die »zufällig« in den Höfen streunen, »Pannen« bei der Treppenbeleuchtung, alles wird ins Werk gesetzt, um den Widerstand der letzten hartnäckigen Mieter zu brechen, die der Aufforderung, in die Vorstädte umzuziehen, nicht gefolgt sind. In Deutschland gibt es viele öffentliche oder zumindest gemeinnützige Wohnungsbaugesellschaften, oder aber sie gehören Gewerkschaften, wie die Neue Heimat, die Wohnungsbaugesellschaft des DGB. Ihre Methoden sind darum nicht weniger aggressiv, was zur allgemeinen Entrüstung nur noch beitrug. In Berlin zum Beispiel finanziert der Staat die Renovierungsmaßnahmen, und die Baugesellschaft Neue Heimat erhält einen Prozentsatz vom Umsatz, hat also ein Interesse daran, so viel renovieren zu lassen wie nur möglich. Infolgedessen führt sie einfach selbst die Renovierungsbedürftigkeit herbei. Ein offenes Fenster im Winter am rechten Ort hat unweigerlich einen Rohrbruch zur Folge, und Arbeiter zerschlagen aus Versehen oder Ungeschicklichkeit einen Heizkörper oder Elektroanschluß; womit auch – ganz nebenbei – die Hoffnungen der Hausbesetzer, sich dort einzurichten, zerschlagen wären.

Bei alledem vergeht viel Zeit. Auch eine Wohnungsbaugesellschaft, die nicht ganz so bösartig ist wie manche andere, braucht Monate oder gar Jahre, um die nötigen Verwaltungsgenehmigungen zu erhalten, den Auszug der Mieter zu veranlassen, die Firmen, die die Renovierungen übernehmen sollen, zu koordinieren. In dieser Zeit stehen die Wohnungen leer. Melden sich noch andere Interessenten oder besteht die Hoffnung, daß die Preise weiter steigen, werden die Wohnungen noch länger leerstehen. Die jungen Protestler hatten das rasch herausbekommen. Hier war das ideale Terrain für sie – nicht nur, um billig zu wohnen, sondern auch, um ihr neues Lebensmodell zu erproben.

In einem *Spiegel*-Artikel vom 21. März 1981 wird der ganze emotionale Hintergrund solcher Hausbesetzungen deutlich. Er trägt die Überschrift »Mut zum Träumen, Kraft zu kämpfen«:

»Mal abgesehen von der einen Phosphorbombe, die im November 1944 vom Himmel direkt in den Hinterhof fiel, blieb der Hausfrieden in Berlin-Kreuzberg, Kottbuser Straße 8, seit 77 Jahren gewahrt. Kein Mieter hatte was zu klagen, denn die Wohnungen waren groß und hell, der monatliche Zins erträglich. Im Treppenhaus lag ein roter Läufer, den blanke Messingstangen hielten ...

Doch vor drei Jahren hat der Herr Konsul die Beletage verlassen, das Haus seiner Väter der ›Gemeinnützigen Siedlungs- und Wohnungsbaugesellschaft‹ (GSW) verkauft. Die gehört dem Land Berlin und dem Bonner Bund, ihr Geschäft ist die Stadterneuerung. Deshalb hat sie das Objekt erst mal zügig entmietet, und nun ›lebt keiner der alten Bewohner mehr hier‹, lautet die Auskunft im Eiscafe Pöggel gegenüber, ›denn die sind ja alle saniert worden‹ – legal ...

Illegal hat das Haus am Mittwoch der vorletzten Woche, Punkt 15 Uhr, Besuch bekommen. Es fiel ›Instandbesetzern‹ in die Hände, acht Frauen und fünf Kindern, die meisten von ihnen Türken. Das ging nicht ohne Blut und Tränen ab. Eine deutsche Handwerkerkolonne, für die GSW im Haus schon beim Sanieren, wollte die Lage handgreiflich bereinigen. Es setzte Schläge für Frauen und Kinder: ›Scheißegal, man sollte das ganze Pack in die Luft sprengen!‹

Legal, illegal, scheißegal, die Kreuzberger Alliteration der Gewalt hat viele Gesichter. ›Los, schnell, hol mal den Brenner, mach'n wa dem Gesockse Feuer unterm Arsch, eh die Bullen kommen‹, rät einer, dessen dicke Brillengläser ihn lebenslang vom öffentlichen Dienst ausschließen. Mit dem Rücken an der Wand hören die Frauen, daß ›Hitler vergessen hat, euch zu vergasen‹. Eine Türkin bekommt einen Schreikrampf, als die Handwerker drohen, sie vom Balkon zu schmeißen. Es ist ein schrecklicher Schrei und er nimmt kein Ende. ›Hör auf, wir tun dir nix, aber hör bloß auf!‹ ...

Für die Handwerker jedenfalls ist Feierabend. Sie rükken ab ...

Was nun, Herr Direktor? Er ist vorgefahren worden im Dienst-Daimler ... Seine erste Frage an die Besetzerinnen: ›Wer ist hier der Chef?‹ Antwort: ›Wir alle.‹ ... Die kleine Straßenunruhe erlischt, Herr Direktor Kreuter geht ...

Draußen steht eine gemischte Gesellschaft. Kreuzberger Arbeiter mit Fahne und verschiedene Individuen ohne, denen dafür die Mitgliedschaft im ›Zentralrat umherschweifender Eierdiebe‹ zuzutrauen wäre. Vom Balkon des ersten Stocks weht jetzt ein violettes Tuch, auf dem ›Nur Mut‹ steht. Es verdeckt das Versprechen der Sanierer: ›Hier baut die GSW im Rahmen der Stadterneuerung.‹ Wird daraus noch was werden? ...

Jetzt wird Häuserrat gehalten. Es ist kalt in Kreuzberg und sehr dunkel ...

Aber der Nachschub rollt schon. Aus Enten, R 4 und VW-Bussen entfaltet sich die Logistik der ›Szene‹: Matratzen, Decken, Schlafsäcke, Brötchen und Bier, für die Kinder Spielzeug. Das Haus wird immer voller. Fachmännisch prüfen Instandbesetzer aus benachbarten Objekten die Bausubstanz und sind zufrieden ...

Mit zwei dicken Balken wird die Wohnungstür von innen verrammelt. Die Fenster hat, um Hausbesetzern kei-

ne Chance zu geben, die GSW schon vor Wochen mit großen Stahlblechen gesichert. Wenn heute nacht die Bullen
kommen, wird mittels einer ›Telephonkette‹ und auf Kanal 4 des Taxifunks Alarm gegeben werden ...

Fünf nach sechs, alle erwarten die rabiaten Bauarbeiter,
rollt Herr Direktor Kreuter wieder vor. ›Morj'n‹ ruft er
leutselig zum Balkon herauf, ›ich komme, damit es keinen
Ärger mehr mit den Arbeitern gibt. Darf ich mal eintreten?‹ Er darf. Nun ist von Partnerschaft die Rede, von Ter-
minen für Verhandlungen und davon, daß die GSW erst
mal alle Sanierungsarbeiten abbricht. In der Küche weint
eine kleine Türkin. So einfach hat sie sich das nicht gedacht.

Die komplizierten Modalitäten der Übergabe erörtern
Cornelia, Deniz und der Taxifahrer Armin mit Herrn
Kreuter. ›So cool wie Armin bringt das keiner!‹, urteilt
hinter mir eine sympathisierende Studentin. Was Wunder:
Bevor Armin Taxifahrer wurde, hat er zum Doktor der
Philosophie promoviert und an der Freien Universität
über Politik gelesen ...«

Unzählige solcher Szenen spielten sich im Deutschland
der achtziger Jahre ab. Ende des Jahres 1981 waren in der
Bundesrepublik rund fünfhundert Gebäude mit tausenden
von Wohnungen besetzt; wenn auch diese Zahl geringfü-
gig erscheinen mag, so muß sie an dem gewaltigen Echo
gemessen werden, das jeder einzelne Besetzungsvorgang
in eben dem Stadtviertel, der Bevölkerung und in den Medien fand.

Während die Art und Weise der Konfrontation der Terroristen mit dem Staat keine Zustimmung unter der Bevölkerung fand, sind ihre Hausbesetzungen äußerst populär.
Diese jungen Leute, die Häuser wieder instandsetzen, die
Spekulanten jahrelang ungestraft leerstehen ließen, haben
die Sympathie der Nachbarschaft. Gebrauchte Möbel,
Kinderbetten, Unterstützungsangebote vom Schreiner um
die Ecke: die Nachbarn helfen; eine Art symbolischer

Feldzug für das Gute. Der eben zitierte *Spiegel*-Artikel will hier Aufklärungsarbeit leisten, da es ja darum geht, »türkische Mitbürger«, wie die Wohlmeinenden sagen, zu integrieren; in jedem Fall wiederholt sich hier die Geschichte des Kampfes von David gegen Goliath. Der Kampf des Bürgers gegen einen pervertierten Staat, der Platz für eine neue gemeinschaftliche Lebensform »schaffen« will, »den es später in gemeinsamer politischer Aktion zu verteidigen gilt«; die Lust am Abenteuer und am Hüttenbau versteht sich von selbst.

In diesem ungleichen Kampf ist es oft David, der, wie im *Spiegel*-Artikel, gewinnt. Gestützt auf die Solidarität der Szene (das Netzwerk beispielsweise verfügt über einen besonderen Fonds für Hausbesetzungen), gelang es den Besetzern oft, sich durchzusetzen, da jede Vertreibung derartige Dramen nach sich zog, daß die Behörden nur zögernd einschritten. Räumungen arteten regelmäßig in Straßenschlachten aus: bekannte Intellektuelle, Journalisten und sogar Abgeordnete traten für die Besetzer ein und beobachteten demonstrativ das Eingreifen der Polizei, die, wo auch immer, Publizität scheut. Auf beiden Seiten wurden die Methoden subtiler: die Polizei ging zu Überraschungsangriffen über. Als Gegenreaktion begaben sich bekannte Persönlichkeiten selbst in die besetzten Häuser, sahen mit irritierender Mißbilligung, wie die Polizisten die Häuser durchsuchten, jeden Insassen photographierten und schließlich beim Endangriff doch hin und wieder brutal gegen Sachen und Menschen wurden. Die Polizei verfügte über Wagen mit sogenannten »Ausstiegtunnels«, die es den »Bullen« erlaubten, unangreifbar für Schüsse von der Straße oder aus den Gebäudefenstern, direkt in die Häuser einzudringen. Die Atmosphäre vergiftete sich zunehmend, als bei solchen Scharmützeln ein junger Demonstrant auf der Flucht vor der Polizei von einem Bus erfaßt wurde und starb.

Als die Auseinandersetzungen ihren Höhepunkt erreicht hatten, bemühten sich die meisten Hausbesitzer –

der Staat inbegriffen – um friedliche Lösungen: Korrekte Mietverträge oder Übergangszeiten sollten angeboten werden, nach deren Ablauf angemessene Wohnräume in einem anderen Stadtviertel zugesichert werden würden.

Aber auch hier vergeht viel Zeit und die Dinge ändern sich. Eine Art Erschöpfung machte sich in jenen Kreisen, die die »Instandbesetzung« wirklich leisteten, breit. Was hat es für einen Sinn, zu besetzen und zu renovieren, wenn man früher oder später doch wieder hinausgesetzt wird? Was ist das für ein Leben, wo man nie sicher sein kann, am Abend wieder das Zimmer aufsuchen zu können, das man morgens verlassen hat? Erschöpfung auch hinsichtlich des Gemeinschaftslebens. Nach und nach werden die Mahlzeiten in immer kleinerem Kreise eingenommen, in den Häusern gibt es immer mehr immer kleinere Küchen, immer mehr immer kleinere Bäder ...

Das Netzwerk beginnt jetzt Grundstücke und Häuser aufzukaufen. Hausbesetzungen als Protest gegen den Staat haben sich offenbar überlebt. Voraussichtlich wird die Szene ihre »neuen Lebensplätze« in aller Legalität erschließen.

IX

Die Grünen

Oktober 1982: Helmut Schmidt geht; Helmut Kohl kommt. März 1983: der Bundestag löst sich auf, Neuwahlen ...

Sie kommen!

Unter den fassungslosen Blicken ihrer Kollegen, hin- und hergerissen zwischen Spott, Ärger und Ratlosigkeit, ziehen siebenundzwanzig Abgeordnete einer ganz anderen Art in den Bundestag ein. Sie haben die Fünf-Prozent-Hürde genommen, unter der deutschem Wahlrecht zufolge keine Partei in den Bundestag gelangt: 5,6 % der Wähler haben ihnen ihre Stimme gegeben. Es sind Männer und Frauen, die in dieser Versammlung höchst korrekter Herren (und einiger Damen) auffallen. Sie tragen den Look »Natürlichkeit«, keine dreiteiligen Anzüge, geschweige denn strenge Kostüme. Die Männer tragen fast alle einen Bart, Jeans, Cordsamthosen mit ausgebeulten Knien, Latzhosen über selbstgestrickten Rollkragenpullovern, und ihre Füße stecken in Wollsocken und Naturledersandalen. Mit den Frisuren der Damen machen die bundesdeutschen Friseure mit Sicherheit kein Geschäft, ihre

Haare fallen auf die gleichen Rollkragenpullover, wie sie ihre männlichen Kollegen tragen. Auch Hosen und Sandalen sind im gleichen Stil gehalten. Haben sie einmal Röcke an, sind sie bestimmt weit und lang, im Indien-Look.

Und das im Bundestagsgebäude aus Stahl, Glas und Beton, dem Inbegriff deutscher Ehrbarkeit ...

Vom ersten Tag an fordern sie: die neuen Abgeordneten verlangen, daß es in der Bundestagskantine (betrieben von Jaques Borel) Naturkost gibt, zum Beispiel Müsli, daß die Verwaltung ihre Fahrräder vor den Wechselfällen des Wetters schützt: Unterstellplätze müssen eingerichtet werden. In diesen denkwürdigen Märztagen des Jahres 1983 hat die Welle, die seit drei Jahren immer höher steigt, nun auch den Bundestag erreicht.

Die Partei der Grünen ist Anfang 1980 gegründet worden. In ihrem offiziellen Namen deutet übrigens nichts auf den Begriff Partei hin, sie nennen sich eben einfach »Die Grünen«. Aber es gibt eine Vorgeschichte der Grünen: die ganze Vergangenheit der Protestbewegung, der Sozialistische Deutsche Studentenbund, die Außerparlamentarische Opposition, terroristische Milieus, alternative Milieus, Bürgerinitiativen und Umweltschutz.

Auf letzterem Gebiet heimsen sie ihre ersten Erfolge ein: in Hessen im Kampf um den Ausbau des Frankfurter Flughafens; in Hamburg in der Auseinandersetzung um das Kernkraftwerk Brokdorf; und nach und nach drängen sie sich in fast jedes Landesparlament, vor allem natürlich in Berlin mit der GAL (Grün-Alternative Liste). Schließlich saßen achtundzwanzig Abgeordnete, über das ganze Land verstreut, in den verschiedenen Landtagen. Niemanden wunderte es deshalb, als sie im März 1983 auf Anhieb die berühmte Fünf-Prozent-Klausel durchbrachen: man hatte es erwartet.

Dennoch war ihre Parteigründung eine schwere Geburt. Allein der Begriff Partei widerstrebte ihrem Drang nach freier Meinungsäußerung, nach Autonomie, nach Entscheidungsmöglichkeiten auf lokaler Ebene. Sich in Parteiform zu organisieren, barg doch unweigerlich die Gefahr in sich, kompromittiert zu werden, zweifelhafte Bündnisse eingehen zu müssen und von den »etablierten« Parteien aufgesogen zu werden, insbesondere der SPD, einem wahren Meister in der Kunst, linke Bewegungen zu integrieren und auf diese Weise zu domestizieren.

Was tun? Entweder auf die Chance verzichten, sich im Bundestag Gehör zu verschaffen, oder sich dem Zwang parlamentarischer Regeln unterwerfen? Die Entscheidung fiel schließlich so, wie Rudi Dutschke sie gewollt hätte, als er sich kurz vor seinem Tode äußerte: »Zum ersten Mal haben wir die Chance, die sklerotische Parteienstruktur der Bundesrepublik von innen zu sprengen. Wir wären historische Idioten, ergriffen wir sie nicht!« Im Januar 1980 war es dann soweit. Die Grünen geben sich Strukturen, die ihnen erlauben, neben SPD, CDU/CSU und FDP die vierte Partei im politischen Leben der Bundesrepublik zu werden.

Alsbald gilt es, jene Fallen zu vermeiden, in die nach Meinung der Grünen die anderen Parteien getappt sind: von der Basis abgeschnittene, durch die Macht korrumpierte Bonzenparteien. Sie wollen eine »alternative« Partei sein, und das heißt: sie wollen auch nicht aussehen wie eine Partei – daher ihre Kleidung, ihre Fahrräder, ihr Müsli und ihre Sonnenblume als Emblem. Vor allem aber wollen sie keine elitäre, von der Basis abgeschnittene Führungsgruppe werden.

Die grünen Abgeordneten behalten nur zweitausend Mark von ihren Bezügen, der Rest fließt in die Parteikasse. Sie führen ein einfaches, eine Art »Studentenleben«, ohne sichtbaren Aufwand und oft auch ohne persönliche Ausgaben: in der Kommune kann man sparsam leben.

Ihr zweites Leitprinzip heißt: Rotation. Die Wahlperiode eines Abgeordneten beträgt in der Bundesrepublik vier Jahre. Spätestens nach zwei Jahren soll der grüne Abgeordnete sein Mandat auf den Listenkollegen übertragen und selbst dessen Assistent werden.

Auch die Atmosphäre unterscheidet sich grundlegend von dem *businesslike*-Umgangston der anderen Parteien untereinander. Die Sitzungen der Grünen gehen meist in einem unsäglichen Durcheinander und ohne festen Zeitplan vonstatten, möglichst in halb verfallenen alten Schlössern (sofern es in der Bundesrepublik überhaupt noch Orte gibt, die nicht renoviert worden sind) und in Anwesenheit der Kinder: eine alternative Partei ist es sich schuldig, das Patriarchat zu überwinden. Infolgedessen sind die Frauen außergewöhnlich zahlreich und wortgewaltig vertreten (und ihr Prozentsatz ist ein viel höherer als in den traditionellen Parteien), es darf keine Trennung zwischen politischer Aktivität und einem Familienleben mit Kindern geben. Konsequenterweise übernahmen im April 1984 sechs Frauen die Führung der grünen Bundestagsfraktion. Dennoch bilden sie nur die Reservetruppe, die »zweite Garnitur«, wie man auf deutsch sagt.

Die bekanntesten unter ihnen, richtige Medienstars, sind Petra Kelly, die Prophetin der Anfänge, und Manon Maren-Grisebach. Die männliche Gururolle spielt Rudolf Bahro. Er saß als ostdeutscher Dissident in DDR-Gefängnissen, bevor er in den Westen entweichen und mit seinen Theorien großes Aufsehen erregen konnte. Der Bestseller, der ihn bekannt machte, trägt den Titel *Die Alternative*. Ein anderer Vorkämpfer der Grünen und zeitweilig Sprecher der Bundestagsfraktion ist Otto Schily, Jurist, früherer Baader-Anwalt, dessen hervorragende intellektuellen Fähigkeiten Politiker aller Richtungen anerkennen. Es wird später noch von dem berühmten General Bastian die Rede sein, jenem Abtrünnigen der Bundeswehr, den, wie man sagt, zarte Bande mit Petra Kelly vereinen. Eine weitere, höchst pittoreske Figur mit bewegter Vergangenheit darf hier nicht unerwähnt bleiben: Joschka Fischer. Er war 1983 Geschäftsführer der Fraktion und machte durch drastische Einwürfe, scharfe Bemerkungen und eine beißende Kritik, an der er nicht sparte, von sich reden.

Sieht man sie alle vereint, fragt man sich unwillkürlich, was sie überhaupt miteinander verbindet; aus den Sitzungsberichten geht hervor, daß unter ihnen oft scheinbar unüberbrückbare Divergenzen bestehen. Auf den ersten Blick trennen Welten einen etablierten »Herrn« wie Otto Schily, der ein ganz normaler SPD-Abgeordneter sein könnte, von einer »Grünen«, die sich nicht scheut, dem Bundestag flammende Reden über Sexualprobleme entgegenzuschleudern, die bisher nicht als geeigneter Gegenstand für eine parlamentarische Beratung angesehen worden waren; so rief Frau Potthast mit schriller Stimme: »Jedes Jahr werden tausende von Frauen vergewaltigt – die meisten dieser Vergewaltigungen hat der Ehemann auf dem Gewissen.«

Ihre Anwesenheit bedeutet jedenfalls so etwas wie eine Schocktherapie für das Parlament, und das ist auch beabsichtigt. Die Grünen bringen »frischen Wind«. Sie agieren mit Mitteln, die man heute nicht mehr »Happening«, sondern »Gag« nennt. Sie leisten sich, was im Parlament bisher verpönt war: sie ergehen sich in surrealistischen Wortspielen nach bester Szene-Manier, verweigern die Wohlanständigkeit und das hier gepflogene Protokoll, schockieren mit gezielter Strategie. Das alles, um die »Etablierten«, die Bürgerlichen, wachzurütteln, die hier seit beinahe vierzig Jahren sitzen, ohne sich der totalen Vergeblichkeit ihres Tuns überhaupt bewußt geworden zu sein.

Diese Überzeugung ist es, diese Gewißheit, die die Grünen zusammenhält: Nach fünfunddreißigjährigem Bestehen ist die Bundesrepublik gescheitert, die Welt in einer Krise, der die traditionelle Politik nicht mehr Herr werden kann. Den Grünen zufolge leben wir in einer zunehmend absurden Welt. Mit Vorliebe zitieren sie Pestalozzi, einen ehemaligen Mitarbeiter von Gottlieb Duttweiler, dem Gründer des schweizerischen Lebensmittelimperiums. Laut Pestalozzi ist Wachstum um des Wachstums willen, so wie wir es betreiben, völlig sinnlos; womit wir wieder bei den – allerdings frisch polierten – Ideen von 1968 angelangt wären. Wir müssen den Gedanken aufgeben, alles sei gut, wenn nur die Wirtschaft floriert. Wir sollen nicht mehr das goldene Kalb des Bruttosozialprodukts anbeten, da mehr Autos auch mehr Umweltverschmutzung, mehr Unfälle und mehr Tote bedeuten. Ein Wachstum von vier Prozent heißt, daß wir in fünfzehn Jahren von allem das Doppelte haben werden: Häuser, Flugzeuge, Staus und Agrarüberschüsse ...

Wann werden wir jenen Teufelskreis durchbrechen, der uns vorgaukelt, materieller Wohlstand sei gleichbedeutend mit Glück? Diese Überzeugung hat uns eine entsetzliche Welt beschert: die Landwirtschaft dreht sich immer mehr im Kreise; Fauna und Flora sterben; die Lage der Dritten Welt wird von Tag zu Tag alarmierender; die Kultur der Industrieländer leidet unter Seelenlosigkeit und siecht in Verzweiflung dahin.

Diesen dramatischen Entwicklungen steht die traditionelle Politik ohnmächtig gegenüber und büßt so jegliche Legitimität ein: Die Rückkoppelungen, die die Verbindung zwischen der Bevölkerung und ihren gewählten Vertretern gewährleisten sollten, sind abgerissen. Politik ist ziellos geworden und entbehrt jeder theoretischen Grundlage, auf der sie aufbauen könnte. Ihre ideologische Armseligkeit geht einher mit dem Verlust aller moralischen Maßstäbe.

Sie haben den Weg gefunden

Angesichts dieses niederschmetternden Befundes ein Hoffnungsschimmer: die Grünen. Sie behaupten, im Besitze von Lösungen, von Konzepten zu sein, die eine Umkehr möglich machen, dem Leben wieder Sinn geben könnten.

Ihr gesamtes Programm läßt sich in vier Begriffen, die auf all ihren Veranstaltungen und Demonstrationen die Transparente schmücken, und in zwei dazugehörigen

Sprüchen zusammenfassen. Neben der Sonnenblume ist zu lesen: *ökologisch, sozial, basisdemokratisch, gewaltfrei*; und darunter: *Sinnvoll arbeiten – solidarisch leben.* Hier liegt für die Grünen der Stein der Weisen. Sie erklären sich darüber in der Präambel ihrer Statuten:

(1) Die Grünen sind »die Alternative zu den herkömmlichen Parteien«. Sie setzen sich für eine Gesellschaft ein, »die demokratisch ist, in der die Beziehungen der Menschen untereinander und zur Natur zunehmend bewußter gehandhabt werden«.

(2) Die Grünen haben begriffen, »daß es einer grundlegenden Alternative für Wirtschaft, Politik und Gesellschaft bedarf. Wir stehen auf gegen die Verstöße gegen die Menschenrechte, gegen Hunger und Armut in der Dritten Welt, gegen die zunehmende Arbeitslosigkeit, die zunehmende Vergiftung unserer Umwelt, gegen militärische Konfrontationen.« Die Grünen wissen, daß eine solche Veränderung nur möglich sein wird unter Aufbietung aller wirtschaftlichen, demokratischen, parlamentarischen und außerparlamentarischen Kräfte.

(3) »Ein völliger Umbruch unseres kurzfristig orientierten wirtschaftlichen Zweckdenkens ist notwendig. Wir halten es für einen Irrtum, daß die jetzige Verschwendungswirtschaft noch das Glück und die Lebenserfüllung fördere; ... erst in dem Maße, wie wir uns von der Überschätzung des materiellen Lebensstandards frei machen, wie wir wieder die Selbstverwirklichung ermöglichen und uns wieder auf die Grenzen unserer Natur besinnen, werden auch die schöpferischen Kräfte frei werden für die Neugestaltung eines Lebens auf ökologischer Basis.«

(4) »Um solche Veränderungen gegen die bestehenden Herrschaftsverhältnisse durchzusetzen, bedarf es einer

politischen Bewegung, in der menschliche Solidarität und Demokratie untereinander und die Absage an ein von lebensfeindlicher Konkurrenz bestimmtes Leistungs- und Hierarchiedenken grundlegend sind. Diese gesellschaftlichen und wirtschaftlichen Veränderungen können nur demokratisch und mit Unterstützung der Bevölkerungsmehrheit erreicht werden.«

(5) »Unsere Politik wird von langfristigen Zukunftsaspekten geleitet und orientiert sich an vier Grundsätzen: sie ist ökologisch, sozial, basisdemokratisch und gewaltfrei.« Die Arbeit der Grünen vollzieht sich im Rahmen des Grundgesetzes der Bundesrepublik Deutschland. »Wir setzen uns in allen politischen Bereichen dafür ein, daß durch verstärkte Mitbestimmung der betroffenen Bevölkerung in regionalen, landesweiten und bundesweiten Volksabstimmungen Elemente direkter Demokratie zur Lösung lebenswichtiger Planungen eingeführt werden ... Wir sind deshalb entschlossen, uns eine Parteiorganisation neuen Typs zu schaffen, deren Grundstrukturen in basisdemokratischer und dezentraler Art verfaßt sind.«

(6) Die Methode der politischen Arbeit der Grünen resultiert aus dem Geist, aus dem sie geboren ist: »Wir streben eine gewaltfreie Gesellschaft an und sind offen für den Dialog.«

(7) »Das Weiterleben auf unserem Planeten Erde wird nur gesichert werden können, wenn es zu einer Überlebensgemeinschaft aller Menschen und Völker kommt ... Wir verstehen uns als Teil der grünen Bewegung in aller Welt ... Weil wir für die Selbstbestimmung, freie Entfaltung jedes Menschen sind und dafür, daß die Menschen ihr Leben gemeinsam und solidarisch in Übereinstimmung mit ihrer natürlichen Umwelt, ihren eigenen Wünschen und Bedürfnissen frei von äußerer Bedrohung kreativ gestalten können.«

Diese Präambel ist mehr als ein politisches Programm, sie ist ein Schrei aus tiefem Herzen gegen alle Übel unserer Zeit. Entsprechend ist das idyllische Gegenbild, das sie wie eine Fata Morgana vor uns aufscheinen läßt, unwiderstehlich attraktiv: die Grünen versprechen eine mit sich selbst versöhnte Welt. Sie verheißen eine strahlende Zukunft, rühren an unser allerinnerstes Fühlen, an die Sehnsucht nach dem verlorenen Glück, und gaukeln uns ein Paradies vor, das für alle Menschen guten Willens in unmittelbarer Reichweite liegen soll.

Dennoch hüten sich die Grünen, blindlings willkürliche Utopien in die Welt zu setzen. Es scheint zwar, als kehrten sie der unerfreulichen Gegenwart einfach den Rücken, um sich statt dessen einer wunderbaren Zukunftswelt zuzuwenden. Weit gefehlt, die Grünen sind keine »Träumer«. Sie verfügen über einen hochentwickelten kritischen Sinn und richten ihn mit unbarmherziger Präzision auf ihre Umwelt. Sie fürchten weder Mühe noch Pein; sie haben für alle ihre Informationen einwandfreie Quellen, ihre Präzision bei Zitaten und Verweisen kennt keine Grenzen, und sie scheuen auch vor Fußnoten nicht zurück: typische deutsche Akademiker.

Ihre Experten sind darüber hinaus meist brillant, die meisten Abgeordneten haben einen Hochschulabschluß. Viele kommen aus dem Bildungswesen: vierundzwanzig der achtundvierzig Vertreter, die 1983 in den verschiedenen Landtagen saßen (zwölf waren Beamte anderer Ministerien; ein protestantischer Pfarrer, ein Erziehungsberater, ein Student und einige »Arbeitslose« ergänzten die Liste). Möglicherweise haben sie noch gar keine klare Vorstellung, welchen Weg sie einschlagen wollen, um ihre Ziele zu erreichen, aber ihr Bundesprogramm ist sorgfältig ausgeklügelt.

Auf der ersten Seite der grünen Broschüre, selbstverständlich auf Umweltschutz-Papier, ist eine Vision aus der Genesis abgebildet. Eine jungfräuliche Landschaft, Erde und Wasser innig vermählt; schwere, fruchtbare Wolken

spiegeln sich im Wasser. An den Ufern wächst eine unschuldige Vegetation, schon durchbricht sie schüchtern
die Schneedecke. Diese Verneigung vor einer neuen Morgenröte durchzieht die ganze Broschüre: um sie heraufzubeschwören, heißt es vor allem, »ökologisch« zu denken.

Ökologisch

Die deutsche Ökologie hat nichts mit dem, was man in
Frankreich darunter versteht, zu tun. Die französische
»Ökologie« ist leise folkloristisch angehaucht, sie führt
Rückzugsgefechte à la »gardarem lou Larzac« oder »in der
Heimat leben«, und ist auf einen verschwindend kleinen
Kreis beschränkt. In Deutschland fühlt sich die gesamte
Bevölkerung angesprochen. Das ganze gesellschaftliche
Leben steht unter dem Zeichen ökologischer Notwendigkeiten; jede der politischen Parteien, allen voran die
CDU, hat diese Auseinandersetzung auf ihre Fahnen geschrieben, um nur ja nicht den Grünen ein wahltaktisch so
ergiebiges Feld allein zu überlassen.

Umso mehr, als der Zustand des deutschen Waldes tatsächlich immer alarmierender wird: laut Expertenaussagen krankt er schon zu mehr als dreißig Prozent, im
Schwarzwald werden die Spaziergänger kilometerweit von
sterbenden Bäumen begleitet. Die Smogwarnungen im
Ruhrgebiet erhöhen die allgemeine Panik. Zwar hat die
Regierungskoalition sich für bleifreies Benzin und für den
Katalysator ausgesprochen, sie hat verfügt, daß die Kohlekraftwerke und Industrien ihren Schwefeldioxid- und
Kohlenmonoxidausstoß verringern, aber für die Grünen
ist das nur Augenwischerei. Ihrer Meinung nach müßte
man Kraftwerke, die nicht regenerierbare fossile Energie nutzen, schlicht stillegen und statt dessen nach dezentralisierten und sich immer wieder erneuernden Energiequellen suchen: Windmühlen, Sonnen- und geothermische Energie. Der Raubbau an den natürlichen Ressour-

cen führt zum Ruin und zur Verstümmelung der Natur, der die Grünen eng verbunden sind. Offene Steinbrüche und Baggerseen in einer häßlichen Umgebung bereiten ihnen physische Pein. Auf einem ihrer Plakate zeigt sich dieses Naturgefühl in beeindruckender Weise: ein übernatürlicher Lichtstrahl durchdringt den Wald, aus dem Schatten seiner Äste leuchtet ein Gesicht hervor, der geöffnete Mund ruft »Hilfe«.

Um die Natur vor weiterer Zerstörung zu schützen, widersetzen sich die Grünen jedem großen Bauvorhaben. *Nein* zum Frankfurter Flughafen, wo sie immer neue Demonstrationen organisieren, die den Verkehr behindern, *Nein* ebenfalls zum Ausbau des Münchner Flughafens, *Nein* zu den gigantischen Erdarbeiten für den Rhein-Main-Donau-Kanal, die abertausende von Quadratkilometern Natur aufreißen und Millionen von Kubikmetern Erde verlagern. Der Nutzen dieses Vorhabens wird übrigens in detaillierten Studien angezweifelt. Man glaubt, daß die Regierung, wie bei den Energiebedarfsberechnungen, gar nicht vorhandene Bedürfnisse schafft: der zukünftige Verkehr auf dem Rhein-Main-Donau-Kanal kann die gewaltigen Investitionen und die bleibenden Schäden niemals rechtfertigen.

Sie haben wirklich einen ausgeprägten Sinn für Naturschutz im wahren Sinne des Wortes »schützen«. Ihnen geht es nicht um »Naturschutzgebiete« oder »Naturparks«, bloße Oasen innerhalb der allgemeinen Verwüstung: die Natur muß dort geschützt werden, wo Menschen leben.

Deshalb beunruhigt die Grünen, daß die industrialisierte Landwirtschaft die Ökosphäre systematisch verhackstückt. Experten, die sie sind, haben sie alle Forderungen der Naturschutzspezialisten, die seit Jahrzehnten die Alarmglocke läuten, übernommen. Sie weisen auf die Verarmung des genetischen Kapitals unserer Flora hin. Die Niederlande sind ein eindringliches Beispiel: dort wurden die Wasserläufe so lange »gesäubert« und »begra-

digt«, Hecken und »Unkraut« vernichtet, soviele Insektizide und Herbizide versprüht, daß die Holländer mit Augen sehen können, wie ihre Wiesen veröden und die kleinen Tierarten (Vögel, Nagetiere etc.) aussterben. Einmal
vernichtet, läßt sich der frühere Reichtum kaum wieder
herstellen.

Die Grünen setzen sich für eine ökologische Landwirtschaft ein, die die Erde nicht erschöpft und den Menschen
nicht vergiftet; kurz, die »gut«, statt »immer mehr« (was
doch nur in den Lagerhäusern landet), produziert. Die
Agrarüberschüsse sind für die Grünen das Symbol für unsere Verschleuderungsgesellschaft, eine Müll- und Wegwerfzivilisation, wie sie sagen. Ihre ständige Frage: »Jede
Generation hinterläßt der nachfolgenden eine Erbe: hinterlassen wir unseren Enkeln und Urenkeln nur Schrottplätze und Mülldeponien?« ist ernstzunehmen. Die Grünen fürchten, daß wir unter der Lawine von Abfallprodukten unserer Zivilisation ersticken. Ganz abgesehen von
der Psychose im Hinblick auf die Nuklearabfälle, vom
Kummer über die Verwandlung der Meere in riesige Abfallgruben, genügen schon Müllkippen und Berge alter
Autoreifen, um die Grünen das Gruseln zu lehren. In Hessen beschließen sie gemeinsam mit der SPD die Stillegung
einer Müllverbrennungsanlage, durch deren Filter Dioxin
entweicht. Wachsen daraufhin die Abfallberge, schlagen
sie vor, man solle eben einfach »weniger Abfall produzieren«.

Die Anzahl deutscher Filme, die sich mit einer modernen Welt im Verfall beschäftigen, deutet darauf hin, daß
viele diese Sorgen teilen: nicht nur die Zeitschriften, Programme und Broschüren der Grünen werden auf Umweltpapier gedruckt, auch sonst benutzen es viele Deutsche als
Briefpapier, ohne damit gleich erklärte Grüne zu sein.

In ihrem Naturgefühl reihen sich die Grünen in die direkte Nachfolge der berühmten deutschen *Jugendbewegung* ein. Vor allem die *Wandervögel* begeisterten am
Ausgang des letzten Jahrhunderts die Jugend, wenn sie

mit ihren Rucksäcken durch Deutschland zogen. Die Führer der Hitlerjugend haben es später verstanden, diese Naturbegeisterung für ihre Zwecke zu nutzen.

Manon Maren-Grisebach präsentiert in ihrem Buch *Philosophie der Grünen* eine Neuauflage jenes romantisierenden Schweifens. Ziemlich direkt und auch ziemlich wirr redet sie von einem »Lebensgefühl der Grünen«. Sie zitiert Heraklit, Schopenhauer und Novalis munter durcheinander, um den Glauben der Grünen an ein Leben begreiflich zu machen, das auch den Tod einschließt, wo alles Symbiose mit der Natur ist, Zyklen, Übergänge, ewige Wiederkehr. Getragen von ihrem pantheistischen Enthusiasmus rinnen ihr Begriffe wie »Ganzheit«, »Werden«, »ewiges Strömen« nur so aus der Feder. Alles ist »Bewegung«, »Metamorphose«, alles ist Teil eines großen Ganzen.

Diese neue Empfindsamkeit steht in gewissen Kreisen wieder hoch in Ehren, wie jener Abschiedsbrief für den *Zeit*-Journalisten beweist, der ertrank, als er seinen Hund retten wollte.

Die Aufmerksamkeit der Grünen gehört ganz besonders den Tieren in ihrer Eigenschaft als Fauna, als unersetzliches genetisches Kapital, als konstituierender Bestandteil des ökologischen Gleichgewichts, aber sie setzen sich auch und vor allem für das einzelne Tier ein ... Die Tierschutzbewegung hat in Deutschland ein solches Echo gefunden, daß man meinen könnte, jeder Deutsche empfände für die Tiere wie der heilige Franz von Assisi.

Die Kampagne gegen Tierversuche im Labor übertrifft an Heftigkeit alles, was Frankreich je an Mitleid für die Robbenbabys aufgebracht hat. Sie stützt sich weniger auf das Mitleid (durch Photos, auf denen blutbefleckter Schnee zu sehen ist) als vielmehr auf wissenschaftliche Argumente: sie sollen »beweisen«, daß viele Forscher Tierversuche aus reiner Bequemlichkeit unternehmen. Die Grünen geben bei diesem Kampf den Ton an und überbieten sich mit Vorschlägen: Vorschriften zum Wohlbefinden von Tieren auf dem Transport, in den zoologischen Gärten, Einstellung von Tierversuchen und statt dessen Versuche an Zellen und, durch Simulationen, am Computer, Einbeziehung des Rechts der Tiere auf Leben in die Kosten-Nutzen-Berechnungen. Aufgeschreckt installieren die großen chemischen und pharmazeutischen Betriebe Sicherheitsanlagen an ihren Ställen.

Langfristig streben die Grünen einen besonderen Rechtsstatus für Tiere an; sie sollen vor dem Gesetz nicht länger als bloße »Sachen« rangieren; es soll nicht mehr beliebig mit ihnen verfahren werden dürfen. Es gibt keine eindeutigen Grenzen zwischen Mensch und Tier. Manon Maren-Grisebach zitiert als Beleg für diese These in ihrem Buch einen Brief Rosa Luxemburgs an Sonja Liebknecht aus dem Kriegsjahr 1917:

»... (Ein Soldat hatte einen Büffel geschlagen.) Die Tiere standen beim Abladen ganz still und erschöpft, und eines, das, welches blutete, schaute dabei vor sich hin mit einem Ausdruck in dem schwarzen Gesicht und den sanften schwarzen Augen, wie ein verweintes Kind. Es war direkt der Ausdruck eines Kindes, das hart bestraft worden ist und nicht weiß, wofür, weshalb, nicht weiß, wie es der Qual und der rohen Gewalt entgehen soll ... Ich stand davor, und das Tier blickte mich an, mir rannen die Tränen herunter – es waren seine Tränen, man kann um den liebsten Bruder nicht schmerzlicher leiden, als ich in meiner Ohnmacht um dieses stille Unglück litt ...«

Sozial

Wenn die Grünen schon die Tiere so brüderlich behandeln, wie erst ihre Mitmenschen? Tatsächlich ist das grüne Programm »sozial-lastig«, und Soziales nimmt in all ihren Publikationen einen breiten Raum ein.

So wie der Mensch der Natur gegenüber zur Rücksicht verpflichtet ist und sie nicht mit seinem üblichen Egoismus ausbeuten darf, so sollen seine Beziehungen zur menschlichen Gesellschaft von Altruismus bestimmt sein. Wenn eine Gruppe sich auch nur im geringsten benachteiligt fühlt, bei den Grünen findet sie ein offenes Ohr.

Vor allem die Frauen: »Ziel der Grünen ist eine humane Gesellschaft, aufgebaut auf der vollen Gleichberechtigung der Geschlechter im Rahmen einer ökologischen Gesamtpolitik. Um diese Überlebenspolitik durchführen zu können, bedarf es des höchsten Einsatzes der Frauen, um gemeinsam mit den Männern im politischen Raum das Leben der nächsten Generation zu sichern.« Die traditionell den Frauen zugeschriebenen Tugenden (Naturnähe, Aufnahmebereitschaft, Empfindsamkeit) machen sie für die Grünen zu natürlichen Anhängern ihrer Partei. Die Grünen verherrlichen auch die alten, mehr oder minder mythischen, matriarchalischen Gesellschaften, die in ihren Augen alle Vorzüge besitzen, die sie wiederum in die Praxis umsetzen wollen: im offenen Kampf gegen das Patriarchat erklärten jene sechs Frauen, die zeitweilig die Fraktionsspitze innehatten, sie seien nicht bereit, sich einzeln als »Alibi-Frauen« aufstellen zu lassen. Entweder alle oder keine: die Grünen müßten also mit einer ausschließlich weiblichen Führung vorlieb oder die Schmach auf sich nehmen, überhaupt keine Frau in der Fraktionsspitze zu haben. Die Wahl war klar ...

Ein Thema bereitet ihnen Kopfzerbrechen: die Abtreibung. Wie sollen sie ihre fast kulthafte Einstellung zum Leben, alles soll leben und möglichst überleben, mit der Achtung vor der freien Entscheidung des Individuums vereinbaren? Sie sehen die Lösung darin, daß die gesellschaftlichen Beziehungen so sein müssen, daß »keine Frau mehr zur Abtreibung gezwungen ist«. Im übrigen sollen Schwangerschaftsabbrüche und Verhütungsmittel kostenlos sein.

Auch die Kinder sehen sie mit neuen Augen. Ihnen sollen Rechte zugestanden werden, die sie in einer noch nie dagewesenen Weise von ihren Eltern emanzipieren: sie folgen hier einer Tendenz, die schon in Schweden Aufsehen erregte und die man in Frankreich in die drastische Formulierung kleidete: »Der Klaps auf den Hintern ist verboten«.

Im Hinblick auf die alten Menschen stimmen die Grünen in das häufige Klagelied ein, daß unsere Zivilisation ihre Mitbürger im sogenannten dritten Lebensalter ins Abseits drängt. Sie scheinen das Leiden der Menschheit persönlich zu empfinden. Ihr Mitleid gilt aber nicht allein verstoßenen Greisen, sie möchten es allen recht machen: den Schwachen, den Kranken und vor allem den Behinderten.

Man kann von Glück sagen, in einem Land wie Deutschland (oder den Niederlanden) zu leben, wenn man das Unglück hat, ernsthaft behindert zu sein. In den Niederlanden haben die meisten Städte ein System diskreter akustischer Signale für Sehbehinderte, die ihnen bedeuten, wann sie die Straße überqueren können Banknoten lassen sich auf Grund winziger Erhebungen in ihrem Papier tastend erkennen. In Frankreich ist man gerade erst dabei, besondere Behinderten-Eingänge an öffentlichen Gebäuden einzurichten; in Deutschland hatte man sich seit jeher eingehender mit diesem Personenkreis beschäftigt: Klubs organisieren Ausflüge im Tandem; für Sehbehinderte gibt es eine Wegbeschreibung in Blindenschrift; auch die Speisekarte des Ausflugsrestaurants liegt in Blindenschrift aus. Die Grünen fassen in ihrem Programm einfach ein weitverbreitetes Gefühl schwarz auf weiß zusammen.

Die Grünen setzen sich außer für Frauen und Kinder, Greise und Behinderte auch für sexuelle Minderheiten ein: sie verlangen beispielsweise die Abschaffung der »rosa Listen«, auf denen angeblich die Homosexuellen erfaßt sind. Seit ihrer Verfolgung durch die Nazis (Homosexuelle kamen ins Konzentrationslager und mußten das »rosa Dreieck« tragen) gehört die Verteidigung der Sexualität zu den geheiligten Pflichten, ist nicht nur bloß ein normales Eintreten für das Anderssein. Abweichler, Randgruppen und selbst Geisteskranke sind im Kreise der Grünen wohl aufgehoben: im Kampf für die Antipsychiatrie stehen die Grünen an der Front.

Der modernen Medizin im allgemeinen stehen die Grünen sehr skeptisch gegenüber. Einer der Gründe für die vergleichsweise hohe Kindersterblichkeit in Deutschland ist darin zu suchen, daß die »ökologischen« Mütter während der Schwangerschaft keinen Arzt aufsuchen und ihre Kinder zuhause zur Welt bringen oder die Klinik schon einen Tag nach der Geburt verlassen. Die Zeitungen weisen immer wieder auf diesen Tatbestand hin, und ein Artikel beschäftigte sich mit dem Fall einer fassungslos weinenden Mutter, die ihr Kind allein an der Brust hatte ernähren wollen, es auch nicht wog, sodaß es – so unglaublich es auch klingen mag – verhungerte.

Wie immer auch, die Grünen rufen nach einer anderen Medizin, einer wirklichen Gesundheit, die nicht mehr aus jenen Medikamenten gespeist werden soll, mit denen die Pharmaindustrie aus reinem Gewinnstreben den Markt überschwemmt – die gleichen Medikamente in immer neuer Variation, durch Werbung überteuert, voller schädlicher Nebenwirkungen. Sie plädieren für eine ganzheitliche, alternative Medizin. Nicht zuletzt, um dem Krebs, der für Deutschland das Symbol der Geißel unserer Gesellschaft ist, Einhalt zu gebieten. Jeder vierte Mensch stirbt an Krebs, verkünden die Grünen, infolge der Umweltverschmutzung. Die Kampagnen gegen Asbest und Formaldehyd, die als äußerst krebserregend eingestuft werden, sind in Deutschland früher, heftiger und eindringlicher geführt worden als in Frankreich.

Entgegen allen statistischen Befunden behaupten die Grünen, daß die Lebenserwartung der westlichen Gesellschaften sinke. Die Gründe sind offenbar: eine menschenfeindliche Technik, Zerstörung des ökologischen Gleichgewichts, Radioaktivität, unnatürliche Ernährungsweise, Schwächung der Selbstheilkräfte durch Therapien, die nur die Symptome bekämpfen, psychischer

Streß, sinnentleerte menschliche Beziehungen, Medikamenten- und Drogenmißbrauch. Alle diese Übel lösen auch den Krebs aus, und es gilt, sie zu bekämpfen: die Grünen fordern ein Leben, in dem man atmen kann, in der Natur, in der Stille, auf dem Lande, in guter Nachbarschaft ... mit Naturreis und Roggenbrot.

Zwei weitere Gruppen liegen ihnen am Herzen: die »Ausländer«, wie man schamhaft die nach Deutschland eingewanderten Gastarbeiter nennt, und die Arbeitslosen. »Ausländer«: das sind nicht nur Türken, das sind auch Pakistaner, Inder, Ceylonesen etc., die von dem sagenhaften liberalen deutschen Asylrecht angezogen werden. Die DDR »begünstigt« ihre Einreise, indem sie andere Fluglinien durch besonders günstige Tarife unterbietet. Einmal in Ost-Berlin, haben ihre Passagiere keinerlei Schwierigkeiten, über die Grenze nach West-Berlin zu gelangen. Der Sprung von Berlin nach Westdeutschland ist ein Kinderspiel (und auch die Grenze zu Frankreich, zu Paris, stellt kein unüberwindliches Hindernis dar ...).

Die Grünen widersetzen sich allen Ausweisungen und lehnen jede Zusammenarbeit zwischen Bundesbehörden und ausländischen Geheimdiensten, gleich welcher Länder, ab. Auf Photos, die die Grünen aufgenommen haben, kann man das Elend auf den Gesichtern jener Pakistaner erkennen, denen die Einreise verweigert, beziehungsweise, die ausgewiesen wurden: Auge in Auge mit ihnen bedeutet, mit der größten Schande unserer Gesellschaften konfrontiert zu sein. Wir nehmen das abgrundtiefe Elend in anderen Weltteilen einfach hin. Darum sollte dem Ausländer nichts vorenthalten werden; er soll die gleichen Rechte wie ein deutscher Bürger haben: gleiches Wahlrecht, auf lokaler Ebene sofort, auf Bundesebene nach fünf Jahren[1]; Sonderhilfe für Kinder, um deren Ausgangs-

---

1) Zwei Jahre Bundestagserfahrung haben die grünen Abgeordneten gelehrt, etwas längere Fristen ins Auge zu fassen; die Grundüberzeugung aber ist die gleiche geblieben.

benachteiligung auszugleichen, und weitere Unterstützungsmaßnahmen aller Art zur Förderung einer gewissen Autonomie.

Schließlich die Arbeitslosen, auch sie eine hilfsbedürftige Gruppe, die moralischer und praktischer Unterstützung bedarf. Auch ihnen soll Autonomie zugestanden werden. Die Grünen fordern die Organisation von Selbsthilfegruppen, alternativen Beschäftigungskollektiven ... ihr Hauptangriffspunkt aber richtet sich auf die Wirtschaft.

Basisdemokratisch

Man kann sich in der Tat fragen, was die Grünen unter einer »ökologischen« und »sozialen« Wirtschaft verstehen. Sie sprechen von einem »dynamischen Wirtschaftskreislauf«. Was soll das heißen? Kleinkrämer sind die Grünen nicht. So empfänglich sie für das Unglück ihrer Nächsten sind, so opfer- und hilfsbereit, so radikal und gnadenlos können sie sein, wenn es um die wirtschaftliche Realität geht. Mit halben Maßnahmen geben sie sich nicht zufrieden: »Eine soziale und ökologische Wirtschaft erfordert den teilweisen Abbau und die Veränderung unseres industriellen Systems«, erklärt ihr Programm leichthin.

Ihnen schwebt eine Welt vor, in der es keine großen multinationalen Firmen und keine Arbeitsteilung mehr gibt, wo jede Region ihre landwirtschaftliche und industrielle Autonomie in kleinen Einheiten nach »menschlichem Maß« besitzt, wo man weiß, wer was hergestellt hat. Das Ganze ist höchst vage, aber von großem Engagement getragen. Der Mensch soll nicht länger Sklave jener Arbeit sein, die ihm einen festen Zeitplan aufzwingt und ihn gesundheitlichem Streß unterwirft (in allen Broschüren der Grünen kann man Abbildungen aus dem Chaplin-Film *Moderne Zeiten* finden, vor allem jene, wo ihn das Räderwerk der Maschine verschlingt). In ihrer Welt soll es keine

Arbeitslosen geben, und »die gesellschaftlich notwendige Arbeit wird gerecht verteilt sein«; eine Welt ohne schokkierende Einkommensgefälle. Langfristig soll ein von Arbeit unabhängiges Einkommen angestrebt werden.

Die Grünen unterstützen die Verkürzung der Wochenarbeitszeit auf fünfunddreißig Stunden bei gleichem Lohn. In einer Welt, wo nur noch die »gesellschaftlich notwendigen« Gegenstände hergestellt werden, wird es mehr Freizeit geben, die sich vielleicht mit neuen Formen von Heimarbeit verbinden läßt – Arbeit in kleinen nachbarschaftlichen Werkstätten.

Ist es erst einmal so weit, daß in kleinen Einheiten produziert werden wird, muß auch eine Arbeiterselbstverwaltung möglich sein. Das aber würde das Ende der heute in der Wirtschaft Mächtigen und damit auch das Ende der Ausbeutung des Menschen und der Natur bedeuten. »Der Boden, die natürlichen Ressourcen und die Produktionsmittel sollen in einer neuen Weise gesellschaftliches Gemeineigentum werden«; selbstverständlich bedeutet das keineswegs Nationalisierung: Besitz in den Händen des Staates trägt den gleichen Makel wie Privatbesitz, da er erlaubt, Menschen zu unterjochen, die Natur zu zerstören und Wirtschaft, Gesellschaft und Politik zu kontrollieren. Neue gesellschaftliche Formen eines selbstverwalteten, von der Basis aus kontrollierbaren Besitzes müssen deshalb entwickelt werden. Kurz, jeder darf sich in alles einmischen. Das Ziel soll sein, daß »die Betroffenen selbst darüber entscheiden, was hergestellt wird, wo und wie«.

Eine solche Zukunftsperspektive scheint ein schöner Traum, die Grünen aber bauen auf ihn: auf die »Basisdemokratie«. Sie sei etwas ganz anderes als die pervertierte parlamentarische Demokratie. Sie fordern, daß die Parteienfinanzierung aufhöre, und sie haben beim Bundesverfassungsgericht mit einer Klage eingereicht, um jene »Stiftungen« zu verbieten, von denen die politischen Parteien Spenden erhalten. Ihr politisches Ideal ist ein ganz anderes: mit den neuen Kommunikationsmitteln, wie Verkabelung und Informatik, müßte es doch möglich sein, den Bürger auf neue Weise am politischen Entscheidungsprozeß, vorbei an den korrumpierten Medien, zu beteiligen und so die Entscheidungsvorgänge zu dezentralisieren. Einer Verfilzung von Politik und Wirtschaft und der daraus resultierenden Korruption wäre ein Riegel vorgeschoben: kein Beratervertrag und kein Aufsichtsratsitz mehr für Politiker »mit der richtigen Einstellung«: das Volk entscheidet selbst. Die Grünen sind für Volksbefragungen, für Plebiszite. Sie halten sie für ein Mittel, um die direkte Demokratie zu stärken. Sie pochen auf Volksbefragungen über die in Deutschland strittigsten Themen, wie vor allem die Entscheidung über die Aufstellung von Pershing-Raketen. Am liebsten wäre ihnen eine Demokratie, wie sie die Griechen entwickelten – mit zusätzlicher Nutzung der modernen technischen Möglichkeiten, um eine weitaus größere Zahl von Bürgern einzubinden. Unter solchen Bedingungen wäre selbstverständlich die Fünf-Prozent-Klausel überflüssig: die Minoritäten müßten die Möglichkeit haben, sich vor dem Parlament zu äußern. Die Grünen hassen es, ihre Reden vor dem Bundestag mit »Liebe Kollegen« zu beginnen, wie es der parlamentarische Brauch verlangt. Sie setzen sich einfach über ihn hinweg und wenden sich direkt an »Mitbürgerinnen und Mitbürger« – ob die Debatte nun vom Fernsehen übertragen wird oder nicht.

Gewaltfrei

Die Seelenruhe, mit der die Grünen alle ihre Forderungen vortragen, die doch wahre Sprengsätze, reine Kriegserklärungen an die bestehenden Verhältnisse darstellen, wird nur dann verständlich, wenn man im gleichen Atemzug das vierte Postulat ihres Programms nennt: *gewaltfrei*. Dieses Adjektiv hat offenbar eine besänftigende Wirkung auf alles Voraufgegangene.

Jede dieser tiefgreifenden Veränderungen wollen die Grünen nur mit Zustimmung aller vornehmen: das bekräftigt die Präambel ihres Statuts und stellt sich damit einer Diskussion, die die Intellektuellen schon seit Jahren führen: die Diskussion um Gewalt.

Zunächst einmal muß man sich klarmachen, daß der Begriff der Gewalt vieldeutig ist. Gewalt kann »Macht« im Sinne von Gewaltenteilung, der Trennung also zwischen Exekutive und Legislative, bedeuten, aber auch »Souveränität« im Sinne von: *Alle Gewalt geht vom Volke aus*; er kann »militärische Stärke«, wie im Gewaltverzichtvertrag ebenso wie »Gewalttätigkeit« meinen. Wie ihn aber interpretieren, wenn er als Gewaltmonopol, das sich der Staat vorbehält, auftritt, als Monopol der Macht, das, wenn nötig, als Zwang, also brutal ausgeübt werden kann? Und was heißt Gewalt bei Ulrike Meinhof, wenn sie eine alternative Gewalt fordert ... und diese in die Praxis umsetzt?

Als die großen Protestdemonstrationen in Frankfurt, Brokdorf und sogar in der friedlichen kleinen Schwarzwaldstadt Freiburg im Breisgau zu richtigen Schlachten ausarteten, plädierten die Grünen für Gewaltlosigkeit, zugleich aber stehen sie auf dem Standpunkt, sie handelten – vor allem bei so dramatischen Ereignissen wie der Räumung besetzter Häuser – in »legitimer Notwehr« gegenüber einem ungerechten Staat. Welch edle Entsagung! Sie sind von Stolz über ihre gewaltlose Haltung erfüllt und tragen sie wie ein besonders edles Schmuckstück zu Schau: so sehr, daß sie denen, die der Gewalt anhängen (von der sie selbst sich in so verdienstvoller Weise abgewendet haben) zu einer gewissen Legitimität verhelfen.

Jedes Volk hat eine eigene Beziehung zur Gewalt. Die der Deutschen ist sicher nicht die unkomplizierteste. Sie nahmen seit jeher, und auch noch während der beiden letzten Weltkriege, eine zwischen Brutalität und äußerster Sensibilität schwankende Haltung ein (die Deutschen waren auch seit je besonders begabt darin, schlecht über sich selbst zu reden, und erinnern gerne daran, daß de Gaulle

211

sie einmal als »Ritter der blauen Blume, die ihr Bier aus-kotzen« bezeichnet hatte). Die SS-Schulung war nicht et-wa eine Hinführung zum Sadismus, sie verwandelte nur unerbittliche Gewalt und Härte in eine Tugend, einen be-sonderen Adel (bestimmte Himmler-Reden an die SS-Jahrgänge könnten auch vor den Absolventen der franzö-sischen Kriegsschule St. Cyr gehalten worden sein, so viel ist dort von »Dienst«, »Entsagung« und »Selbstüberwin-dung« die Rede). Heute verherrlichen die Grünen die Ge-waltlosigkeit.

Gewaltlosigkeit beschränkt sich aber nicht nur auf die Auseinandersetzungen mit den Sicherheitskräften des Staates; sie erstreckt sich auch auf die wirtschaftlichen und politischen Beziehungen und auf das Verhältnis der Völ-ker untereinander. Hier rührt man an das Zentralproblem der Dritten Welt.

Für die Grünen ist die Dritte Welt wie das Bild des Do-rian Gray, der Spiegel unserer Laster und Sünden: er zeigt uns skandalöse Dauerzustände, verkörperte Ungerechtig-keit, den unauslöschlichen Blick eines verhungernden Kindes.

Das Drama der Dritten Welt ist im Kern des grünen Be-wußtseins verankert. Kein Thema, das nicht mehr oder minder direkt das Problem der Dritten Welt berührt. Im-mer und überall herbeigezerrt, läßt die Dritte Welt keine Ruhe. Keine Broschüre ohne die Bilder grenzenloser Ar-mut, die aus weit aufgerissenen Augen zu uns spricht, schier unerträglich –.

Für die Grünen kann eine Welt, die diese himmelschrei-ende Ungerechtigkeit hinnimmt, nur fundamental schlecht sein. Die Beziehungen zwischen Ausbeutern und Ausgebeuteten, wie sie das Verhältnis zwischen Industrie- und Entwicklungsländern brandmarken, sind das Ergeb-nis einer völlig aus dem Ruder gelaufenen Logik. Die in-dustrialisierte Welt kann ihren »Lebensstandard« produk-tionsbesessener Verschleuderung nur auf Kosten der Drit-ten Welt aufrechterhalten. Indem er die Rohstoffe plündert und die industriell produzierten Güter zu maßlos überhöhten Preisen verkauft, hält der Norden die armen Länder im Zustand der Abhängigkeit. Gezwungen, nur das zu produzieren, was zum Funktionieren der Wirtschaft ihrer Herren erforderlich ist, können die unterentwickelten Länder sich niemals aus Elend und Unwissenheit befreien. Selbst die Entwicklungshilfe ist nur eine indirekte Weise, die Länder der Dritten Welt immer tiefer in den Teufelskreis der Unterentwicklung hineinzutreiben. Wie wäre es sonst zu verstehen, daß sich die armen Länder immer weiter verschulden, zu neuen Anleihen gezwungen sind und, um ihre Schulden zu bezahlen, sich schließlich dem Diktat des internationalen Währungsfonds beugen müssen, und damit einer kapitalistischen Logik, die die schlimmste Medizin für die Übel ist, die sie angeblich mildern soll. Der Einfluß der reichen Länder auf den Süden ist absolut negativ. Es ist die Beziehung von Herrn und Knecht.

Die Schuld der Industrieländer ist offensichtlich. Wenn die grüne Abgeordnete Hannelore Saibold in der Bundestagskantine Müsli verlangt, tut sie es aus Diätgründen, aber auch symbolisch, aus Solidarität mit den leidenden Massen der Dritten Welt, »angesichts der unbeschreiblichen Hungersnot und der Tausende, die täglich in vielen Teilen der Welt Hungers sterben«; diese Schuld einzugestehen, ist der erste Schritt, um sie aufzuarbeiten.

Das Programm der Grünen ist, was die Fragen der Solidarität mit der Dritten Welt betrifft, bis ins kleinste durchgearbeitet: wie läßt sich der Export unserer Umweltverschmutzung und unserer Laster stoppen, wie läßt sich die Autarkie dieser Länder in der Lebensmittelversorgung dadurch erreichen, daß man sie von den *Multis* und den von ihnen gekauften lokalen Eliten befreit? Die Grünen gehen sogar so weit, das »große amerikanische Getreidemonopol« einer Politik zu bezichtigen, die angeblich den Weizen zur Versklavung der Völker nutzt. Sie rufen deshalb auf zur Unterstützung »aller Freiheitsbewegungen aller

Völker, die gegen gewalttätige Regierungen kämpfen, sei diese Gewalt nun offen oder strukturell«.

Die zahllosen Dokumente, die in »grünen« Kreisen zur Dritten Welt in Umlauf sind (Karten, die das ungleiche Verhältnis von Bevölkerungszahl und Bruttosozialprodukt zeigen, grausame Zeichnungen von Konk und Plantu, Photos, Berichte über das Vordringen der Wüste und über die Hungersnot im Sahel), finden ihr Echo in den Graffiti auf den Mauern: »Nicaragua, ein Land ruft um Hilfe«, »Salvador, ein gefoltertes Land«. Zahllose Hilfsaktionen für diese beiden Länder, die als Symbol für alles Unglück in der Dritten Welt unter der Diktatur des Kapitalismus gelten, sind im Gange. Charterflüge für freiwillige Arzthelfer, Deutsche, die helfen wollen und oft länger bleiben als geplant, mehren sich in Nicaragua. Wer Kaffee aus Nicaragua trinkt, hilft schon.

Das Ideal der Grünen ist eine ganz anders geartete Beziehung der Völker untereinander: ein gewaltloses, von Frieden und Liebe getragenes Verhältnis.

Frieden und Liebe. Zwei schöne Worte, die mit einer langen Silbe klingen, einem langgezogenen melodischen i. Sie auszusprechen bedeutet allein schon Freude und Verheißung, wie Klänge einer besseren Welt. Die Grünen haben sie aus ihrem leicht verstaubten religiösen oder gefühlsseligen Kontext gelöst und in ihr Programm, in ihre konkreten Forderungen getragen. Die Grünen reden nicht mehr von Außen-, sondern von *Friedenspolitik.*

»Ökologische Außenpolitik ist gewaltfreie Politik. Friedenspolitik ist gegen alle Formen der Aggression, des Militarismus nach innen und außen, des Wettrüstens und Rüstungswahns gerichtet und orientiert auf friedliches und solidarisches Zusammenleben der Menschen. (...) Das Weiterleben auf unserem Planeten Erde wird nur gesichert werden können, wenn es zu einer Überlebensgemeinschaft aller Menschen und Völker kommt. Darum ist die partnerschaftliche Zusammenarbeit mit allen Völkern der Welt der oberste Grundsatz unserer Außenpolitik.«

Aus dieser Sicht wird verständlich, warum das verteidigungspolitische Programm der Grünen drakonisch sein muß.

– Austritt aus der NATO; schrittweiser Abbau der Bundeswehr (manchmal sofort gefordert); bis dahin die Möglichkeit für jedermann, auf Anfrage zivilen Ersatzdienst anstelle des traditionellen Militärdienstes leisten zu können.

– Einseitige Abrüstung:»... Die Abrüstung muß dabei im eigenen Land beginnen und sollte andere Länder veranlassen, ebenfalls abzurüsten. Die einseitige Abrüstung sollte bezwecken, die Friedensbewegung zu stärken, um einer weltweiten Abrüstung, vor allem der USA und der UdSSR, zum Durchbruch zu verhelfen.«

– Abrüstungsverhandlungen, Verbot der Lagerung und Produktion von atomaren, chemischen und biologischen Waffen in aller Welt (selbstverständlich keine Pershing).»Abbau der deutschen Rüstungsindustrie und deren Umstellung auf friedliche Produktion, z. B. auf neue Energiesysteme und Fertigungen für den Umweltschutz.«

Sollte es trotz allem zu einem Konflikt kommen, das deutsche Territorium bedroht sein, empfehlen die Grünen in diesem Fall, da es ja keine Rüstungsindustrie und keine atomaren Mittelstreckenraketen mehr gibt, das, was sie als »passiven Widerstand« oder »sozialen Widerstand« bezeichnen, zu leisten. Was das bedeutet, hat ein grüner Abgeordneter anläßlich eines Straßburger Kongresses 1984 vor einem fassungslosen Zuhörerkreis erläutert:

»Wenn ich ein Auto besitze und nicht will, daß es gestohlen wird, schließe ich es ab. Aber womöglich genügt das nicht, und also baue ich ein Lenkradschloß ein. Auch das kann noch unzureichend sein, darum greife ich zu einer dritten Lösung: ich baue einfach zeitweise einen Teil des Motors aus, so daß das Auto nicht fahren kann. Wir, die Grünen, halten diese Verteidigung für sinnvoller als eine Rakete, die alles, Diebe und Auto, in die Luft jagt.«

Die Logik ist entwaffnend; wir haben es hier mit einer Denkweise zu tun, auf die wir im Zusammenhang mit der Friedensbewegung noch zurückkommen werden. Die Grünen stehen dieser Bewegung, wie könnte es anders sein, natürlich sehr nahe. Aus der Verbindung von Friedensbewegung und grüner Philosophie entspringt genau jene »ökopazifistische« Ideologie, die die Deutschen oft unter dem Sammelbegriff *Ökopax* zusammenfassen.

Ökopazifismus

Hat man das Programm der Grünen gelesen, drängt sich anschließend die Frage auf: nehmen sie das wirklich ernst?

»Das industrielle System abbauen«: wissen sie, was das bedeutet? Wissen sie, mit welchem Feuer sie spielen, wenn sie die parlamentarische Demokratie zugunsten der »wahren« Demokratie aufgeben wollen? Kein einziges Mal kommt in ihrem Text das Wort Revolution vor; aber unablässig ist von Wende die Rede, von einem radikalen Kurswechsel und von grundlegender Veränderung. Die gesetzten Ziele scheinen so außerhalb jeder Norm, so wenig »politisch«, so »anders«, daß man sie für pure Utopie halten könnte.

Man tröstet sich mit dem Gedanken, daß jener Teil der deutschen Bevölkerung, der »grün« wählt (Mitte der achtziger Jahre fast 10 Prozent), es eher aus vager Sympathie, für eine Liste frommer Wünsche tut, deren Umsetzung niemals ernsthaft erwogen, geschweige denn realisiert werden kann. Es fällt doch ernsthaft niemandem ein, zu glauben, die Multinationalen würden sich höflich verabschieden oder die Supermächte ihre Raketen aus lauter Menschenfreundlichkeit zurückziehen. Niemand glaubt auch nur im Traum daran, alle Bürger würden in einmütiger Großherzigkeit eine drastische Senkung ihres Lebensstandards hinnehmen, um die Natur zu schonen, oder aktiv einer direkten Demokratie unter die Arme greifen, indem sie sich an allen Entscheidungen, die sie selbst betreffen, beteiligen.

Kein Mensch glaubt, der Mensch werde plötzlich zum Lamm für den Menschen.

Aber ja doch! Die Grünen glauben es.

Die wunderbaren Verheißungen ihres Programms beruhen – wenigstens für ihre glühendsten Anhänger – auf dem Glauben, daß sich die menschliche Natur von Grund auf ändern könne. Sie sind Theoretiker der konkreten Möglichkeit einer neuen Welt, einer Welt ohne Waffen, ohne Kriege, aus der alles verbannt ist, was die Geschichte der Menschheit seit ihren Anfängen ausmacht: Kriege und Rivalitäten.

Sie sparen nicht mit wissenschaftlichen Theorien, um ihre Behauptungen zu untermauern. Eines ihrer großen Vorbilder ist der Amerikaner Thompson mit seiner »Ausrottungs«-Theorie. Für ihn waren Nagasaki und Hiroshima ernstzunehmende Warnzeichen. Bis dahin wurden nur die Bedingungen der industriellen Produktion kritisiert: der Marxismus beschäftigte sich mit dem Eigentum an Produktionsmitteln, den Beziehungen zwischen Arbeiterklasse und Kapitalisten. Ab heute heißt es, das Übel an der Wurzel zu packen: dem »Industrialismus«. In ihm schlummern die Todeskeime für die Menschheit: Rüstung und Zerstörung der Umwelt. In ihm liegt der kollektive Todestrieb verborgen, in allen wirtschaftlichen, technischen und politischen Strukturen unserer auf Aggressivität und Ausdehnung gerichteten Industriekultur.

Dieses wissenschaftliche Weltbild entrollt Rudolf Bahro in einem Artikel in einer Broschüre der Grünen mit der Überschrift: *Wir wollen leben.* Über der Sonnenblume auf dem Deckblatt steht nach bester Szenen-Tradition der Spruch: *Entrüstet Euch!* Bahro fordert uns also zugleich zu Ent- und Abrüstung auf.

Das industrielle System, die »Megamaschine«, ist so widersprüchlich in sich, daß sie von Funktionsstörung zu

Funktionsstörung fortschreitet, wobei das Ausmaß der Schäden jedesmal zunimmt. Bahro beschreibt eindringlich die Krisenherde, die unweigerlich den Holocaust auslösen werden. Die Teilung der Menschheit in Blöcke, die Unterdrückung der Dritten Welt, das Wettrüsten unter dem Vorwand des Gleichgewichts: eine fatale Logik, die zum Weltuntergang führen muß.

Das Gleichgewicht des Schreckens gibt es nicht mehr; in der Vergangenheit haben die Bündnissysteme immer zu Kriegen geführt; diesmal wird es, mit den Mitteln, über die die Menschheit verfügt, der letzte sein. Die Gewißheit ist absolut. Wer noch zweifelt, sollte sich erinnern, daß nach der Erfahrung von 1914/1918 niemand mehr an die Möglichkeit eines Zweiten Weltkrieges glaubte. Für wahnsinnig hätte man gehalten, wer von fünfzig Millionen Toten gesprochen haben würde. Warum also nicht ein Dritter Weltkrieg und Milliarden von Toten?

Zur Rettung der Menschheit richtet Bahro einen flammenden Appell an sie: »Nur der Zusammenschluß der ökologischen und pazifistischen Bewegung zu einer großen Lebensbewegung kann das Heil bringen.«

Das ist im wahrsten Sinne des Wortes »Ökopazifismus«.

Und hier spricht Bahro nun von Revolution: von einer »notwendigen rettungsbringenden Revolution«, die »radikalste Revolution, die die Menschheit je erlebt hat«; den Übergang der Welt »zu einem grundlegend anderen Zivilisationsmodell, da das bestehende die Entwicklung der menschlichen Gattung selbst in Frage stellt«. Sie muß »planetarisch« sein, da nur eine Revolution »auf Menschheitsebene« den Wahnsinnslauf in den Abgrund, in die Totalkatastrophe, noch verhindern kann.

Die Megamaschine zum Stehen zu bringen, ehe sie an das Ende ihrer Logik gelangt, ist oberstes Gebot. Dennoch darf es keine Gewalt geben. In diesem Punkt steht Bahro in striktem Gegensatz zum Terrorismus. Er schließt aber nicht aus, daß »die Megamaschine unglücklicherweise keinem Einfluß von außen mehr zugänglich ist, so daß es kein anderes Mittel mehr gibt, um das Ende der gesamten Menschheit zu verhindern, als den totalen Bürgerkrieg«. Ein solcher totaler Bürgerkrieg wäre dann »die vorletzte Katastrophe«, aber auch ihr wird mit der Gelassenheit einer unumgänglichen Logik entgegengesehen.

Diese ökopazifistischen Überzeugungen werden von allen Grünen mehr oder weniger geteilt: allein die Vereinigung von Ökologie und Pazifismus kann die Welt noch retten. Nur hinsichtlich der Art, ihre Prinzipien umzusetzen, gibt es Meinungsunterschiede bei den Grünen. Auf ihrem Parteitag Ende 1984 war eine Verschärfung der Gegensätze festzustellen zwischen jener Strömung der Grünen, die sich selbst als »fundamentalistisch« bezeichnet im Gegensatz zur Gruppe der »Realos«, die zu Kompromissen mit der Wirklichkeit bereit sind. Diejenigen, die sich einen wachen Realitätssinn bewahrt haben (Petra Kelly, General Bastian, Otto Schily z. B.), sind bereit, konkrete Gelegenheiten, die eine Umsetzung ihrer Theorien erwarten lassen, zu ergreifen. Sie gehen auf die unvollkommene Welt der Gegenwart ein. So waren sie beispielsweise zu Besuch bei Honecker, oder sie verbündeten sich in Hessen mit der SPD, wo sie eine Koalition traditioneller Art eingingen.

Die Fundamentalisten[1] verweigern dagegen jeden Kompromiß. Sie läuten die Sturmglocke und wollen den Erfolg nur ihren eigenen Kräften verdanken. Während sie insbesondere gegen die Sirenentöne der SPD etwas haben, gibt es dennoch einen Bereich, wo sie Zusammenarbeit mit anderen Kräften nicht ausschlagen können: die Friedensbewegung.

---

1) Auf dem Kongreß der Grünen 1984 ließ sich Rudolf Bahro hinreißen, die Vorgehensweise der Fundamentalisten mit »Nazimethoden« zu vergleichen.

X

Die Friedensbewegung

Pazifismus in Deutschland

Die Friedensbewegung ist seit Anfang der achtziger
Jahre aktiv; sie ist aber nur die neue Form eines Pazifismus, der in Deutschland immer vertreten und immer in
Schwierigkeiten war. An einige seiner großen Gestalten
erinnert man sich bis heute.

Beispielsweise an Bertha von Suttner. Berühmt durch
ihren Roman *Die Waffen nieder*, erhielt sie als treibende
Kraft bei der Schaffung der Deutschen Friedensgesellschaft den Friedensnobelpreis. Sie starb einige Wochen
vor Ausbruch des Ersten Weltkriegs; die Deutsche Friedensgesellschaft dagegen überlebte.

Nach dem Ersten Weltkrieg trat eine Bewegung auf,
die, hervorgegangen aus dem Entsetzen des Krieges, ähnlich auch in allen anderen Ländern Europas zu finden war
und sich den Namen *Nie wieder Krieg* gegeben hatte. Sie
ist unvergessen durch das Plakat der expressionistischen
Malerin Käthe Kollwitz. Diese Energie, dieser in die Zukunft geschleuderte Arm erinnert an die *Freiheit* von Dela-
croix, nimmt aber seltsamerweise auch den Hitlergruß
vorweg. Einige große Namen der deutschen Kultur sind
mit dieser Periode verbunden: Erich Maria Remarque,
Bert Brecht, die Maler Otto Dix und George Grosz mit ihrer beißenden Bitterkeit. In der Weimarer Zeit veröf-

fentlichen die linken Zeitungen zahllose pazifistische Artikel, darunter Tucholskys berühmten Text »Soldaten sind Mörder« oder die Essays von Carl von Ossietzky. 1921 gruppiert das deutsche Kartell für den Frieden alle pazifistischen Strömungen um sich, um wirksamer gegen das »Wiederaufleben des Militarismus« kämpfen zu können. Mit Ausbruch des Dritten Reiches gerieten die Pazifisten, die schon in der Weimarer Republik Schwierigkeiten hatten (Carl von Ossietzky hatte Auseinandersetzungen mit der Justiz), endgültig ins Lager der Opfer. Ein Glorienschein umgibt seitdem den Pazifismus: Widerstand gegen den Faschismus, gegen Hitler.

Nach dem Zweiten Weltkrieg ermutigt die Umerziehungspolitik der Alliierten auch eine Erneuerung des deutschen Pazifismus. Die neu geschaffene Bundesrepublik Deutschland erklärt sich im Grundgesetz von 1949 ausdrücklich als »friedliebendes« Land – oder zumindest als ein Land, das endgültig von allen militaristischen Versuchungen geheilt ist. Nicht weniger als sieben Jahre heftiger Polemik werden erforderlich sein, um eine Grundgesetzänderung herbeizuführen, die die Schaffung der Bundeswehr ermöglicht.

Ein beträchtlicher Teil des deutschen Volkes widersetzt sich dieser Umorientierung; schon 1950 entsteht die Bewegung *Ohne mich*, die dafür kämpft, die Wiederbewaffnung der Bundesrepublik und ihren Eintritt in die NATO zu verhindern; sie versucht, eine Volksbefragung zu erzwingen, welche Adenauer mit der Behauptung verhindert, diese »würde die Bundesrepublik in ihrem Bestand gefährden«.

1958 nimmt die pazifistische Bewegung Ausmaße an, die den Kanzler selbst gefährden, obwohl er bei den Wahlen von 1957 gerade die absolute Mehrheit erreicht hatte. Diesmal geht es darum, in der frischgeschaffenen Bundeswehr taktische Atomwaffen einzuführen, allerdings unter amerikanischer Aufsicht. Plakate überziehen das ganze Land, die das Heraufziehen neuer Katastrophen ankündi-

gen. »Soll es wieder losgehen?« fragen sie über dem abge-
härmten Gesicht eines totenähnlichen Soldaten, umgeben
von Kanonen, Gewehren und den Rauchpilzen von Atom-
wolken. Jetzt heißt die Bewegung »Kampf dem Atomtod«.

Sie bringt hunderttausende von Menschen auf die Straße: am 16. April 1958 demonstrieren zwölftausend bei
einem der berühmten »Ostermärsche« in Hamburg. Die
Meinungsumfragen sind eindeutig: über die Hälfte der Befragten erklären ihre Streikbereitschaft, um gegen eine nukleare Bewaffnung zu protestieren. Die deutschen Atom-
forscher verleihen mit ihrem »Göttinger Appell« gegen die
Atombewaffnung der Auseinandersetzung den Nachdruck ihrer Autorität. Zu den Unterzeichnern gehören
Max von Laue und Carl Friedrich von Weizsäcker (der ältere Bruder des künftigen Regierenden Bürgermeisters
von Berlin und heutigen Bundespräsidenten).

1960 hat sich dennoch alles beruhigt, die Bundeswehr
hat ihre Raketen, und die Amerikaner installieren die dazugehörigen atomaren Gefechtsköpfe auf deutschem Boden. Was ist geschehen? In der Zwischenzeit hatte sich die
SPD von der antinuklearen Bewegung abgewandt. Sie hatte ihren langen Marsch zur Macht begonnen, der kaum mit
der Organisation von Demonstrationen gegen den Staat
vereinbar war. Vor allem scheute sie jede Form einer gemeinsamen Front mit den Kommunisten, die in der Anti-
atombewegung höchst aktiv waren: zu dieser Zeit hatte
das Gespenst des Kommunismus in der Bundesrepublik
noch genügend Abschreckungskraft, um Wähler zu ver-
scheuchen.[1]

In den sechziger Jahren beginnt mit der antinuklearen
Bewegung der Kampf von neuem. Diese Vergangenheit
muß man kennen, um die gegenwärtige Bewegung zu verstehen. Was an der Friedensbewegung der achtziger

---

1) Im Wahlkampf stellen Adenauers Christdemokraten auf tausenden von
Plakaten die einfache Frage: »Adenauer oder Ulbricht?«

Jahre schlechterdings faszinierend ist, was sie von allen früheren Formen des Pazifismus unterscheidet, ist ihre Einigungsfähigkeit. Sie dient als Sammelbecken für alle Tendenzen, für alle Bestrebungen, die die deutsche Gesellschaft umtreiben. Was immer sich in Deutschland regt, taucht dort wieder auf, aber eingeordnet in das vielstimmige Konzert des großen Themas Ökopazifismus. Vieles kommt hier zum Ausdruck: Furcht vor Krieg, vor der Verwüstung des Planeten, Furcht verbunden mit Mißtrauen gegenüber dem kapitalistischen Staat und außerdem ein neuer Nationalismus, das unerträgliche Problem der deutschen Schuld und jener große moralische Aufbruch zugunsten der Dritten Welt, der Ausländer, der Entrechteten aller Art, welcher der Bewegung mit Unterstützung der Kirchen neue Antriebskräfte gibt. Diese Mischung ist höchst disparat und vielen Friedensdemonstranten überhaupt nicht bewußt. Wer aber die Veröffentlichungen aufmerksam verfolgt, die Demonstrationen beobachtet und die Reden zu hören versteht, muß vor allem davon beeindruckt sein, wie kohärent diese Bewegung ist. An welchem Faden des Gewebes man auch zieht, die anderen sind immer dabei.

Die Anfänge der Friedensbewegung liegen zu Beginn der achtziger Jahre. Der »Krefelder Appell« vom November 1980 gab den Anstoß mit dem Thema: »Der Atomtod bedroht uns alle, keine Atomraketen in Europa«.

Man hat ihm oft vorgeworfen, er sei ein Aufruf zur einseitigen Abrüstung, da er sich nur gegen die Aufstellung neuer amerikanischer Mittelstreckenraketen wendet und nicht gegen die bereits vorhandenen sowjetischen SS-20. Vor allem aber wirft man ihm vor, er sei weitgehend das Ergebnis kommunistischer Manipulation.

Die Initiatoren des Krefelder Appells sind Persönlichkeiten wie General Bastian und ein früherer Oberst der Wehrmacht, J. Weber ... Bekanntlich trat General Bastian nach dem »NATO-Doppelbeschluß« vom Dezember 1979 der gleichzeitig die Planung amerikanischer Mittelstreckenraketen in Europa und die Aufnahme von Verhandlungen mit der Sowjetunion vorsah, demonstrativ aus der Bundeswehr aus. Er schloß sich anschließend den Grünen an. J. Weber dagegen steht an der Spitze der Deutschen Friedensunion (DFU), die als kommunistisch beeinflußt gilt. In der Tat war es die DFU, die das Krefelder Forum organisierte, bei dem Marxisten, Sozialdemokraten, christliche und Umweltgruppen zusammenkamen. Gemeinsam beschlossen sie, den Appell herauszubringen (Mitte der achtziger Jahre beträgt die Zahl der Unterschriften inzwischen zwei Millionen). Welche Rolle spielten die westdeutschen Kommunisten bei einem derartigen Vorgang wirklich? Gab es direkte Manipulationen aus Moskau und Pankow? Eine Anzahl pazifistischer Organisationen ist bekannt dafür, daß sie Kommunisten in ihren Reihen dulden; das »Komitee für Frieden, Abrüstung und Zusammenarbeit«, die »Deutsche Friedensgesellschaft«, der »Bund der Kriegsdienstverweigerer« (DFG/VK) oder auch die »Gemeinschaft der Naziopfer«. Die Friedensbewegung selbst ist hingegen zu umfangreich, um sich allein durch kommunistischen Einfluß zu erklären. (Die Kommunistische Partei erhielt in der Bundesrepublik nie mehr als 0,5 % der Stimmen.) Selbstverständlich wird die Friedensbewegung aus dem Osten ermutigt, gefördert und unterwandert. Dennoch würde sie niemals einen solchen Einfluß erreichen, wenn nicht – wie in der Werbung – das Produkt einem Bedürfnis der Öffentlichkeit entspräche und zu ihrer Zufriedenheit gestaltet wäre.

Strategie und Verteidigung

Der Bereich der strategischen Entscheidungen, wo kommunistischer Einfluß besonders gefürchtet wird, bildet nur einen Teilaspekt der Friedensbewegung, vielleicht nicht einmal den wichtigsten. Natürlich steht er an vorderster Stelle, aber eher wie der Baum, der den Wald verdeckt.

Das Problem dient im Grunde nur als gemeinsamer Nenner für höchst unterschiedliche Gefühlslagen. Mit ihrer üblichen Genauigkeit haben sich die deutschen Bürger vielfältige Expertenmeinungen zu eigen gemacht: die Reichweite von Raketen, deren Geschwindigkeit, die verschiedenen Stufen der amerikanischen strategischen Doktrinen sind Gegebenheiten, über die jedermann heute mit Geläufigkeit spricht.

Jählings erwacht sind die Deutschen durch die sowjetische Invasion in Afghanistan. Bis dahin hatten sie die Entspannung, der langsame, aber durchaus vorhandene Fortschritt der Rüstungskontrollverhandlungen, in einem Gefühl ruhiger Sicherheit gewiegt. In Wien dämmerten die MBFR-Verhandlungen über Truppen- und Rüstungsverminderung in Europa (Mutual Balanced Forces Reduction) vor sich hin; 1972 war SALT 1 (Strategic Arms Limitation Talks) ein Erfolg gewesen. 1975 schüttelten sich Breschnew und Ford lächelnd vor den Photographen die Hand: sie hatten sich über die Grundprinzipien für einen zweiten SALT-Vertrag geeinigt. Vier Jahre später unterschrieben Breschnew und diesmal Carter SALT 2, der sogar eine Verringerung und nicht nur eine Begrenzung der strategischen Rüstung vorsah. Der amerikanische Kongreß aber ratifizierte SALT 2 nicht.

Ein eisiger Wind fegte jählings über das Sicherheitsgefühl der Deutschen hinweg: die Amerikaner sind fern. Der Vertrag über das Verbot von Atomversuchen (unterzeichnet in Moskau 1963) und der Non-proliferations-Vertrag (unterzeichnet 1969) reichen nicht mehr aus, um die Furcht vor den Kernwaffen zu bannen.

Die atomare Gefahr wird von neuem bewußt.

Das »Gleichgewicht des Schreckens« dient nicht mehr als magische Formel, dank derer man ruhig schlafen kann. Die Abschreckung hat an Überzeugungskraft verloren. In Kreisen der Friedensbewegung führt dies zu folgender Überlegung: es ist illusorisch, sich verteidigen zu wollen, indem man den Gegner mit dem eigenen Selbstmord bedroht. Dies aber ist genau die Haltung der europäischen Länder, die ausdrücklich ankündigen, auf einen konventionellen Angriff mit einem nuklearen Gegenschlag reagieren zu wollen. Die unmittelbare Gegenreaktion des Ostens wäre dann die totale Zerstörung. Der Bluff ist also durchsichtig.

Mehr noch, die neuen Raketen sind vor allem deshalb gefährlich, weil sie die Sowjetunion direkt bedrohen. Wie würden die USA reagieren, wenn man Mittelstreckenraketen in Mittelamerika aufstellte? 1962 in Kuba war ihre Reaktion deutlich; warum sollten die Russen akzeptieren, was die Amerikaner nicht hinnehmen? Die Cruise Missiles schlüpfen unter der Radar-Kontrolle hindurch; die Pershing schaffen gänzlich neue Gegebenheiten: durch ihre Geschwindigkeit erreichen sie ihr Ziel in fünf oder sechs Minuten – die Zeit ist zu kurz, um den Russen eine Gegenreaktion zu gestatten ... Dies zwingt die Sowjetunion also geradezu zu einem Präventivschlag. Statt als Blitzableiter gegen die nukleare Gefahr zu dienen, ziehen die Raketen im Gegenteil den Blitz erst an.[1] *Raketen sind Magnete.*

Die Amerikaner behaupten, diese neuen Raketen seien notwendig, um als Gegengewicht gegen die bereits aufgestellten SS-20 zu dienen; Helmut Schmidt persönlich war es gewesen, der die Aufmerksamkeit der NATO-Verbündeten auf diese neuen sowjetischen Waffen gelenkt und auf den NATO-Doppelbeschluß gedrängt hatte. Aber, so lautet das Gegenargument der Friedensbewegung, die SS-20 stellen keine wirkliche Neuheit dar: sie sind nur eine modernere Version schon vorhandener, veralteter Raketen, deshalb stellen sie das Gleichgewicht nicht in Frage.

Dieses »Gleichgewicht«, es wurde noch und noch berechnet! Die Experten überbieten sich mit Aufzählungen

---

1) Alles Argumente, die den Grünen bei einer denkwürdigen Sendung im Deutschen Fernsehen ... von den beiden Chefpropagandisten des Kreml, Leonid Samjatin und Wadin Saglatin mit Nachdruck bekräftigt wurden.

über Präzision und Reichweite, Geschwindigkeit und Zahl der Raketen und Nuklearsprengköpfe, die mehrfach (MIRV) oder einzeln die Raketen bestücken. Die Grünen zitieren bis zum Überdruß die Zahl 7000: auf deutschem Boden sollen schon 7000 Nuklearsprengköpfe lagern[1] – ein höherer Dichtigkeitsgrad als in jedem anderen Land der Welt, genug, um nach Meinung der Friedensbewegung die ganze Erdkugel, angefangen von der Bundesrepublik selbst, in die Luft zu sprengen. Außerdem sind dies Waffen, über die die Deutschen nicht frei verfügen; nur die Amerikaner entscheiden über ihren Einsatz.

Die Amerikaner behaupten, diese neuen Mittelstreckenraketen, Cruise Missiles und Pershing, seien unentbehrlich, um eine »Abkoppelung« auszuschließen – um zu verhindern, daß sich die amerikanischen Sicherheitsinteressen von den europäischen Interessen lösen. Ist aber nicht das genaue Gegenteil zu befürchten? Sind die Europäer und insbesondere die Deutschen nicht einer ganz besonderen Gefahr ausgesetzt, da die nukleare Drohung jetzt von ihrem Territorium ausgeht? Werden die USA New York aufs Spiel setzen, um Bonn zu verteidigen? Was immer auch die USA behaupten, die in der Bundesrepublik stationierten wenigen hunderttausend Soldaten bilden kein ausreichendes Gegengewicht gegen die russische Übermacht.

Warum, so fragen die Experten der Friedensbewegung, kann man die amerikanischen Kernwaffen nicht auf See stationieren, auf Schiffen oder U-Booten, wobei alle diplomatisch-strategischen Feinheiten zu beachten wären,[2] um ihre Aufstellung in dichtbesiedelten Gegenden zu vermeiden? Von diesem Ausgangspunkt gehen dann die Forderungen immer weiter: bei den großen Bonner Demon-

---

1) In Wahrheit sind es seit einigen Jahren »nur noch« 4000.
2) Unterschiede zwischen dieselgetriebenen oder Atom U-Booten, deren Aktionsradius eventuell auf bestimmte Meere beschränkt werden kann, damit sie mehr oder minder aufspürbar sind, deutlicher von den eigentlich strategischen Waffen der USA unterschieden werden können etc.

strationen im Herbst 1983 fordert man ein atomwaffenfreies Europa von Portugal bis Polen.

Einem französischen Beobachter scheint dieser blauäugige Pazifismus, diese Furcht, den Feind zu provozieren und durch die eigene Rüstung die Kriegsgefahr zu erhöhen, voller Widersprüche und sogar direkt kontraproduktiv. Die klägliche Figur, die Daladier und Chamberlain 1938 in München gegenüber Hitler machten, bleibt tief in unser Gedächtnis eingeprägt als Bestätigung des alten Spruches: *Si vis pacem para bellum*. Die Deutschen dagegen machten die entgegengesetzte Erfahrung. In ihrer Geschichte war es der Militarismus, der zum Krieg geführt hat.

Zweifellos studieren die Organisatoren der Friedensbewegung derartige militärische Fragen mit großer Intensität, zugleich aber sind sie fest davon überzeugt, strategische Fragen hätten mit dem Problem des Krieges nur wenig zu tun. Ihrer Überzeugung nach ist Krieg eine ausgestorbene Gattung. Er ist einfach nicht mehr denkbar, da »Krieg führen« nicht mehr »sich schlagen« bedeutet, sondern nur Tod in einer Atomexplosion. »Wo Krieg Tod bedeutet, wird Frieden ein anderes Wort für Leben«, erklären sie. Sie beschuldigen die amerikanischen Strategen, immer verwegener theoretische Konstruktionen aufzubauen und Waffen zu entwickeln, nur um »den Krieg zu retten«, ihn wieder möglich zu machen und damit den Militärs aller Art ihre Existenzberechtigung zurückzugeben.

Wenn die Deutschen den sicheren Hafen des Glaubens an einen absoluten amerikanischen Schutz aufgeben, das Vertrauen in die Wirksamkeit der Abschreckung abschütteln, die Möglichkeit einer totalen Vernichtung ins Auge fassen, werden sie geradezu von einem metaphysischen Schwindel erfaßt. Um Metaphysik geht es nämlich, wenn man die Frage nach dem Sinn des Selbstmords stellt: lieber rot als tot, oder eher tot als rot? Tot oder rot?, »Freiheit oder Tod«? Oder: vor allem leben? Um jeden Preis überleben. Wir wollen leben, sagen die Grünen ...

Die Deutschen stoßen da auf metaphysische Fragen, die sie schon immer umgetrieben haben. Diesmal steht ihnen ein strategisches Schreckbild vor Augen; auf dieses Schreckbild haben sie ihre Ängste und ihre Träume fixiert.

Die amerikanische Gefahr

Für einen deutschen Psychoanalytiker oder Psychiater bietet eine Demonstration der Friedensbewegung ein unschätzbares Schauspiel. Alle Neurosen, alle kollektiven Triebe des deutschen Volkes offenbaren sich dort in greifbarer Form: Zeichnungen, Lieder, Pantomimen. Die Friedensbewegung ist zugleich die Szene. Sie nimmt am Brodeln ständig neuer Ideen teil, am gleichen enthusiastischen Überschwang, an den gleichen surrealistischen Spielen.

Es ist immer nützlich, bei derartigen Demonstrationen einen Prügelknaben vorweisen zu können, dem man alle Schandtaten zuschreibt, eine Symbolfigur des Bösen, einen Sündenbock: neben den Pershing wird deshalb in vorderster Reihe Ronald Reagan herumgezerrt. Die enttäuschte Liebe der Bundesrepublik zu den Vereinigten Staaten nimmt hier Formen an, die in den Augen eines Franzosen nur als totale Hysterie erscheinen können.

Statt die Vereinigten Staaten nüchtern als Großmacht und damit notwendig auch als imperialistische Macht anzusehen, die unter gegebenen Verhältnissen von ihrer Macht noch in relativ gemäßigter Weise Gebrauch macht, schildert die Friedensbewegung die USA als die große Hauptgefahr, welche den Frieden bedroht. Reagan ist der Mann, auf den sich all diese Ängste kristallisieren.

Gefährlich ist er. Sein Bild wird durch die Straßen getragen, ausgestattet mit den traditionellen Attributen des Kapitalismus, mit Melone und Zigarre. Ein Spruch prangert ihn an: »Dieser Mann geht über Leichen«; andere Demonstranten ziehen einen riesigen Hamburger auf einem Karren hinter sich her, er heißt McRonald und quillt nicht von

Hackfleisch, sondern von Raketen, Kanonen und amerikanischen Fahnen über. Die billigen alten Filme, in denen sich Ronald Reagan als Schauspieler hervorgetan hatte, bilden eine unerschöpfliche Demonstrationsquelle: Plakate und Photos erlauben es, den Schauspieler Ronald Reagan kämpferisch mit der Pistole in der Hand zu präsentieren und ihn mit dem Präsidenten Reagan gleichzusetzen. Nach gleichem Schema tragen die Photos Reagans in Gesellschaft seines Außen- und Verteidigungsministers (vor allem in der Zeit von Haig) immer den Titel: das Gruseltrio.

Die Vereinigten Staaten sind gefährlich, weil sie ein weit fortgeschrittenes Stadium des menschlichen »Vernichtungsdranges« darstellen; weil es in der Logik des Kapitalismus selbst liegt, zu zerstören, um neu aufbauen zu können – wozu notwendig auch der Krieg gehört. Sie sind zusätzlich gefährlich, weil die persönliche Macht Reagans viel zu weit geht. Seit Artikel der *Washington Post* offenbarten, welchen Einfluß ein Mann wie Reverend Fallwell, jener Vertreter der schweigenden Mehrheit, auf Reagan ausübt, ist die Angst noch gewachsen. Diesen Artikeln zufolge soll Fallwell den Präsidenten auf beeindruckende Entsprechungen zwischen den Prophezeiungen der Apokalypse und der Gegenwart hingewiesen haben. Die Schlacht von Armaggedon, nach der das tausendjährige Reich des Guten auf Erden beginnt, ähnelt – in ihrer biblischen Schilderung – auffallend einer Atomexplosion. Gog und Magog, die beiden sich bekämpfenden Riesen, bedeuten der eine das Gute und der andere das Böse. Auf welche Seite Reagan gehört, ist klar …

Ist es nicht gefährlich, von einem Mann beherrscht zu werden, der glaubt, daß ein Atomkrieg, vom Schicksal vorherbestimmt, den Triumph des Guten herbeiführen wird? Wendet man gegen derartige Argumente ein, daß die Sowjetunion mit ihrer Einkreisungsneurose sehr viel gefährlicher ist, erhält man die Antwort, diese habe zumindest eine kollektive Führung. Die alten Herren im Kreml seien behutsame und vernünftige Leute, die anders als die Amerikaner zumindest wissen, was Krieg bedeutet. Sie kennen seine Greuel, haben im eigenen Land unter ihnen gelitten, während die Amerikaner Krieg immer nur als eine Art Abenteuer, als exotische Eroberung erlebten. Die Amerikaner sind es, die versuchen, die Russen in einen Rüstungswettlauf hineinzutreiben, dem diese nicht gewachsen sind, um sie auf diese Weise wirtschaftlich zu erschöpfen und schließlich alleine das Feld zu beherrschen. Auch ist keineswegs auszuschließen, daß sie einen Erstschlag vorbereiten (ständig erscheinen Bücher, um dies zu beweisen). Trifft es nicht zu, daß sie sich immer geweigert haben, eine Erklärung zu unterzeichnen, die den Verzicht auf Erstnutzung von Nuklearwaffen bekräftigt?

Es darf also nicht verwundern, daß gewisse kriegerische Erklärungen Washingtons in der Friedensbewegung sofort ein gewaltiges Echo auslösen. Einige »geschickte« amerikanische Aussagen haben sich tief in das kollektive Bewußtsein Deutschlands eingegraben: »Ein auf Europa begrenzter Atomkrieg ist vorstellbar (...). Ein Atomkrieg kann gewonnen werden ...« Oder in einer Rede von Haig: »Es gibt Wichtigeres als den Frieden ...«; oder eine Aussage von Brzezinski: »Wäre ich nicht jederzeit bereit, auf den atomaren Knopf zu drücken, wäre ich nicht befähigt, dem Präsidenten der Vereinigten Staaten als Sicherheitsberater zu dienen ...« Gleiches gilt für die Interviews von Kissinger im *Spiegel*, wo er sich dazu hinreißen läßt, anzuerkennen, daß die Vereinigten Staaten seit Aufgabe der Doktrin der abgestuften Abschreckung »über kein klares strategisches Konzept mehr verfügen«.

Deutschland über alles

Bei diesem großen Schachspiel über zwei Kontinente hinweg fühlen sich die Deutschen als bloßes Spielmaterial; die Tausende von atomaren Sprengköpfen, die nicht ihrer Entscheidungsgewalt unterstehen, empfinden sie wie eine

Ladung Dynamit, die ihnen ein Nachbar auf die Türschwelle legt und dabei den Zünder für sich selbst behält. Ihr nationales Interesse empört sich angesichts der Nichtachtung, mit der sie in diesem Spiel behandelt werden. Die Amerikaner sprechen selbst immer mehr von Laser-Waffen, von Anti-Raketen, die den amerikanischen Kontinent unverletzbar machen sollen. Deutschland würde dann zu einer fernen Kolonie, eine Art Taiwan oder Süd-Korea, die mehr oder minder ausreichend mit Rüstungsmaterial zu versorgen wäre.

Das Ringen zwischen den Supermächten erscheint umso absurder, als es sich identisch im Verhältnis zwischen den beiden Teilen Deutschlands wiederholt. Der Übergang von West-Berlin nach Ost-Berlin ist wie der Schritt durch einen Spiegel. Auf der anderen Seite stößt man auf die gleichen Argumente, nur umgekehrt: im Herbst 1983, zur Zeit der großen Demonstrationen, die mehr als drei Millionen Menschen auf die Straße brachten, löste ein protestantischer Pfarrer mit der Erklärung donnernden Applaus aus, man müsse alles tun, »um zu verhindern, daß die beiden Teile Deutschlands gegeneinander ins Feld geführt werden«. Nein, die Interessen der Bundesrepublik, oder vielmehr die Interessen ganz Deutschlands, sind mit den Interessen der beiden Supermächte keineswegs identisch, weder mit denen der einen noch denen der anderen. Deutschland weigert sich, als äußerstes Vorfeld, als »Glacis« des westlichen Systems angesehen zu werden.

Bei dieser großen Umorientierung, die sich durch die Friedensbewegung vollzieht, neigt sich die Waage manchmal sogar zugunsten der Sowjetunion. Stalins berühmte Note aus dem Jahre 1952 spielt dabei eine erhebliche Rolle. Mitten in der Auseinandersetzung über die Wiederbewaffnung der Bundesrepublik hatte Stalin 1952 die Unterzeichnung eines Friedensvertrages vorgeschlagen. Die genauen Bedingungen dieses Vorschlags sind unter Historikern weiterhin umstritten; offenbar hatte Stalin eine Art Tauschgeschäft, Neutralisierung gegen Wiedervereinigung, angeboten. Verzichtet Deutschland auf Wiederaufrüstung, soll es die verlorene Einheit zurückerhalten. Trotz des Interesses der SPD an diesem Vorschlag lehnte Adenauer mit amerikanischer Unterstützung sofort auch nur seine bloße Prüfung ab. Von derartigen Vorgängen ist es ein weiter Schritt bis zu der Vorstellung, die Sowjetunion stehe einer Wiedervereinigung Deutschlands wohlwollender gegenüber als die USA. Die Friedensbewegung vollzieht ihn ohne weitere Bedenken.

Moralische Erneuerung und Dritte-Welt-Bewegung

Man möchte annehmen, bei einem anderen Thema könnte sich die Waage dann doch zugunsten der USA neigen, dem für die Friedensbewegung besonders wichtigen Bereich der moralischen Dimension. Immerhin sind die Vereinigten Staaten im Gegensatz zur Sowjetunion ein demokratisches Land; die Menschenrechte werden geachtet, und von Gulag kann keine Rede sein.

Die Reaktion ist jedoch ganz anders. Hier gibt die marxistische Analyse den Ton an: die wirklichen Freiheiten sind die kollektiven Freiheiten: diese sind in der Sowjetunion sehr viel besser gewahrt. Außerdem hat der amerikanische Kapitalismus in Lateinamerika und anderen Ländern sehr viel mehr Tote auf dem Gewissen als selbst Stalin.

Mit einer derartigen moralischen Verzerrung wird auch die Frage der Dritten Welt betrachtet. Wir sahen bereits, daß sie als ständig offene Wunde das Gewissen der Ökopazifisten belastet: hier verbindet sie sich mit offenem Antiamerikanismus. Bei den Demonstrationen der Friedensbewegung trinkt man demonstrativ Kaffee aus Nicaragua, man proklamiert nachdrücklich, es sei sinnlos, so viel Geld für Rüstung auszugeben, während so viele Menschen Hungers sterben. Riesige Pappraketen werden durch die Straßen gezogen mit der Aufschrift: »Ich bin eine Atomrakete; mit meinem Preis könnte man Hunderte von Kindern in der Dritten Welt ernähren ...«

Die Friedensbewegung besteht aus rund zweitausend verschiedenen Zusammenschlüssen. Zu den wichtigsten gehörten die »Informationsstelle Lateinamerika«, das »Informationszentrum Dritte Welt«, das »Dritte Welt Haus«, der »Buko« (Bundeskongreß Entwicklungspolitischer Aktionsgruppen), die »Arbeitsgruppe Rüstung und Unterentwicklung«. Nach Auffassung der Ökopazifisten »brauchen die Hungernden Brot, keine Bomben: stoppt den Waffenhandel«; die Gleichung ist einfach; sie argumentiert nach dem Prinzip der kommunizierenden Röhren: es würde ausreichen, das in die Rüstungsindustrie investierte Geld für Hilfeleistungen an die Dritte Welt einzusetzen. Dieses Postulat wird mit Nachdruck vorgetragen, ohne sich sonderlich um die Details der ökonomischen Theorie zu kümmern. Es scheint einleuchtend ...

Eine andere Ausdrucksform dieses neuen Moralbewußtseins ist die Rückkehr zu einer alten Tradition des Luthertums: zu einer Art Gewissenserforschung. Dieser widmen sich vor allem jene Gruppierungen mit Hingabe, die sich unter dem Sammelbegriff *Friedensforschung und Friedenserziehung*[1] der Friedensbewegung angeschlossen haben. Frieden auf internationaler Ebene ist nichts anderes als der Friede, den wir im Herzen tragen; man sollte deshalb versuchen, entsprechende Konfliktlösungsmuster zu finden ... Richters in Deutschland erfolgreiches Buch *Zur Psychologie des Friedens* überträgt auf die Beziehungen zwischen Großmächten ein Interpretationsschema, welches in der Individualpsychologie Anwendung findet. In einem anderen Werk ähnlicher Art, *Psychoanalyse und Politik*, analysieren die Autoren Becker und Nedelmann in Freudscher Terminologie die Ursachen der Verblen-

---

1) »Deutsche Gesellschaft für Friedens- und Konfliktforschung«, »Arbeitsgemeinschaft Friedenspädagogik«, »Institut für Friedensforschung und Sicherheitspolitik«, »Studiengesellschaft für Friedensforschung« etc.

dung, von der besonders jene Politiker befallen seien, die das Wettrüsten betreiben. Läge der nächste Schritt nicht nahe, daß im Grunde nur ein psychoanalytisch behandelter Politiker keine Gefahr mehr darstellt?

Zahllos sind die Friedensforscher ganz unterschiedlicher politischer Herkunft: Mechtersheimer, Afheldt, Jo Leinen, Erich Knapp, Roland Vogt, Robert Jungk ... Sie haben verschiedene Pläne »alternativer Verteidigung« entwickelt: Projekte schrittweise einseitiger Abrüstung, um die andere Seite zu ähnlichen Reaktionen zu veranlassen; auch alle jene Pläne »passiver Verteidigung« oder »sozialer Verteidigung«. Sie haben Gandhi und Martin Luther King wieder in Mode gebracht, zitieren sie ständig, um zu beweisen, daß Gewaltfreiheit ein wirksames Mittel zum Widerstand gegen eine Aggression sein kann. Aus derartigen Überlegungen leiten die Abgeordneten der Grünen jene Gleichnisse von gestohlenen Autos ab, mit denen sie Kolloquien und Kongresse erbauen. Als ständiges Beispiel zitieren sie auch den polnischen Widerstand: zur Nachrichtenzeit demonstrativ zum Fenster gestellte Fernseher, zu bestimmter Stunde als Zeichen der Zusammengehörigkeit entzündete Kerzen, Streiks, allgemeiner passiver Widerstand etc.

Die Ökopazifisten gehen nämlich von der Überzeugung aus, die Konfrontation zwischen den Blöcken könne verschwinden, wenn nur das Feindbild abgebaut wird, das sich jede Seite von der anderen gebildet hat. Deshalb muß man an der Basis tätig werden: jedes Individuum muß sein Denken ändern, seine psychologischen Strukturen wandeln, um im anderen nicht den Feind zu sehen, oder im Klartext, um die Russen nicht ständig für potentielle Angreifer zu halten.

Hieran beteiligen sich die Kirchen mit Begeisterung und spielen eine zentrale Rolle.

Die Kirchen

Die Kirchen haben immer die Friedensbewegung unterstützt: diese neue Ausformung des deutschen Pazifismus hatte sofort ihre Billigung gefunden. Seit 1945 waren die deutschen Kirchen ständig mit den Problemen des Krieges, der Rüstung, der Konflikte zwischen Nationen beschäftigt. In der evangelischen Kirche wich die lange Tradition des Bündnisses mit dem Staat einer wachsenden Distanzierung und einer deutlichen Wendung nach links.

Die ersten protestantischen Stellungnahmen wurden 1959 in Heidelberg veröffentlicht. Damals hatte die Kirche versucht, Wehrpflichtige, Berufssoldaten und Kriegsdienstverweigerer in gleicher Weise in ihrem Einflußbereich zu halten; sie erklärte deshalb, »der eine kann seinen Weg nur deshalb gehen, weil ein anderer da ist, der einen anderen Weg einschlägt«. 1967 hatte sich die Formel weiterentwickelt; jetzt hieß es, »dem Frieden dienen, mit oder ohne Waffen«.

Seitdem steht eine wachsende Zahl kirchlicher Amtsträger vor der Frage, ob nicht ein gänzlicher Verzicht auf Waffen die beste Lösung für den Christen wäre – die mit der höchsten Glaubwürdigkeit. Die pazifistische Emphase der 1975 vom Weltkirchenrat verabschiedeten Friedenserklärung von Nairobi hat diese Tendenz zweifellos gestärkt.

Heute unterstützen drei große, aus der evangelischen Kirche hervorgegangenen Gruppen die Friedensbewegung: »Christen für Abrüstung«, »Frieden schaffen ohne Waffen«, die wiederum aus dem Zusammenschluß zweier Gruppen hervorgegangen ist: »Aktion Sühnezeichen – Friedensdienste« und »Gemeinschaft Friedensdienst«. Die Friedenswoche, die sie im November 1981 veranstalteten, hatte ein gewaltiges Echo. Wer sich dieser Strömung anschließt, verpflichtet sich, in seiner alltäglichen Umgebung für den Frieden zu arbeiten: in der Familie, bei den Freunden, in der Schule, im Büro, in der Universität, in der Gemeinde, bei den Parteien. Die dritte Gruppe trägt den Namen »Ohne Rüstung leben«. Sie geht von einem Aufruf aus, der als Stuttgarter Aufruf bezeichnet wird und alle, Christen wie Nichtchristen, auffordert, das Risiko eines Verzichts auf den Schutz durch Waffen anzunehmen. Der Aufruf schließt mit den Worten:»Glaubt ihr nicht, so werdet ihr nicht überleben (Jesaja 7,9).«

Selbstverständlich engagieren sich die katholische Kirche und vor allem die Vertreter ihrer Hierarchie in diesem Kampf für den Frieden weniger offen. Im Vergleich zu ihren protestantischen Kollegen zeigen die Bischöfe deutliche Zurückhaltung. Immerhin nahm aber ganz Deutschland mit großer Aufmerksamkeit zur Kenntnis, daß Papst Johannes Paul II. vor dem Totenmal von Hiroshima ausrief: »Nie wieder darf es Krieg geben.« Die 1948 im Zusammenhang mit der deutsch-französischen Versöhnung gegründete katholische Bewegung »Pax Christi« wirft der Kirche ihr mangelndes Friedensengagement vor. Seit 1981 wirkt sie aktiv an der Friedensbewegung mit. Sie vertritt weitgehend das gleiche Credo wie die protestantischen Organisationen: Selbstbeschränkung im Konsum als Beitrag zum Frieden, einseitige Abrüstung als Zeichen des guten Willens (mit Einrichtung »alternativer Sicherheitssysteme für eine Übergangszeit«).

All diese Gruppen sind in ihrer logistischen Unterstützung für die Ökopazifisten keineswegs knauserig. Die Kirchen sind praktische Versammlungsorte; sie beherbergen die Nachtwachen und das Fasten für den Frieden, die zu geläufigen Formen des Protests geworden sind. Überall erklingen bei den Demonstrationen protestantische Gebete und Lieder; die Teilnehmer setzen sich auf den Boden und bilden damit die Form eines riesigen Kreuzes. Biblische Texte prägen die ganze Denkweise der Friedensbewegung. Der häufigste Bezugstext ist die Bergpredigt.

Diese Bergpredigt (Matthäus 5, 6 und 7) enthält zahlreiche Passagen, die zu den berühmtesten Texten christlicher Tradition gehören. Ihre Botschaft ist der Aufruf, sich aus der armseligen menschlichen Logik zu lösen, über das Ge-

237

setz des Alten Testaments hinauszugehen und das Heil durch absolutes Gottvertrauten zu erreichen. Hier findet man die umstrittensten Aussagen, angefangen mit den berühmten Seligpreisungen:

»Selig sind, die da geistig arm sind; denn das Himmelreich ist ihrer.«

»Selig sind, die da Leid tragen; denn sie sollen getröstet werden.«

»Selig sind die Sanftmütigen; denn sie werden das Erdreich besitzen.«

»Selig sind, die da hungert und dürstet nach der Gerechtigkeit; denn sie sollen satt werden.«

»Selig sind die Barmherzigen; denn sie werden Barmherzigkeit erlangen.«

»Selig sind, die reinen Herzens sind; denn sie werden Gott schauen.«

»Selig sind die Friedfertigen; denn sie werden Gottes Kinder heißen.«

»Selig sind, die um der Gerechtigkeit willen verfolgt werden; denn das Himmelreich ist ihrer.«

Selbstverständlich beziehen die Demonstranten der Friedensbewegung diesen Text unmittelbar auf sich selbst. Sie sind es, denen das Himmelreich zuteil wird, da sie die Tugenden der Seligpreisungen in die Tat umsetzen, für sie gilt also, was der weitere Text der Bergpredigt verkündet:

»Ihr seid das Salz der Erde. Wo nun das Salz dumm wird, womit soll man's salzen? (...) Ihr seid das Licht der Welt (...) Denn ich sage euch: Es sei denn eure Gerechtigkeit besser als der Schriftgelehrten und Pharisäer, so werdet ihr nicht ins Himmelreich kommen.«

Gibt es eine schönere Ermutigung? Der Text fährt fort: »Ihr habt gehört, daß zu den Alten gesagt ist: ›Du sollst nicht töten, wer aber tötet soll des Gerichts schuldig sein.‹ Ich aber sage euch: Wer mit seinem Bruder zürnt, der ist des Gerichts schuldig (...); wer aber sagt: ›Du Narr‹, der ist des höllischen Feuers schuldig. Darum, wenn du deine

Gabe auf dem Altar opferst (...) versöhne dich mit deinem Bruder.«

»Eure Rede aber sei: Ja, ja; nein, nein (...).«

»Ihr habt gehört, daß da gesagt ist: ›Auge um Auge, Zahn um Zahn‹. Ich aber sage euch, daß ihr nicht widerstreben sollt dem Übel; sondern so dir jemand einen Streich gibt auf deinen rechten Backen, dem biete den anderen auch dar. Und so jemand mit dir rechten will und deinen Rock nehmen, dem laß auch den Mantel. Und so jemand dich nötigt eine Meile, so gehe mit ihm zwei.«

»Ihr habt gehört, daß gesagt ist: ›Du sollst deinen Nächsten lieben und deinen Feind hassen‹. Ich aber sage euch: Liebet eure Feinde; segnet die euch fluchen; tut wohl denen, die euch hassen; bittet für die, so euch beleidigen und verfolgen, auf daß ihr Kinder seid eures Vaters im Himmel (...).«

»Denn wo euer Schutz ist, da ist auch euer Herz.«

»Niemand kann zwei Herren dienen (...) Ihr könnt nicht Gott dienen und dem Mammon.«

»Sehet die Vögel unter dem Himmel an: sie säen nicht, sie ernten nicht, sie sammeln nicht in die Scheunen; und euer himmlischer Vater nährt sie doch (...) Schauet die Lilien auf dem Felde (...): sie arbeiten nicht, auch spinnen sie nicht. Ich sage euch, daß auch Salomo in all seiner Herrlichkeit nicht bekleidet gewesen ist wie derselben eine (...) Darum sorget nicht für den anderen Morgen; denn der morgende Tag wird für das Seine sorgen. Es ist genug, daß ein jeglicher Tag seine eigenen Plagen habe.«

Und außerdem: »Richtet nicht, auf daß ihr nicht gerichtet werdet (...) Was siehst du aber den Splitter in deines Bruders Auge, und wirst nicht gewahr des Balkens in deinem Auge? (...) Zieh am ersten den Balken aus deinem Auge; danach siehe zu, wie du den Splitter aus deines Bruders Auge ziehest.«

Am Ende steht eine Aufforderung und eine strenge Drohung: »Gehet ein durch die enge Pforte. Denn die Pforte ist weit und der Weg ist breit, der zur Verdammnis abführt; und ihrer sind viele, die darauf wandeln. Und die Pforte ist eng und der Weg ist schmal, der zum Leben führt; und wenige sind ihrer, die ihn finden«.

»Darum, wer diese meine Rede hört und tut sie, den vergleiche ich einen klugen Mann, der sein Haus auf einen Felsen baute. (...) Und wer diese meine Rede hört und tut sie nicht, der ist einem törichten Manne gleich, der sein Haus auf den Sand baute. Da nun ein Platzregen fiel und kam ein Gewässer und wehten die Winde und stießen an das Haus, da fiel es und tat einen großen Fall.«

Diese Predigt hat Kirchen und Schriftgelehrte immer in Verlegenheit gebracht. Ihre Moral scheint so wenig von dieser Welt; die Ermahnung, sich nicht zu verteidigen, die linke Backe hinzustrecken, steht in derartigem Widerspruch zur Weisheit der Völker, daß man sie vor allem als Beschreibung eines Idealzustandes deuten wollte, den die Christen anstreben sollten. Heute aber gibt es in Deutschland eine ganze Bewegung, die die Bergpredigt wörtlich nehmen will.

An der Spitze dieser fundamentalistischen Strömung, die verlangt, daß sich die weltliche Existenz der Christen wörtlich an der Bibel ausrichten soll, steht ein in Deutschland weithin bekannter Fernsehjournalist, Franz Alt. In seinem knapp hundert Seiten langen, in achthunderttausend Exemplaren verkauften Buch *Frieden ist möglich* versucht er nachzuweisen, daß die Politik der Bergpredigt auf das praktische Leben des zwanzigsten Jahrhundert anwendbar ist. Dieser westliche Integrismus erinnert unweigerlich an den schiitischen Integrismus, welcher den Koran zum einzigen Gesetz für die weltliche Gesellschaft erheben will. Ganz ähnlich sieht Alt »die Schizophrenie des Westens, die ihn in den Abgrund führt, in der Trennung von Religion und Politik«.

Aus einer solchen Sicht versteht man die Bergpredigt ganz anders. Wenn wir unsere Feinde lieben sollen, sollten wir zunächst den Balken in unserem Auge erkennen vor dem Splitter im Auge der Russen. Beseitigen wir also unsere Pershing, bevor wir überhaupt versuchen, ihre SS-20 abzuschaffen. Hören wir auf damit, uns gegenüber der Sowjetunion moralisch überlegen zu fühlen. Reagan ist von Wahnsinn geschlagen, wenn er die UdSSR als jenes berühmte »Reich des Bösen« verteufelt, statt die christliche Moral der Feindesliebe zu befolgen. Selbstverständlich ist dieser Weg schwierig; die Friedensdemonstranten sind stolz darauf, Auserwählte zu sein, die den »schmalen Pfad« gewählt haben. Und das Ende der Predigt, das Gleichnis vom zusammenbrechenden Haus, ist das nicht – getreu der ökopazifistischen Tradition – eine Vision der Katastrophen, die unweigerlich eintreten müssen, wenn nicht eine radikale Reform eintritt? Bei der Demonstration tragen Jugendliche große Plakate: *Liebe ist stärker als die Bombe.*

Gewiß vertritt Franz Alt auch innerhalb der Bewegung extreme Positionen; zahlreiche »Pastoren für den Frieden« schlagen aber ähnliche Wege ein, viele Bücher gehen in ihrer Argumentation von der Verpflichtung zur Nächstenliebe aus.

Der frühere SPD-Minister für Entwicklungspolitik, Erhard Eppler, selbst ein Pastorensohn, verknüpft in seinem Werk *Die tödliche Utopie der Sicherheit* strategische und religiöse Überlegungen. Seine Behauptung, allein die gegenseitige Verwundbarkeit beider Supermächte könne den Konflikt vermeiden, ist durchzogen von Betrachtungen über »Gewißheit und Sicherheit der Christen« wie der Titel eines der Kapitel lautet, das sich mit der Bedeutung der Liebe in der Politik beschäftigt.

Die Kirchen und das religiöse Denken spielen also in der Friedensbewegung eine zentrale Rolle. Zweifellos haben sie zu ihrer Legitimation beigetragen, sie hoffähig gemacht – ebenso gewiß ist auch, daß sich das Feld der religiösen Betrachtungen häufig mit der Thematik der Grünen deckt.

Aktionen der Grünen

Die Grünen haben viel mit den Kirchen gemeinsam, vor allem ihren Hang zur Askese. Die Grünen verweigern den Konsum und entziehen sich damit einer Wirtschaft, die die Dritte Welt unterdrückt und dadurch unmittelbar zum Dritten Weltkrieg führen muß, eine weitere Antriebskraft ist aber auch ihre berühmte Suche nach pantheistischer »Ganzheit«, nach Harmonie, nach Konsens.

Als Übung (denn eine gewaltlose Demonstration läßt sich nicht improvisieren: sie muß sorgfältig im voraus geprobt werden) sitzen sie im Kreis auf der Erde und halten sich stundenlang schweigend die Hände. Von Zeit zu Zeit unterbricht ein Gesang die Stille: »Wir sind das Wasser, das sanfte Wasser, das den Stein höhlt« ... Bei den Demonstrationen werden dann die Polizisten nicht mehr »Scheißbullen« genannt, sondern als »liebe Polizisten« angeredet, an die man Kaffee, Blumen und farbige Luftballons verteilt. Die entsprechenden Gruppen der Friedensbewegung (»gewaltlose Trainingsgruppe«, »gewaltfreie Trainings- und Begegnungsstätte Gorleben«) haben gut gearbeitet.

Wenn Gewaltlosigkeit die Parole für den Umgang mit dem äußeren Feind ist, gilt sie auch für den inneren Feind: den Staat. Ein Staat, der Waffen aufstellt, ist mehr denn je Feind Nummer Eins. Gegen ihn ist alles erlaubt: man blockiert drei Tage lang die amerikanischen Kasernen, wo die Pershings erwartet werden, photographiert die Startrampen, damit ihr Anblick überall vertraut wird, verteilt Landkarten, auf denen die Stationierungsorte nuklearer Waffen verzeichnet sind und fordert jedermann auf, seine persönlichen Beobachtungen aufzuzeichnen und sie der Informationszentrale zugänglich zu machen, man veranstaltet Blutspendeaktionen, um damit anschließend in spektakulärer Weise militärische Einrichtungen und Fahrzeuge zu beschmieren etc. Regelmäßig veranstaltet der Koordinationsausschuß der Friedensbewegung phantasievolle Initiativen, um sich dem Staat in Erinnerung zu bringen: so wird beispielsweise ein Datum festgelegt, zu dem alle Kontoinhaber aufgefordert werden, so viel Geld abzuheben wie möglich. Oder auf alle Geldscheine pazifistische Sprüche zu schreiben oder schreiben zu lassen, vielleicht auch die Zahlung der »Kriegssteuer« zu verweigern, d. h. den Teil der allgemeinen Steuern, der den Verteidigungsausgaben entspricht.

Derartiges bezeichnet man als zivilen Ungehorsam, Widerstand gegen den Staat »auf polnisch«; die Lehren Thoreaus und der Friedenssucher werden in die Tat umgesetzt.

Die Grünen haben Anfang der achtziger Jahre sogar beim Bundesanwalt Klage erhoben und den Staat beschuldigt, einen Angriffskrieg vorzubereiten. Die öffentliche Meinung allerdings reagierte mehr irritiert als begeistert.

Eine weitere Methode des indirekten Widerstands gegen den Staat erfreut sich besonderer Beliebtheit: gewisse Gemeinden erklären sich als »atomwaffenfrei«. Auf dem offiziellen Ortsschild mit dem Namen der Gemeinde steht dann: Atomwaffenfreie Gemeinde.

Die Schuld

Kurz, bei derartigen Aktionen geht es darum, um jeden Preis Sand ins Getriebe zu bringen. Die Motivation hierzu ist umso größer, als in der Friedensbewegung ein weiteres Phänomen in frappierender Weise zutagetritt. Die Theorien, die auch in einem demokratischen System die Legitimität des Widerstands gegen den Staat behaupten, finden im komplexen Bereich deutscher Schuldgefühle erstaunliche Nahrung.

Selbstverständlich wirkten die Filme, Dokumente und Photos, die in der Schule über die Methoden des Dritten Reiches gezeigt wurden, auf hunderttausende junger Deutscher, vor allem auf die sensibelsten unter ihnen, wie ein Schock. Manche bewahren das Entsetzen in bleibender Erinnerung, das sie im Alter von dreizehn Jahren beim Dokumentarfilm von Resnais *Nacht und Nebel* erfaßt hatte; dieses Grauen wird sie ihr Leben lang nicht mehr verlassen. Wie kann man sich aus einem derartigen Alptraum lösen, wo es sich um eine Schuld handelt, die man nur noch als Erbe übernimmt?

Zunächst, indem man ständig davon spricht, bei jeder Gelegenheit auf die Vergangenheit hinweist. Dies kommt in der penetranten Wiederholung gewisser Sätze zum Ausdruck: »Nie wieder Krieg von deutschem Boden« ist eine gängige Formel geworden, die in allen Demonstrationen der Friedensbewegung auftaucht, auf den Spruchbändern steht oder Buchstabe für Buchstabe von Plakate tragenden Demonstranten gebildet wird. Eine Form von Bewältigung der Vergangenheit liegt auch darin, daß man sie ständig zur Deutung der Gegenwart heranzieht und vorgibt, sie lebe in der Bundesrepublik wieder auf, um so wenigstens im Nachhinein die rettende Geste des Widerstands vollziehen zu können.

Die Kirchen sind an der Ermutigung dieses Phänomens keineswegs unbeteiligt. Der Protestantismus maß den Begriffen Schuld und Sühne schon immer eine große Bedeutung zu. Eine der wichtigsten christlichen Gruppen in der Friedensbewegung heißt, wie gesagt, »Aktion Sühnezeichen«; einer der protestantischen Feiertage ist der Buß- und Bettag zur Zeit von Allerheiligen. Die Bußfertigkeit scheint im deutschen Seelenleben eine große Rolle zu spielen: sie ist eine Art, die historischen Selbstvorwürfe darüber abzuarbeiten, daß man sich dem Nationalsozialismus nicht widersetzt hatte, als noch Zeit dazu war.

Die Friedensbewegung verknüpft also ständig Pershing und Hitler. Der Widerstand gegen die Raketen erhält damit eine sakrale Würde, die der Widerstand gegen den Diktator hätte haben sollen; Plakate, Bücher und Broschüren wiederholen ständig »Diesmal wird niemand behaupten können, er hätte von nichts gewußt«. Dieser an die vorangegangene Generation, die angeblich nicht gewußt hatte, was in den Lagern geschah, gerichtete Vorwurf ist zu einem Leitmotiv der Friedensbewegung geworden ... Die Pershings sind wie Hitler das Übel an sich, die irdische Inkarnation des Bösen, das zu bekämpfen ist. Wer gegen das Böse kämpft, wird errettet werden. Ein Mann wie Günter Grass wirft sich ohne Zögern auf dieses Schlachtroß; er beruft sich auf den berühmten Artikel zwanzig des Grundgesetzes (der den Bürgern das Recht auf Widerstand gegen den Staat zuspricht), um die Ablehnung der Pershing zu legitimieren.

Die Auswirkungen des deutschen Schuldgefühls gehen aber noch weiter. Noch heute überdecken die Verbrechen Hitlers diejenigen Stalins: die zwanzig Millionen Toten, die die Sowjetunion im letzten Krieg zu beklagen hatte, wurden ständig erwähnt und lasten auf dem Gewissen der Deutschen; gemeinsam mit antiamerikanischen Stimmungen entsteht so ein seltsames Wohlwollen gegenüber den Russen.

Gewisse Milieus der Friedensbewegung gehen soweit, eine vollkommene Umkehr zu vollziehen. Diese Deutschen sehen sich bereits so sehr als die Opfer des Dritten Weltkriegs, beweinen ihr Schicksal mit solcher Intensität, daß der Eindruck entstehen muß, sie wollten um jeden Preis aus Henkern zu Opfern werden, um die Vergangenheit zu kompensieren. Sie reden sich dies so lange ein, bis sie schließlich selbst von ihrer Opferrolle überzeugt sind. Dauernd spricht man von der Bombardierung Dresdens, niemals von Coventry oder Rotterdam, die doch vorangegangen waren; man spricht von Hiroshima und Nagasaki als »Verbrechen gegen die Menschheit« und vergißt, daß es vorher Auschwitz gegeben hatte und daß schließlich nicht die Alliierten den Krieg begonnen hatten. Die Grünen gingen sogar soweit, eine Art umgekehrten Nürnberger Kriegsverbrecher-Prozeß zu veranstalten, um diese Verbrechen zu verurteilen. In der öffentlichen Diskussion taucht sogar eine neue Version der *Kriegsschuldlüge* auf,

jener Auflehnung der Deutschen gegen die ihnen zuge-
schriebene Schuld am Ausbruch des Ersten Weltkriegs.
Eine ganze Reihe von Veröffentlichungen[1] wirft heute den
Alliierten und besonders den Briten vor, sie seien deshalb
nicht bereit, Rudolf Heß freizulassen, weil er angeblich
Dokumente besäße, mit denen sich der ausdrückliche Wille der Alliierten beweisen ließe, 1941 (als Heß dies anbot)
den Krieg nicht zu beenden, sondern ihn bewußt bis zur totalen Niederwerfung Deutschlands fortzuführen. Die Alliierten seien also mit anderen Worten die wahren Verantwortlichen für das unerhörte Ausmaß, das der Krieg nach
1941 annahm ...

Beim ausländischen Beobachter müssen derartige psy-
choanalytischen Verlagerungen ein gewisses Unbehagen
auslösen. In der politischen Entwicklung Deutschlands
spielen derartige Phänomene durchaus eine Rolle: die
politischen Fragen sind Fragen der Metaphysik, der
Empfindsamkeit und der kollektiven Psychologie geworden.

Eine neue Ideologie

Hat die Friedensbewegung eine Zukunft?

Als Zusammenschluß tausender höchst disparater
Gruppierungen unter einer in sich zerstrittenen Führung,
ihres Hauptsündenbocks beraubt, seitdem die Pershing
aufgestellt sind, wird sie es schwer haben, als eigenständi-
ge Organisation zu überleben. Aber ihre Rolle hat sie bereits erfüllt: in gewandelter Form das gewaltige Protestpotential gegen den Staat zu sammeln, das sich in Deutschland immer wieder bildet. Zwischen den Demonstrationen
gegen den Frankfurter Flughafen und gegen das Atom-

---

1) Der Sohn von Rudolf Heß hat ein Buch veröffentlicht, das den Englän-
dern und nicht mehr den Russen die Verantwortung für das unmenschliche
Festhalten seines Vaters im Spandauer Gefängnis zuschreibt.

kraftwerk Brokdorf, dem Terrorismus, den Hausbesetzern und der Friedensbewegung besteht Kontinuität: sie
trägt die gleichen Wertvorstellungen weiter. Auch sie werden verschwinden, neue Formen und Anlässe des Prote-
stes werden an ihre Stelle treten. Der harte Terrorismus,
der mit der Ermordung Audrans und Zimmermanns 1985
erneut auftrat, könnte durchaus eine Reaktion Einzelner
sein, die zur Verhinderung der Pershing zunächst auf Pazifismus gesetzt hatten. Vor allem aber scheint es, als ginge
die Friedensbewegung immer mehr in den Grünen auf.

Sie verstehen es nämlich, alle jene diffusen Bestrebungen zu artikulieren, die sich zeitweise mit den strategischen, pazifistischen Anliegen der Friedensbewegung verknüpft hatten. Die Anziehungskraft der Friedensbewegung selbst lag übrigens zu einem guten Teil darin, daß sie
Millionen junger Menschen einige Monate lang die Möglichkeit gaben, öffentlich ihren Glauben zu bekennen.

Um einen Glauben geht es in der Tat. Verbindet sich der
Ökopazifismus, wie ihn beispielsweise Bahro vertritt, mit
dem Streben der Jugend nach Gerechtigkeit und Glück,
mit ihrem qualvollen Nationalismus und ihren Träumen
von einer vollkommenen Welt, entsteht eine wirkliche
Weltanschauung, eine in sich zusammenhängende Ideologie, die ein umfassendes Welterklärungsmodell anbietet.

Beobachten wir beispielsweise eine junge deutsche
»Grüne«, die als Au-pair-Mädchen in einem Appartement
des siebten Pariser Arrondissements lebt. Ihr ist deutlich bewußt, wie privilegiert hier die Lebensverhältnisse im Vergleich zu anderen, ärmeren Vierteln der Hauptstadt sind.
Sie ist Vegetarierin; sie rümpft auch die Nase, wenn man
ihr ein raffiniertes Dessert anbietet: diese Kuchen sind sicherlich voller Farbstoffe und absurd teuer, denkt man an
das Elend der Dritten Welt. Sie für ihren Teil hat mit Luxus nichts im Sinn. Sie trägt schlotternde Hosen, plumpe
Stiefel und unförmige Rollkragenpullover, zur großen
Verzweiflung des Hausherrn. Mit den Kindern versteht sie
sich wunderbar: sie zeichnet, singt und umhegt sie mit un-

ermüdlicher Liebe; gegenüber ihrer sonstigen Umgebung ist sie dagegen vollkommen gleichgültig. Sie erhält ständig Briefe von zuhause und von einigen Bekannten, die ihre Überzeugungen teilen. Zehn Monate wird sie so in Frankreich verbringen, vollkommen unberührt von allem, was die Kultur unseres Landes ausmacht, ohne die geringste Neugier, wenigstens die Familie zu verstehen, bei der sie wohnt. Schließlich fährt sie wieder ab mit ihren immer gleichen Kreppsohlen, ihren ewigen formlosen Rollkragenpullovern: ihre eigene Welt genügt ihr, ihre Ideologie schirmt sie vor jeglichem Einfluß einer Umgebung ab, die nicht in ihr Weltbild paßt.

Ihre Überzeugungen tragen tatsächlich alle Kennzeichen einer Ideologie, indem sie eine vollständige Deutung der Welt anbieten: auf der einen Seite verheißt der Ökopazifismus im weitesten Sinne eine bessere Welt, eine basisdemokratische Welt mit kleinen Produktionseinheiten, Befreiung und Glück für die Dritte Welt, von Grund auf erneuerte menschliche Beziehungen und die geschichtliche Erlösung von der deutschen Erbsünde. Auf der anderen Seite steht alles schlechte: Industriegesellschaft, Pershing, vom Kapitalismus pervertierte Demokratie ... Heil kann nur die große Umkehr, die radikale Reform bringen. Diese Reform ist unumgänglich, die Zeit drängt, da das Ende der Welt unmittelbar bevorsteht.

Diese Vorstellungswelt vermischt alle Ingredienzien, aus denen auch die großen Religionen, die großen transnationalen Ideologien wie Christentum, Marxismus und Faschismus zusammengefaßt sind.

Vertieft man sich weiter in diese neue Ideologie, bemerkt man rasch, daß sie vor allem »deutsch« ist. Sie trägt unleugbar romantische Züge. Die gegenwärtige Vorliebe für Herzensergießungen, für eine neue Sinnlichkeit und Empfindsamkeit gegenüber dem als tödlich trocken und unmenschlich empfundenen Rationalismus erinnert unweigerlich an die Zeit, als Deutschland, von der Aufklärung enttäuscht, den einige Jahre zuvor begeistert aufgenommene Ideen der Revolution und Republik den Rücken kehrte. Auch die romantische Epoche spielte gerne mit Weltuntergangsvorstellungen. In dieser Hinsicht ist es frappierend, in einem Text des Malers Philipp Otto Runge aus dem Jahre 1802 zufällig auf folgende Darlegungen zu stoßen: »Ich dachte einmal so an einen Krieg, der die ganze Welt umkehren könnte (...) Da der Krieg nun durch die ganze Welt hin zu einer Wissenschaft geworden und also nicht mehr wirklich existiert (...) – ich sah, sage ich (um die Welt zu ändern) kein anderes Mittel als den jüngsten Tag, wo die Erde sich auftun und uns alle verschlingen könnte, das ganze menschliche Geschlecht ...«. Diese Endzeitbesessenheit, diese feste Überzeugung, man lebe mitten im Weltuntergang, ist seit Luthers Zeiten fester Bestandteil deutschen Denkens.

Der schon zitierte Brief in der *Zeit* als Nachruf auf den Tod eines ihrer Mitarbeiter zeigt, welche Kontinuität in geistigen Grundhaltungen besteht, die man schon einige Jahrzehnte zuvor beobachten konnte, und in welchem Ausmaß sogar eine vergessen geglaubte Sprache wieder auftaucht. Frappierend ist schon die Überschrift des Briefes: »Dank für Deine Treue«. Seitdem die SS sich die Formel »Meine Ehre heißt Treue« zum Wahlspruch gewählt hatte, war der Begriff Treue nur noch mit äußerster Zurückhaltung verwendet worden. Ebenso findet sich der Begriff Volk, der zu Beginn des Jahrhunderts Mode gewesen und fast verschwunden war, in den Äußerungen der Grünen heute allenthalben. Da kann es nicht überraschen, daß man heute wieder an das deutsche »Volk« appelliert, es auffordert, sich ohne alle Klassenunterschiede zusammenzuschließen, diesmal um den endgültigen Holocaust zu verhindern.

Einem Franzosen muß auffallen, daß das grüne Credo in gewisser Hinsicht stark vom Denken Rousseaus beeinflußt ist. Wir erinnern uns: »Wer es auf sich nimmt, ein Volk zu schaffen, muß sich in der Lage fühlen, sozusagen die menschliche Natur zu verändern, jedes Individuum, welches eigentlich ein in sich abgeschlossenes und einsames Wesen ist, so zu verwandeln, daß es zum Teil eines größeren Ganzen wird, aus dem dieses Individuum dann sozusagen sein Wesen und Sein bezieht (...), die physische und unabhängige Existenz, die uns allen die Natur verliehen hat, durch eine partielle und moralische Existenz zu ersetzen.« Ganz ähnlich sind auch die Träume der Grünen und der Ökopazifisten. Auch hier finden wir den »grundlegenden Wandel« des menschlichen Wesens, das auch von ihnen aufgestellte »moralische« Postulat, hier das »große Ganze«, dem wir angehören sollen, hier die »Ganzheit«, von der Manon Maren-Grisebach träumt.

Die beiden Philosophien sind sehr verwandt. Schon Rousseau verlangte, man solle der Natur möglichst nahe sein, da sie die Quelle alles Guten ist. Er ist der einzige französische Denker (vielleicht aber war er schon sehr schweizerisch), der derart einem Traum von Reinheit, von vollkommener Güte verfallen ist. Zwei Jahrhunderte später streben nun die Grünen nach dem absoluten Guten.

In Gestalt des Ökopazifismus trägt Deutschland aber auch weiter an der Last der nationalsozialistischen Verirrungen. Diese Jugend, diese Ökopazifisten würden sich niemals mit solcher Hingabe in derartige neue Bindungen stürzen, verhießen diese nicht einen Weg, sich von der schweren Last freizumachen, ein Deutscher zu sein. In seinem Buch *Erinnerungen einer Botschaft* stellt Jean François-Poncet hierzu bedenkenswerte Überlegungen an. Seine 1946 geschriebene Einleitung bezeichnet den Nationalsozialismus als »etwas Haarsträubendes und Außerordentliches. Er erstrebte nicht die militärische Herrschaft Deutschlands über Europa, sondern hatte zugleich den Ehrgeiz, die moralischen und geistigen Grundlagen umzustürzen, auf denen die zivilisierte Welt bis dahin beruht hatte.« François-Poncet fragt sich, was aus Deutschland nach dem Zusammenbruch werden kann:

»Wir werden mit Sicherheit das Entstehen einer Hitler-Legende erleben. Die Umstände seines Todes, seine Heirat mit Eva Braun in letzter Stunde, das letzte Abendessen mit den letzten Getreuen, die Abschiedsworte in diesem Kreis, der Doppelselbstmord, die Einäscherung vor der Türe des unterirdischen Bunkers im Getöse der Granaten, die in die brennende Stadt einschlugen – alles Einzelheiten, die an Walhalla, an die Götterdämmerung erinnern und sich tief in die Vorstellungswelt des deutschen Volkes eingraben werden. Viele Deutsche werden von Hitler sagen, was man schon zu seinen Lebzeiten erklärte: ›Er wollte nur die Größe seines Landes. Er war ein Patriot. Er hatte schlechte Berater. Die Seinen haben ihn verraten!‹ Man wird die Greuel und Entsetzlichkeiten seiner Herrschaft vergessen und versuchen, ihn zum Helden und Märtyrer zu erheben. In Erinnerung wird bleiben, daß es zu seiner Zeit Arbeit im Überfluß gab, daß seine Sozialpolitik kühne Neuerungen schuf; mit Sehnsucht wird man an die Zeit zurückdenken, als die Feste grandios waren, als die ganze Welt auf Deutschland blickte, als das Reich bei seinen Nachbarn Furcht erregte und der Sieg sich an seine Fahnen heftete, von einem Ende Europas bis zum anderen; man wird diese Erinnerungen mit dem gegenwärtigen Elend vergleichen und sich nach einer Vergangenheit sehnen, die groß erscheinen wird.«

1946 konnte man vernünftigerweise nur eine derartige Entwicklung erwarten, es kam jedoch ganz anders. Selbst die Versuche einer gewissen Rehabilitierung Hitlers, wie beispielsweise der Film *Hitler, eine Karriere*, verfuhren äußerst zurückhaltend. Hitler wurde vielmehr zum großen Satan – weltweit mit dem Antichrist gleichgesetzt. Die Begriffe »Nazi« oder »SS« sind überall zu Schimpfworten geworden, in der ganzen Welt gilt das Hakenkreuz als Symbol des Fluchs, in zahllosen Filmen trägt der Schurke einen deutschen Namen. Ganze Felder deutscher Semantik sind mit der Vorstellung des Bösen verknüpft; eine ganze Folklore germanischer Mythologeme ist entstanden, die als Symbol für abscheuerregende, perverse und zynische Brutalität gelten.

Diese Bilderwelt bietet unerschöpfliches Material für Videokassetten und Pornofilme, die vierzig Jahre später aufreizende Bilder einer nackten Kapo mit Stiefeln und Peitsche zeigen. Selbst in jenen Zeiten, als Napoleon als der Menschenfresser Boney galt, mit dem die Ammen britischen Kleinkindern drohten, hatte das französische Ego weniger zu leiden.

Nein, die Deutschen haben Hitler die Schande keineswegs verziehen, die er über ihr Land gebracht hat – vielleicht wäre es sogar besser, sie hätten vergeben und vergessen, vielleicht hätten wir eine derartige Entwicklung sogar unterstützen sollen, indem wir das Übel des Nazismus deutlich von seiner mythischen Dimension unterscheiden. Der Weg, auf dem die Deutschen heute versuchen, sich von ihrer Schuld zu befreien, ist nämlich nicht minder gefährlich. Die Gleichsetzung des Widerstands gegen einen demokratischen Staat mit dem Widerstand gegen Hitler, die Vorstellung, Deutschland sei das Bußopfer eines Dritten Weltkriegs, in französischen Augen mag dies absurd erscheinen. Unglücklicherweise handelt es sich hier aber um eine List der Geschichte, die man, auch wenn sie unausweichlich scheint, doch wenigstens durchschauen sollte. Auf derart gewundenen Umwegen zahlen die Deutschen noch immer an ihrer ungelöschten Schuld. Wir Franzosen müssen dafür zahlen, daß wir nicht fähig waren, wirklich zu verzeihen, daß es uns bequemer schien, bei jedem Anlaß ein billiges Schreckbild vorzuzeigen und uns so in unserem eigenen guten Gewissen zu wiegen.

Schließlich bestätigt sich auch folgendes: die Deutschen haben größte Schwierigkeiten, ohne Ideologie zu leben. Deshalb bringen sie immer wieder große Philosophen hervor. Ihr Bedürfnis ist groß, die Welt mit einem vorgegebenen Erklärungsmuster in Einklang zu bringen, das von jedem Zweifel befreit. Schon Luther stellte manche seiner Theorien teilweise nur deshalb auf, weil er ein Gedankensystem brauchte, um seine Grundangst zu beruhigen, die Furcht vor der Verdammung. Die Deutschen bringen deshalb immer wieder Ideologien vor. Die Art, wie das deutsche Establishment heute die Marktwirtschaft zum Dogma erhebt, findet ihre Entsprechung in den Ideologien der Linken, die ein gleicherweise ausschließliches Weltbild anbieten.

Im Ökopazifismus finden sich die gleichen Bestandteile wie in anderen Ideologien, insbesondere wie in der nationalsozialistischen Ideologie, aber die Schlußfolgerungen sind diesmal ganz andere. Der Staat wird diesmal nicht in den Himmel gehoben, sondern verabscheut. Der Nationalismus spielt eine wichtige Rolle, statt aber Aggressivität auszulösen, soll man nun in seinem Namen die linke Backe hinstrecken. Die neue Ideologie rechtfertigt nicht mehr Brutalität und Zynismus, sondern will die Welt durch Gewaltlosigkeit und Güte erneuern.

Kurz, es handelt sich um eine neue »Umwertung aller Werte«, die geradlinig in einer Tradition steht, zu der Deutschland fähig ist, wenn es sich, wie ein Phönix aus der Asche, aus sich selbst heraus erneuert.

Deutschland – wiedergefunden

Diese Bewegung, so wird man sagen, besteht, das läßt sich nicht leugnen, sie bringt zahlreiche Menschen auf die Straße. Aber auch in Frankreich hat ein Thema wie die Privatschulfrage einen ähnlichen Mobilisierungseffekt. Außerdem hat diese Bewegung überhaupt nichts Neues vorzuschlagen. All ihre Ideen sind alt und abgestanden. In den USA, woher sie ursprünglich stammen, sind sie stekkengeblieben; in Deutschland wird das gleiche geschehen. Es handelt sich um bloße Rückzugsgefechte, über die man sich nicht sonderlich aufregen sollte; dies alles geht von alleine ein!

Keineswegs … wir beobachten die Vorhutscharmützel kommender Auseinandersetzungen. Gewiß, die Ökologie ist eine relativ »alte« Bewegung, die in Frankreich, wo sie nicht Wurzel fassen konnte, schrecklich altmodisch wirkt. In Deutschland dagegen setzte sie sich gerade deshalb durch, weil die deutsche Gesellschaft in ihrer Entwicklung weiter fortgeschritten ist, weniger im Bann der »Krise« steht (die ihr auch weniger zu schaffen machte) und nicht so besessen ist vom Mythos der Produktion um jeden Preis (ihre wirtschaftlichen Erfolge erlauben es ihr, sich in gewisser Weise davon zu distanzieren). Schließlich spielt auch die Tatsache eine Rolle, daß es in der Bundesrepublik keine starke kommunistische Partei gibt und die Linke deshalb nicht auf archaische Themen festgelegt ist.

Es handelt sich nämlich um eine postindustrielle Bewegung, die für postindustrielle Werte eintritt: die Deutschen denken offenbar sehr viel konsequenter über die künftigen Lebensformen der Menschen nach als die Franzosen. Die Grünen befassen sich entschlossen mit Zukunftsthemen ... Hinsichtlich unserer Brüder, der Tiere, haben sie vielleicht sogar Recht: die Art, wie wir im Zwanzigsten Jahrhundert mit ihnen umgehen, wird künftige Generationen vielleicht ebenso erstaunen wie das *servus res* (die Behandlung der Sklaven als Sachen bei den Römern ...).

Der Ökopazifismus ist undenkbar ohne die protestantische Mentalität: diese verstärkt zweifellos den Nihilismus, jene kollektive Egozentrik, die die Deutschen heute an den Tag legen, wenn sie sich mit derartiger Gewißheit für das Bußopfer eines künftigen Weltkriegs, für das aufgegebene »Glacis« der »freien Welt« halten oder auch überzeugt sind, sie lebten in der unmenschlichsten aller Gesellschaftsformen, der westlichen Gesellschaft.

Gewiß, so wird man zugeben, ein derartiges Phänomen ist aus dem Zustand der deutschen Gesellschaft am Ende des zwanzigsten Jahrhunderts durchaus erklärlich, dies bedeutet aber noch lange nicht, daß es übermäßigen Einfluß gewinnen muß. Schließlich haben die Grünen bis Mitte der achtziger Jahre bei keiner Bundestagswahl auch nur zehn Prozent der Wähler für sich gewonnen

Die Deutschen sind zweifellos zu vernünftig, um in ihrer Mehrheit »grün« zu wählen. Die Bewegung erreicht vor allem Teile der Mittelschichten, das Kleinbürgertum. Am stärksten sind die »neuen Berufe« vertreten: Kommunikations-, Schulungs-, Bildungsberufe (die Tatsache, daß der Arbeiteranteil an der deutschen Bevölkerung in fünfzehn Jahren von 40 auf 28 Prozent gesunken ist, gibt ihnen zusätzlichen Auftrieb).

Wie bei jedem gesellschaftlichen Phänomen liegt der Kern des Problems nicht bei der kleinen Gruppe fanatischer Anhänger, sondern darin, daß diese objektive Verbündete finden können. Gerade den Grünen gelingt es, in ganz unterschiedlichen Bevölkerungskreisen erhebliche Sympathie zu erreichen – gerade auch bei solchen, die politisch gesehen denkbar wenig »grün« sind.

Aus ganz unterschiedlichen Gründen findet sich bei jedem oder fast jedem Deutschen eine Anfälligkeit, ein schmaler Riß im Panzer, durch den die ökopazifistische Ideologie eindringen kann. Bei manchen ist es die Verlockung des Guten, das »gefährliche Mitleid«; sie beugen sich über das Elend der Welt, bis ihnen schließlich Gleichgewicht und gesunder Menschenverstand abhanden kommen, dann sind sie reif für die Grünen. Bei anderen, vielleicht weniger sensiblen Gemütern bildet die Sorge um die Umwelt ein starkes Motiv. Und all jene, die aus Pommern oder Schlesien stammen – oder auch Familienangehörige in der DDR haben –, werden durchaus Sympathie für Bemühungen zeigen, Deutschland mehr nach Osten zu öffnen.

Auf jeden Fall gelten die Grünen als »Idealisten«. Dies allein genügt in Deutschland schon, um Sympathie zu wecken. So erklärte eine charmante Dame vorgerückten Alters aus der besten Industriearistokratie bei einem großen Taufessen, wie sehr sie ihren »grünen« Abgeordneten schätze, da dieser doch ein wirklicher Idealist sei.

Die Grünen haben sich tatsächlich all jene Themen zunutze gemacht, die den Deutschen besonders am Herzen liegen, aber lange tabu waren – Nationalismus, Bewältigung der Vergangenheit – oder vernachlässigt blieben – Umwelt, menschliche Solidarität. Sie nutzen in gewisser Weise ein ähnliches Phänomen wie die Rechtsradikalen um Le Pen in Frankreich; während aber die Grünen aus diesen »alten Werten«, zu denen beide extremen Parteien zurückkehren, ein seltsames zukunftsgerichtetes Gemisch zusammenbacken, bringt Le Pens »Front national« nur eine rückwärts gewandte Haltung bornierter kultureller Selbsteingrenzung zustande. Der Unterschied könnte nicht krasser sein.

Gemeinsam ist den Grünen wie Le Pen die Chance, daß sie Bereiche, die die traditionellen Parteien aus geistigem Konformismus aufgegeben haben, für sich allein in Beschlag nehmen können. Die Anziehungskraft dieser Bewegung läßt sich vor allem daran messen, inwieweit sie die deutsche Mehrheit dazu zwingen konnte, ihre Einstellung gegenüber dieser neuen Thematik zu verändern. Jetzt versuchen alle Parteien, den Grünen ihr Gemütsmonopol zu rauben, sie geraten aber gerade dadurch in eine ständige Defensivhaltung. Das Establishment steht unter dem Druck permanenter Selbstrechtfertigung. Es ist so weit gekommen, daß die traditionellen Kräfte ihre Positionen an den Grünen ausrichten müssen. So folgten auf den Krefelder Appell eine ganze Reihe weiterer Aufrufe[1], die versuchten, ihm entgegenzuwirken, ohne jemals einen entsprechenden Bekanntheitsgrad zu erreichen.

Die Themen der Grünen beherrschen in gleicher Weise das Fernsehen. In einer um zwanzig Uhr ausgestrahlten Samstagabendserie geschieht in einer halben Stunde folgendes: der Vater ohrfeigt seine Tochter, die eine unverschämte Anspielung auf die Vergangenheit macht, der Sohn hat Ärger mit der Bundeswehr, und die Mutter erinnert voller Heimweh an die heile Umwelt im Pommern ihrer Kindheit.

Ganz allgemein ist es dem Ökopazifismus in erstaunlichem Ausmaß gelungen, den Konformismus der Medien für seine Zwecke zu nutzen; zugleich hat er die Schulen überflutet: keine Schülerin der dreizehnten Klasse, die mit neunzehn Jahren kurz vor dem Abitur steht, würde es, auch wenn sie keineswegs mit den Grünen sympathisiert, wagen, in Stöckelschuhen in die Klasse zu kommen oder auffällig teure Kleider zu tragen. Sofort wäre sie der allge-

---

1) Der Bielefelder Appell der SPD, der des Deutschen Gewerkschaftsbundes, der von Datteln, der Politiker der Rechten aus CDU/CSU und SPD zusammenschloß; und sogar der von F. J. Strauß (CSU) lancierte Starnberger Aufruf, der für die Aufstellung der Pershing eintrat.

meinen Mißbilligung der Kameraden ausgesetzt, beschuldigt, dem Konsum verfallen zu sein. Selbst die behütetsten Privatschulen (wie beispielsweise Kloster Wald) können sich diesem Trend nicht ganz entziehen.

Aufschlußreich ist auch die Werbung, die in unseren Gesellschaften immer ihr Fähnchen nach dem Wind hängen muß. Keine große Firma wagt es mehr, offen für ihre Produkte zu werben. Heute gilt es zu beweisen, daß man vor allem Profitdenken für das Wohl der Menschheit tätig ist, und mühsam davon zu überzeugen, daß Fortschritt nicht bloß »schlecht« sein muß: die Fasern X ... oder das Pflegemittel Y ... ersparen dem Menschen Plage oder erhalten seine Gesundheit ... Aus der Position des Angeklagten verteidigen sich Bayer, Höchst und BASF mit sichtlicher Verlegenheit.

Manch einer, der beruflich oft mit Deutschland zu tun hat, wird an dieser Stelle Einspruch erheben. Er hat doch gerade erst bedeutende deutsche Bankiers oder Politiker getroffen und keine Spur solcher ökopazifistischer Einflüsse feststellen können. Er vergißt, daß sie höchstwahrscheinlich Englisch miteinander gesprochen haben, jene Abschirmsprache, die es dem deutschen Establishment erlaubt, die Entwicklungen der deutschen Gesellschaft immer nur so weit durchscheinen zu lassen, wie es gerade angenehm ist. Außerdem liegt nahe, daß gerade diese Art von Establishment aus wohlverstandenem Eigeninteresse besonders wenig geneigt ist, sich durch den »protestantischen« Enthusiasmus anderer Kreise hinreißen zu lassen. Aber selbst diese Führungsgruppen befinden sich *nolens volens* in der Rolle eines objektiven Verbündeten der Grünen. Bei ihnen heißt der Riß im Panzer selbstverständlich Nationalismus.

Hier stellen sich Fragen zur Entwicklung Deutschlands, die in Frankreich schon seit einiger Zeit diskutiert werden. Politische Beobachter sprechen von »National-Neutralismus«; er ist die greifbarste Form der Bewegung und betrifft uns Franzosen am unmittelbarsten.

Eines ist offensichtlich: die großen Industriellen, die großen Bankiers sind es leid, daß Deutschland politisch immer nur eine zweitrangige Rolle spielt; sie wollen nicht länger die »Schuld am eigenen Unglück« tragen. Sie denken an die Zeiten zurück, als deutsche Macht und deutscher Einfluß im 19. Jahrhundert bis nach Petersburg reichten, als so manche Zarin aus Deutschland stammte, der Großvater des Grafen Lambsdorff Minister des Zaren war, Deutsch vor kaum fünfzig Jahren vom Rhein bis zur Moskwa als gemeinsame Sprache genutzt wurde. Sie kennen die Formel aus dem 19. Jahrhundert – von der auch die Nazis wieder Gebrauch machten – »am deutschen Wesen soll die Welt genesen«, den lange gehegten historischen Anspruch, den Völkern des Ostens das Glück zu bringen, Kultur zu verbreiten. Das weiterhin beträchtliche Gewicht der deutschen Wirtschaftsmacht ist ihnen wohl bewußt. Auf ihre Weise können auch sie es nicht mehr ertragen, daß Deutschland ständig bevormundet wird. Wie alle Deutschen leiden sie unter der quälenden Vorstellung, Deutschland könne ausgelöscht werden, vernichtet in einem Konflikt, mit dem es eigentlich nichts zu tun hat. Die größte Gefahr für Deutschland liegt in ihren Augen darin, aus bloßem Zufall zerstört zu werden, ein sinnloses Opfer in der Auseinandersetzung zwischen den Supermächten.

Eine nur selten ausgesprochene Irritation wächst da heran. Theorien, die man auf die kleine Kerntruppe der Öko-pazifisten beschränkt glaubte, dringen unmerklich bis in die Führungsschichten vor und werden damit salonfähig. Vierzig Jahre lang haben die Deutschen nicht gewagt, den Mund aufzumachen. Jetzt sprechen sie ihre nationale Frustration offen aus.

Die SPD kann den Grünen nicht das Monopol auf die Formulierung dieser Gefühlslage überlassen, will sie nicht den Kontakt zur neuen Generation verlieren: auch deshalb lehnte sie die Pershing ab. Vordenker der Partei wie Egon Bahr sprechen ganz offen von der Lage Deutschlands zwischen Ost und West. Oskar Lafontaine, der SPD-Ministerpräsident des Saarlands, fordert unverhohlen den Austritt aus der NATO, selbst Willy Brandt gewährt den Grünen vor der Fernsehkamera Unterstützung.

Die Rechte steht dem im nichts nach. Sie hatte Willy Brandts Ostpolitik bekämpft; heute hört man bereits einzelne Stimmen, die die Westintegration der Bundesrepublik in Frage stellen. Beeinträchtigt diese Westbindung nicht legitime Hoffnungen, die in Richtung Osten auch weiterhin denkbar sind? Die *Landsmannschaften* machen wieder von sich reden; und Zimmermann, der CSU-Innenminister, hält bei ihren Versammlungen Reden, die heftige Proteste der polnischen Regierung auslösen.

Was ist davon zu halten, wenn linke und rechte Strömungen konvergierend von Deutschland träumen, wie es einst war und wie es wieder werden sollte, von diesen Stimmen durchaus bekannter Persönlichkeiten, die den Austritt aus der NATO, ein atomfreies Deutschland, die Überwindung der Blockkonfrontation fordern? Ist daraus zu schließen, daß die Deutschen nach Wiedervereinigung streben?

Die deutsche Frage beschäftigt die Franzosen vor allem in dieser Form; viele zitieren dann den abgedroschenen Scherz François Mauriacs: »Ich liebe Deutschland so sehr, daß ich nur froh bin, daß es zwei davon gibt.« Die Frage ist aber falsch gestellt. Es steht den Deutschen einfach nicht frei, die Wiedervereinigung zu wollen oder nicht. Immer wieder wird man auch darauf hingewiesen, daß diese weder im eigentlichen Interesse der Rechten noch auch der Linken liege: das Establishment müsse fürchten, von einer Linkswelle davongeschwemmt zu werden, und die Gewerkschaften hätten eine Senkung des Lebensstandards in Kauf zu nehmen. Die Moral der Geschichte lautete in solchen Fällen bis heute: »Immer daran denken, nie davon sprechen.«

Warum aber sollte man es sich verbieten, an Deutschland zu denken, wenn sich alle anderen Möglichkeiten als unbefriedigend erwiesen haben? Nach 1945 hatte man den Westdeutschen angeboten, sich mit dem kapitalistischen westlichen Demokratien und mit den Europagedanken zu identifizieren. Beides hat seine Verheißungen nicht wirklich erfüllt. Die großen westlichen Demokratien stecken in der Krise, und Europa zerbröckelt.

Zunächst waren die Deutschen die eifrigsten Europäer gewesen; die flaue Antwort der anderen Länder auf ihre Begeisterung mußte sie deshalb enttäuschen. De Gaulles triumphale Deutschlandreise im Jahre 1962 ist nur noch ferne Erinnerung. Heute sind die Deutschen durchaus bereit, weiter mitzuspielen, es darf aber nicht zuviel kosten. Die letzten Europawahlen fanden am 17. Juni 1984 statt. In Deutschland fanden das viele skandalös. Der 17. Juni ist doch der Tag der deutschen Einheit; das Gedenken an den von russischen Panzern niedergewalzten Arbeiteraufstand in Ost-Berlin verbindet ihn in besonderer Weise mit dem gesamtdeutschen Gedanken. Bedeutet nicht die Wahl ausgerechnet dieses Tages eine klare Priorität für Europa vor der deutschen Einheit? Bedeutet der Zusammenschluß Europas nicht den Verzicht auf Deutschland?[1]

Die deutsche Einstellung zu den westlichen Demokratien erinnert in gewisser Weise an das Verhalten gegenüber Napoleon: nach erster Begeisterung für die Revolution und für den Rationalismus der Aufklärung verwarf Deutschland nach kaum zehn Jahren die aus dem Westen gekommenen republikanischen und demokratischen Ideen, um in den Freiheitskriegen gegen Napoleon seinen »Sonderweg« und Anfänge eines eigenen Nationalbewußtseins zu suchen.

Was ist aber in einer derartigen Lage zu tun?

---

1) Diese Frage wird in Deutschland heute ganz offen gestellt; gewisse Studentenverbindungen riefen aus den genannten Gründen zu einem Boykott der Wahl am 17. Juni auf. Ein derartiger Appell löste in Führungskreisen durchaus Beunruhigung aus.

Diese Frage stellen sich die Deutschen zu allererst. Mangels eines ordnungsgemäßen Friedensvertrages mit den vier Verbündeten der Kriegsallianz von 1945 sucht man nach anderen Wegen aus der Erstarrung. An Vorschlägen fehlt es nicht.

In einer Umfrage wurde 1982 folgende Frage gestellt: »Nehmen Sie an, die Bundesrepublik Deutschland tritt aus der NATO aus, und die DDR verläßt den Warschauer Pakt. Wiedervereinigt wird ein neutrales Deutschland in geheimer Abstimmung seine Gesellschaftsform frei wählen können. Würden Sie unter diesen Bedingungen einer Wiedervereinigung zustimmen?« »Ja«, antworteten 52 Prozent der Befragten. Die Deutschen denken auch an einen Bundesstaat oder eine Konföderation zwischen beiden deutschen Staaten, wobei jeder seine Zugehörigkeit zu dem jeweiligen Wirtschaftssystem EG und Comecon behält, während beide möglicherweise ihren jeweiligen Militärpakt verlassen – oder auch nicht –, wobei jedenfalls mitten in Europa eine Zone ohne militärische Konfrontation entsteht.

Die »Verantwortungsgemeinschaft« (der Begriff wurde von dem westdeutschen Historiker von Thadden in die Diskussion eingebracht), von der heute auch Honecker und Kohl sprechen, um die Gemeinschaft zwischen den beiden deutschen Staaten zu bezeichnen, entspricht dem gegenwärtigen Stand der Überlegungen recht genau. Wäre eine Wiedervereinigung der beiden Teile Deutschlands nicht auch für Europa das beste, sagen sich die Deutschen? Damit würde die Trennlinie aufgehoben, die Europa spaltet. Derartige Überlegungen finden sich beispielsweise bei Peter Bender, der vom »Ende der Ideologien« überzeugt, seinem Buch den Titel *Die Europäisierung Europas* gibt. Nach Bender bestehen keine grundlegenden ideologischen Unterschiede zwischen Ost und West. Was sie einzig trennt, ist die Rivalität zwischen den Vereinigten Staaten und der Sowjetunion, die jeweils ihre Satelliten unterjochen und sie dazu zwingen wollen, die Streitigkeiten zwischen den Großmächten zu übernehmen. Die Europäer in Ost und West sollten sich einigen. Nur durch eine solche »Europäisierung« kann Europa der Vernichtung entgehen. Die Europäer sollten ihr Schicksal endlich selbst in die Hand nehmen.

Dieser deutsche Drang nach wirklicher neuer Souveränität – oder auch nach der früheren – knüpft an eine alte deutsche Tradition an: in der Welt als Störenfried aufzutreten. Welche Form dieses Bestreben auch annehmen mag, wie immer eine derartige Souveränität sich auch gestalten könnte, das prekäre Gleichgewicht, auf dem der Frieden seit vierzig Jahren beruht, wäre empfindlich gestört.

Die Franzosen haben immer nur die positive Seite dieses vierzigjährigen Status quo erlebt: nicht Frankreich ist geteilt. Frankreich fühlt sich mit seiner Geschichte selbst im reinen und sähe es gerne, daß auch Deutschland einen Strich unter die Geschichte zieht und die Bundesrepublik sich an den Gedanken gewöhnt, ein völlig neues Land zu sein, das mit der DDR nichts mehr gemein habe, zu der es dann ebenso lockere Verbindungen unterhalten könnte wie beispielsweise zu Österreich. Aber wir müssen es hinnehmen: General de Gaulle hatte mit seiner Aussage zur Spaltung Deutschlands vollkommen recht. Er hielt die Vorstellung für eine Illusion, irgendein anderes Thema könnte unter diesen Verhältnissen die verbleibende Geschichte des Zwanzigsten Jahrhunderts prägen.[1]

Heute muß man sich fragen, wie gefährlich diese Lage ist, ob die Ökopazifisten bereits eine Bedrohung darstellen.

Wahrscheinlich ja. Zunächst, weil sie als Unheilspropheten auftreten, Katastrophenstimmung schaffen, bevor diese Katastrophe überhaupt droht. Dann, weil sie alle Fehler überzeugter Ideologen haben. Sie sind nur eine

---

1) André Fontaine: Geschichte des Kalten Krieges.

Minderheit, halten sich aber für das »wirkliche Volk«, dem infolgedessen alles zusteht, alles erlaubt ist.

Die Grünen glauben an »radikale« Lösungen, an die Möglichkeit eines »totalen« Wandels. Seit der Revolution von 1789 erzittert man in Frankreich, wenn ein derartiges Selbstbewußtsein auftritt. Saint Just hat uns *a contrario* eingeprägt, daß höflicher Zynismus sehr viel geringeren Schaden anrichtet als ein aggressiv gutes Gewissen. Sicher, sie sind »gewaltfrei«. Paradoxerweise schafft aber gerade diese demonstrativ zur Schau gestellte Gewaltlosigkeit Unbehagen; sie ist zu gut organisiert, zu meisterhaft geregelt, zu mächtig. Die Menschenkette, die Oktober 1983 zwischen Stuttgart und Ulm gebildet wurde, machte dies anschaulich: der Verkehr wurde kaum gestört, obwohl sich 200 000 Menschen auf einer Strecke von mehr als hundert Kilometern genau zur Mittagsstunde die Hand reichten.

Diese großen blonden Jungen mit ihren ewigen Latzhosen über Hanfhemden, ihren Rohrkörben und Rohledersandalen lächeln wie der Engel von Reims. Fällt bei irgendeiner Demonstration ein schräger Sonnenstrahl auf sie, kann man sich der faszinierenden Vorstellung nicht entziehen, daß Luzifer vor seinem Sturz der schönste der Erzengel war.

Sind sie politisch gefährlich?

Könnten sie bei einem Rückgang der FDP einfach deren Rolle übernehmen, als Zünglein an der Waage dienen? Falls die SPD ihre Unterstützung braucht, um an die Macht zu kommen, welche Forderungen würden sie dann stellen? Dagegen wird oft eingewandt: in der Opposition sind Parteien extremistisch, sobald sie aber an der Regierung sind, werden sie vernünftig und verzichten gerade auf jene Punkte ihres Programms, dank derer sie gewählt wurden; so wird es auch mit den Grünen gehen ...

Eine derartige Spekulation verkennt das Ausmaß der geistigen Unruhe in Deutschland und die schwierige Lage der deutschen Nation. Deutschland ist nicht wie Großbritannien, wo sich die Labour Party, sobald sie wieder an der Macht ist, jedesmal rasch anpaßt. Schon die Vorgänge in Hessen zeigen deutlich, daß ein »grüner« Abgeordneter eben zunächst Grüner und dann Abgeordneter ist.

Ihre stetige, langsame, aber scheinbar unaufhaltsame Zunahme von Wahl zu Wahl ist ein deutliches Anzeichen dafür, daß grüne Theorien immer weniger schockieren. Solange Deutschland relativ verschont bleibt von größeren wirtschaftlichen Sorgen, wird sich ihr politischer Einfluß in engen Grenzen halten. Treten aber ernsthafte Störungen auf, treibt beispielsweise ein plötzlicher Sturz des Dollar das internationale Währungssystem in die Krise, könnten die Grünen durchaus von einem ähnlichen Phänomen emporgetragen werden wie einst Hitler. 1928 erhielt die nationalsozialistische Partei bei den Reichstagswahlen nur 2,6 Prozent der Stimmen, 1930 plötzlich 18,3. Zwischen beiden Wahlen lag der berühmte Schwarze Freitag in Wallstreet: der Bankenkrach von 1929.

Schließlich muß ein letzter Gesichtspunkt berücksichtigt werden, und dieser ist bei weitem der wichtigste: die Grünen haben ganz einfach ... recht.

Mit der unfehlbaren Inbrunst des Propheten, mit der traumwandlerischen Sicherheit des Visionärs haben sie die wirklichen Probleme des 21. Jahrhunderts aufgespürt. Nietzsche sagte, die Deutschen seien deshalb unmögliche Leute, weil sie niemals in der Gegenwart leben, sie seien von »vorgestern und übermorgen«. Dies gilt heute vielleicht mehr denn je. Mit ihrem Drang nach Wahrheit, diesem unermüdlichen Streben nach dem Absoluten, haben die Deutschen jene brennenden Fragen zur Sprache gebracht, die auch uns Franzosen bald auf den Nägeln brennen werden (ein erstes Anzeichen ist bereits die kritische Studie von General Copel zur Frage der Abschreckung). Die deutsche Einschätzung der Lage ist der unseren voraus. Sie wird sich als richtig herausstellen. Hegel hätte vielleicht gesagt, daß der *Zeitgeist* mit ihnen ist. Die Grünen erinnern unermüdlich an die Herausforderungen des

21. Jahrhunderts, die uns bevorstehen: welche Rolle sollen die Medien in der Demokratie spielen? Wie kommen wir über den industriellen Kapitalismus hinaus? Müssen wir die Bedeutung von Krieg und Frieden nicht von Grund auf neu überdenken, eine Lösung für den unerbittlichen Druck finden, den die Dritte Welt auf die reichen Länder ausüben wird?

Außerdem haben sie eine neue Art gefunden, links zu sein. Keynes, die Gewerkschaftsbewegung, mehr Staat in der Wirtschaft: all diese großen Ideen sind überall an ihre Grenzen gestoßen, wie aus dem Scheitern der Labour Party in Großbritannien und der Demokratischen Partei in den Vereinigten Staaten deutlich wird – oder auch aus den Schwierigkeiten der Linken in Frankreich. Die Grünen dagegen haben eine klare Vorstellung von den wirklichen Schwächen unserer Gesellschaft und darum auch ein überzeugendes Protestpotential.

Die Grünen stellen also die richtigen Fragen; die von ihnen angebotenen Antworten sind dagegen schlechterdings niederschmetternd. Unfähig, sich auf die Realität einzustellen, bar jeglichen Sinnes für die notwendigen Kompromisse mit dem Leben, stürzen sie sich in eine Flucht nach vorne, die nur ins Chaos führen kann.

Trotz dieser Absurditäten betreffen sie uns ganz unmittelbar: sie sind nur ein Ausdruck jener allgemeinen Verwirrung, von der Deutschland befallen ist, und die uns Franzosen wieder einmal vor die fast vergessene Frage stellt: entscheidet sich unser Schicksal in Deutschland? Seit mehr als einem Jahrhundert schmiedet der deutsche Geist jene großen Ideen, die die Welt erschüttert haben: Marxismus, Psychoanalyse, Nationalsozialismus; die Weigerung Deutschlands, sein Schicksal hinzunehmen, gegebene Tatsachen zu akzeptieren, hat die zwei Kriege ausgelöst, die der modernen Welt ihr Gesicht gegeben haben.

Kann dies noch einmal geschehen? Kann Deutschland das internationale Gleichgewicht von neuem erschüttern? Das Deutschland der achtziger Jahre erinnert unweigerlich an das Deutschland der zwanziger Jahre; aber die Geschichte wiederholt sich nicht. Heute bestehen ganz andere Verhältnisse.

Was könnte man sich also vorstellen? Kann sich Deutschland mit seiner schizophrenen Wirklichkeit zufriedengeben? Schließlich war Deutschland mit dem jahrhundertelangen Nebeneinander verschiedener deutschsprachiger Staaten auch historisch so wenig eine geschlossene Nation, daß die Koexistenz zweier deutscher Staaten in Form irgendeiner lockeren Föderation durchaus vorstellbar erscheint. Oder muß man auf einen hinterhältigen Wiedervereinigungsvorschlag der Russen gefaßt sein und befürchten, daß sich in der Mitte Europas ein gewaltiger neutraler Block unter sowjetischem Einfluß bilden könnte? Wäre das das Ende der atlantischen Allianz? Steht zu befürchten, daß sich die Amerikaner einer derartigen Wiedervereinigung gar nicht ernsthaft in den Weg stellen? Sind sie denn wirklich bereit, »für Bonn zu sterben«?

Alle derartigen Szenarien sind zur Zeit verfrüht. Noch haben wir Deutschland nicht verloren.

Aber Deutschland ist unruhig, es stellt sich Fragen über seine Zukunft, und es braucht uns Franzosen ebenso dringlich, wie wir die Bundesrepublik brauchen. Bei wachsendem Antiamerikanismus könnte sich Deutschland ohne die stabilisierende Unterstützung Frankreichs erneut in Abenteuer stürzen. In die Isolierung gedrängt, könnte es durchaus von seinen alten Dämonen gepackt werden und noch einmal vergessen, worin Wert und Ehre der westlichen Gesellschaften liegt: im Vorrang des Individuums, in der Erhaltung politisch-gesellschaftlicher Strukturen, die nicht totalitär sind.

Wir können Deutschland aber nur unterstützen, wenn wir es verstehen. Wir müssen seinen Vorsprung vor Frankreich anerkennen und unsere gespannte Aufmerksamkeit auf die neuen Fragen richten, die jetzt in Deutschland gestellt werden. Wollen wir weiter eine Weltrolle spielen, müssen wir gemeinsam mit der Bundesrepublik Europa schaffen. Dies kann nur gelingen, wenn wir eine klare Bereitschaft zeigen, uns verbindlich auf die deutschen Fragen einzulassen. Eines ist gewiß, die Umfragen beweisen es: den Franzosen ist die Schicksalsgemeinschaft bewußt, die sie an Deutschland bindet. Zu einer Vernunftehe sind sie bereit, aber ohne große Begeisterung. Die Deutschen dagegen bringen Frankreich sehr viel wärmere Gefühle entgegen. Paris ist auch für die deutsche Elite eine Hauptstadt. Die deutschen Industriellen dagegen sind nicht wirklich davon überzeugt, in einer engeren Zusammenarbeit mit Frankreich wirtschaftlich auf ihre Kosten zu kommen; sie sind stärker dem Weltmarkt, besonders aber Amerika zugewandt.

Aus unterschiedlichen Gründen erstreben weder Franzosen noch Deutsche Europa von ganzem Herzen; zu zahlreich und divergierend sind die Interessen, die europäischen Lösungen im Wege stehen; wie die Umfragen zeigen, haben beide Völker die Notwendigkeit einer engen Zusammenarbeit durchaus begriffen; die praktische Politik folgt den feierlichen Absichtserklärungen der Regierungen einfach nicht nach, wie sehr sie sich auch einsetzen mögen. Diese Ambivalenz wird so lange anhalten, wie gute Nachbarschaft nicht zu einem Gefühl verbindlicher Familienzusammengehörigkeit geführt hat. Warum ist unser Fernsehen vormittags stumm, statt Sprachkurse zu senden? Warum versorgt man uns nicht täglich mit europäischen Nachrichten? Wann wird in der höheren Schule und im Studium ein einjähriger Aufenthalt in einem anderen europäischen Land zur Pflicht? Wer nie mit seiner Familie zusammentrifft, kann auch keine Bindungen zu ihr empfinden ... Oder sollen wir das Schicksal der peripheren Kulturen erleiden? Endgültig nur noch untertänigst die Amerikaner imitieren? Ängstlich fürchten, beim Englischsprechen nur das kleinste Anzeichen eines französischen Akzents durchklingen zu lassen?

Solange wir Verse wie »Wer reitet so spät durch Nacht und Wind?« oder »Ich weiß nicht, was soll es bedeuten, daß ich so traurig bin« nicht kennen, solange wir das Glitzern des deutschen Waldes an Weihnachten nicht erlebt haben, solange wir nicht den Atem angehalten haben, um auch selbst jene wunderbaren langen Silben auszusprechen, die uns beim Gesang Lohengrins verzaubern, solange uns nicht der Klang jener Lieder vertraut ist, die mit ihrem abgerissenen Rhythmus, ihren jähen Pausen unmittelbar aus dem Mittelalter kommen, solange uns die Trauer von »Ich hatt' einen Kameraden« nicht ebenso zu Herzen geht wie unsere eigene Hymne auf die Gefallenen, kann Europa nicht bestehen.

Wir können dann aber nicht einmal sicher sein, selbst so zu überleben, wie wir durch Europa geformt worden sind, da die Welt nicht achtet, was wir in und mit Europa zu achten gelernt haben.

In unseren demokratischen Ländern ist allein die öffentliche Meinung stark genug, um die Willensanstrengung zu einem grundlegenden Wandel zu ermöglichen …

Wir sind dabei, Deutschland zu entdecken. Nach den Jahren des Schattendaseins, der Austrocknung der Gefühle, steht uns jetzt wieder ein Land von Fleisch und Blut gegenüber, das uns zum Denken auffordert und unsere Gefühle ansprechen könnte.

Wir entdecken Deutschland von neuem.

Sollen wir es noch einmal verlieren?

Über dieses Buch
Ein Gespräch mit Brigitte Sauzay

von Robert Picht

Die Angst der Franzosen vor der Angst der Deutschen

Gespräch mit Brigitte Sauzay

Robert Picht: Viele deutsche Reaktionen auf Ihr Buch waren heftig, geradezu empört. Wie erklären Sie sich das?

Brigitte Sauzay: Ich war zunächst einmal sehr überrascht. Manche meiner deutschen Leser zeigten sich amüsiert, betrachteten das Buch als erfrischend anregendes Spiel; andere dagegen waren ausgesprochen schockiert. Ganz typisch für diese Abwehrhaltung war die Besprechung von Klaus Peter Schmidt im *Spiegel*. Besonders irritieren offenbar die Bezüge auf die Vergangenheit. Viele Deutsche wollen, daß diese ein für alle Mal vergessen sei, halten jede Erinnerung für schädlich. Viele wollen mit dem alten Deutschland nichts mehr gemein haben.

RP: Erwächst die Irritation gegenüber Ihrem Buch also aus gestörter Verdrängung? Haben Sie an das Tabu von 1945 gerührt?
BS: Viele Deutsche wollen »neue« Deutsche sein. Die Deutschen der Bundesrepublik sind aber nicht neuer als Maos Chinesen. Im Falle Chinas darf man von Konfuzius sprechen; soll man in Deutschland Luther und Bismarck

273

verschweigen? Ist ihre bloße Erwähnung schon ein schädliches Vorurteil?

RP: Die Deutschen sprechen doch selbst ständig von Geschichte. Wir erleben ausgesprochene Geschichtswellen. Nicht nur Luther und Bismarck, auch Friedrich der Große und gerade Hitler werden bis zur Ermüdung diskutiert.

BS: Offenbar ist es etwas anderes, wenn ein ausländischer Autor versucht, deutsche Geschichte zu einem kritischen Verständnis der Gegenwart heranzuziehen. Fürchtet man, daß dadurch bei den Franzosen unangenehme Erinnerungen aufbrechen? Dabei wollte ich etwas ganz anderes zeigen: es geschieht etwas in Deutschland, aber habt Vertrauen! Es ist nur das frühere Deutschland eurer Eltern und Großeltern, das da wieder auftaucht. Hitler hatte auch uns Franzosen um Deutschland betrogen. Außerdem hattet ihr nur das langweilige »Siemens-Deutschland« wahrgenommen, jetzt wird das »Deutschland der Dichter und Denker« wieder wach. Wir Franzosen dürfen deshalb nicht den gleichen Irrtum begehen wie nach dem Ersten Weltkrieg, Deutschland auch dadurch in eine gefährliche Verzweiflung zu treiben, daß wir unfähig sind, nachzuvollziehen, was dieses Land umtreibt. Deutschland darf nicht wieder in die Isolierung geraten.

RP: Und was sagen Sie zu der anderen Reaktion, die das Buch als eine Art Pariser Salon-Spiel à la Madame de Staël ansieht? Hat das Buch wirklich eine spielerische Komponente? Haben Sie überhaupt versucht, eine objektive Darstellung zu geben? Ist die Bezeichnung »Spiel« für Sie schockierend?

BS: Nach unserem französischen Verständnis ist »Spiel« etwas durchaus Ernsthaftes. Es hat eine präzise intellektuelle Funktion: Gedanken durchspielen, die niemand mehr ansprach. Alle französischen Äußerungen über Deutschland hielten sich lange innerhalb gewisser Grenzen. Es war, als sei die zulässige Ansicht von Deutschland ein für alle Mal durch den deutsch-französischen Vertrag bestimmt. Offizielle Freundschaft also, zugleich aber, vor allem in intellektuellen und bürgerlichen Kreisen, eine furchtbare Gleichgültigkeit. In der breiten Bevölkerung haben die Städtepartnerschaften und das Deutsch-Französische Jugendwerk gute Arbeit geleistet, aber nicht bei den Eliten. Ich habe deshalb ein Deutschland-Buch geschrieben, das versucht, Frankreichs intellektuellen Geschmack zu treffen.

RP: Ein Versuch also, Reizthemen miteinander zu kombinieren?

BS: Ich wollte nicht absichtlich provozieren, aber doch wachrütteln: in Deutschland geschehen Dinge, die interessant sind, um die man sich kümmern muß.

RP: Versteht sich Ihr Buch im Vergleich zu den Deutschlanddarstellungen französischer Experten wie Grosser, Rovan und Ménudier also als ein »Gesprächsbuch«, das gar keine ausgewogene, vollständige Information gibt, sondern versucht, Interesse zu wecken, Diskussionen auszulösen?

BS: Die vorzüglichen Bücher der Experten sind unverzichtbare Voraussetzung aller Deutschlandinformation. Sie haben uns daran gewöhnt, Deutschland als ein »normales« Land anzusehen, und wollen, daß dieses Bild erhalten bleibt. Daraus ergibt sich eine gewisse Berührungsangst; manche Experten kennen Deutschland schließlich zu gut, um sich überhaupt noch wundern zu können. Ich kann mich noch wundern.

RP: Sie behaupten, französische Intellektuelle interessierten sich nicht für Deutschland; mir dagegen scheint das Buch gerade deshalb so aufschlußreich, weil es überaus charakteristisch für die Betrachtungsweise ist, die französische Intellektuelle dann entwickeln, wenn sie sich gelegentlich doch für Deutschland interessieren. Ist das Buch also für die Denkweise gewisser Kreise auch dann repräsentativ, wenn diese ihr Deutschlandbild nicht derart deutlich artikulieren?

BS: Ich gehe so weit zu sagen, gewisse Aspekte sind höchst repräsentativ.

RP: Trifft die Bezeichnung »die Angst der Franzosen vor der Angst der Deutschen« also zu?

BS: Dieser Titel entspricht genau der Wahrheit. Die Angst ist da, man darf sie nicht verschweigen. Hinter dem »normalen« Deutschlandbild liegt weiterhin ein Potential der Sorge und Beunruhigung. Die Deutschen unterschätzen die Wirkung der Geschichte, der Erinnerungen, die in den Familien, auch durch Kriegsfilme weitergetragen werden. Diese Beunruhigung ist auch in der jungen Generation größer, als wir es den Deutschen gegenüber zugeben wollen.

RP: Sind die Konflikte der Vergangenheit nicht spätestens durch das feierliche Treffen zwischen François Mitterrand und Helmut Kohl in Verdun aufgehoben?

BS: Ja und nein. Verdun spricht das Bewußtsein an. Aussöhnung ist eine Sache der bewußten, nicht der irrationalen Ebene. Jedem Franzosen ist – vielleicht noch mehr als den Deutschen – bewußt, daß beide Länder wirklich in einem Boot sitzen, daß eine unausweichliche Schicksalsgemeinschaft besteht; alle Meinungsverschiedenheiten bestätigen diese Einstellung. Alles, was überlegt, bewußt durchdacht ist, ist positiv. Im Unterbewußten aber gibt es noch eine andere Schicht: Erinnerungen an Jünger, Salomon, Wagner. Der ganze mythologische Corpus steht abrufbereit.

RP: Wie erklären Sie sich dann die andere Seite dieses Phänomens, jenes ungehaltene Desinteresse: nicht bloße Gleichgültigkeit, sondern demonstratives Desinteresse, verbunden mit Irritation? Deutsche Normalität scheint nicht nur langweilig, sondern irgendwie ärgerlich.

BS: Dies ist die Kehrseite des deutschen Wirtschaftserfolges; wirtschaftliche Rivalität und Irritation über ein Land, das so uniformiert wirkt mit seinen dicken Autos und Motorradfahrergruppen in schwarzem Leder. Hier kommt vieles zusammen. Auch die deutsche Abhängigkeit von den USA, die offenbar grenzenlose Bereitschaft, den Amerikanern zu Willen zu sein, die dann plötzlich in Antiamerikanismus umkippt. Wir Franzosen haben den USA gegenüber eine einfachere Haltung: grundsätzlich teilen wir die gleichen westlichen Werte, gehören wir zusammen. Zugleich aber beharren wir auf einer gewissen Unabhängigkeit. Kaum jemand würde aber behaupten, »gefährlich« seien vor allem die USA.

RP: Man wirft Ihnen vor, daß Sie zu unkritisch mit Stereotypen umgehen, ständig von *den* Deutschen, *den* Franzosen sprechen. Vermittelt Ihr Buch nicht auch ein höchst stereotypes Bild von Frankreich? Was bedeuten Gegensätze wie romanisch/germanisch?

BS: Das hat mehrere Gründe. Zunächst, wenn Sie wollen, einen pädagogischen. Beim Schreiben dachte ich vor allem an meine französischen Leser. Zitiere ich ihre Vorurteile nicht, finde ich keinen Zugang zu ihnen, bin ich in ihren Augen nicht glaubhaft. Ich wollte nicht als bloße Deutschlandliebhaberin gelten. Ich wollte den Franzosen sagen: ich weiß, was Sie von den Deutschen halten, teilweise haben Sie sogar recht, aber versuchen Sie doch einmal, weiter zu sehen. Ich kann beispielsweise die üblichen französischen Vorurteile gegenüber Preußen umso wirksamer bekämpfen, wenn ich sie vorher aufgeführt habe. Für deutsche Leser wäre ich ganz anders vorgegangen.

Der andere, vielleicht wichtigere Grund ist methodischer Art. Wenn man ein Phänomen erklären will, sucht man nach einem Modell. Man baut, sozusagen zu heuristischen Zwecken, eine Theorie auf, die es ermöglicht, neue Phänomene zu erklären. Die bisher übliche Betrachtungsweise konnte keine Erklärung für die neuen Signale bieten, die uns aus Deutschland erreichten (Umwelt, Grüne, Friedensbewegung, Identitätssuche, Verhalten aus Anlaß des vierzigsten Jahrestages der Niederlage ...). Wenn sich Deutschland nicht ändert, warum ändern sich dann die Signale? Zu Erkenntnis gelangt man nur, wenn man die äußeren Erscheinungen zu einem neuen Erklärungsmodell in Beziehung setzt. Dazu muß man natürlich vereinfachen, um eine Logik deutlich zu machen.

Schließlich wiegen im französischen Sprachgebrauch Begriffe wie »germanisch-germanique« weniger schwer als im deutschen, mit all dem schrecklichen Mißbrauch, der mit derartigen Kategorien getrieben wurde.

RP: Ein weiterer deutscher Vorwurf betrifft Ihre Technik des impressionistischen Amalgams, die Verknüpfung allgemeiner Überblicke mit kleinen Beispielen und aus ihnen entwickelten Analysen – auf diese Weise entsteht ein Bild durch Nebeneinanderstellen, nicht durch logische Verknüpfung und Gewichtung. Ist das Ihre Absicht, weshalb diese Technik?

BS: Ganz so impressionistisch ist dieses Vorgehen nicht, eher, wie gesagt, modellhaft. Ich habe durchaus versucht, das ganze Buch an einem logischen Faden zu orientieren. Beispiele gebe ich, um anschaulich zu machen, was ich gerne sagen wollte.

RP: Bei dieser reizvollen Vermischung von Alltagsbeobachtungen und Analysen stellt sich aber die Frage: wie repräsentativ sind diese Anekdoten (beispielsweise die Schilderung von Neujahrsfeiern auf bayerischen Schlössern)?

BS: Ich verstehe den Vorwurf. Aber man muß doch versuchen, das Leben zu deuten, sich entscheiden. Das ist dann gewollt.

RP: Das Buch bringt also auch ganz subjektiv einfach ein Stück Leben?

BS: Ja, aber um eine These, eine Theorie zu belegen.

RP: Umgekehrt schildern Sie eigene Erlebnisse, um sie dann zu deuten. Ist das die Methode?

BS: Ich wollte ein persönliches Buch schreiben. Ich habe hoffentlich auch nie den Eindruck erweckt, als glaubte ich mich im Besitze der ganzen, der allgemeingültigen Wahrheit. Es ist meine persönliche Meinung. Daß sich gerade deutsche Leser davon so betroffen fühlen, ist zumindest ein Zeichen, daß ich einige sensible Punkte getroffen habe.

RP: Stand nicht am Anfang persönliche Erfahrung, auf die

Erklärungsversuche folgten und schließlich natürlich eine bestimmte Auswahl von Beispielen für das Buch?

BS: Der Vorgang war wesentlich dialektischer. Als ich zuerst nach Deutschland kam, wußte ich wirklich nichts von diesem Land. Ich kannte höchstens ein bißchen deutsche Literatur, weil sich mein Vater immer dafür interessiert hatte. Ich lernte Deutschland mit achtzehn Jahren kennen.

RP: Haben Sie in Deutschland gelebt?

BS: Ja, in Freiburg im Breisgau, ungefähr zwei Jahre. Dann bin ich nach Frankreich zurückgekehrt, habe die Hochschule besucht, habe mich anschließend in Frankfurt niedergelassen und bin schließlich als freiberufliche Dolmetscherin endgültig nach Frankreich zurückgekehrt. Durch meinen Beruf habe ich viele Deutsche erlebt, aus verschiedenen Kreisen. Hier habe ich auch die Eindrücke gewonnen, die ich in meinem Buch berichte. Aber – wie gesagt – das Vorgehen ist dialektisch: ich hatte Eindrücke, die ich nicht verstand. Sie paßten nicht in das Bild Deutschlands, das man in Frankreich hatte, nicht zu allem, was ich las, zu den Gedanken, den Kenntnissen meiner Freunde. Dann habe ich gelesen, gelernt, gesucht. Daraus entwickelte ich Hypothesen, die Lust zu schreiben, schließlich die Auswahl der Beispiele. Meine Stärke war in gewisser Weise, daß ich ganz unvorbereitet nach Deutschland kam. Ich mußte alles erst erschließen. So wußte ich beispielsweise nicht, wo Schlesien lag.

RP: Also ein Entdeckungsprozeß auf rein französischem Hintergrund? Keine Emigranten, keine früheren Einflüsse?

BS: Nichts. Deshalb hatte ich in gewisser Weise eine unvoreingenommene Sicht von Deutschland. Schritt für Schritt habe ich Deutschland entdeckt: Geschichte, vielerlei Geschichte hinter der Gegenwart.

RP: Ihr Buch ist auf dem Höhepunkt der Friedensbewegung entstanden, steht ganz unter diesem Eindruck. Heute hat sich, zumindest von außen gesehen, die Landschaft schon wieder verändert. Heute spielen weder die Grünen noch die Friedensbewegung die Rolle, die Sie schildern. Sie sagen dagegen in Ihrem Buch, die Grünen seien etwas Ähnliches wie die Nazis 1928.

BS: Ich habe nie behauptet, daß die Grünen die Gefahr einer totalitären Partei darstellen. Auf das Abklingen der Friedensbewegung weise ich selbst hin. Ich habe beide Bewegungen nur deshalb so ausführlich beschrieben, weil sie mir ein besonders gutes Beispiel für die verschiedenen Strömungen zu sein schienen, die in Deutschland umgehen. Bei den Grünen hätte ich in der Tat größere Wahlerfolge erwartet, ich glaube aber keineswegs, daß ihr Einfluß im Schwinden ist. Das Interessante am deutschen Protestpotential ist gerade, daß es auftaucht und wieder verschwindet, wie Proteus die unterschiedlichsten Gestalten annehmen kann.

RP: Wo bleiben die apokalyptischen Weltuntergangsstimmungen, die Sie so eindrücklich beschreiben? Sind sie ebenfalls verschwunden?

BS: Nein, so etwas kann nicht verschwinden. Die Deutschen sind keine Amerikaner. Die Resonanz war zu groß. Auch die deutsche Frage, die Suche nach der Identität kann nicht verschwinden. All dies lebt weiter, wird aber in anderer Form wieder in Erscheinung treten, in neuer Sehnsucht.

Inhaltsverzeichnis

W eitere amüsante und informative Geschenkbände aus dem Programm des Horst Poller Verlages im Verlag BONN AKTUELL

Gehard Wahl (Hrsg.):

Bekenntnisse bekannter Persönlichkeiten

Poller 1986, Bibliophiler Pappband, 176 Seiten, DM 29,80
ISBN 3-87959-256-X
Das Buch enthält Sentenzen und Aussprüche bekannter Persönlichkeiten, die ihr Profil deutlich machen oder ihre Profilneurose
durchschimmern lassen. In jedem Fall eine kurzweilige Lektüre,
die Einblick und Vergnügen bereitet.

Reinhard Lebe:

War Karl der Kahle wirklich kahl?

Historische Beinamen und was dahinter steckt, Poller 1984,
Bibliophiler Pappband, 144 Seiten, mit zahlreicher Illustrationen
DM 24,80
ISBN 3-87959-215-2
„Reinhard Lebe hat die Beinamen alter Könige, Herzöge und
Grafen untersucht, und er fragt, um einige Beispiele aus der Füll
des Materials zu geben: Hat Heinrich der Vogler tatsächlich den
Vögeln nachgestellt? Wie diabolisch war Robert der Teufel, wie
aggressiv Heinrich der Zänker?" (Frankfurter Rundschau)

Alfred Marquart:

Ein Pudding für den Zaren

Gerichte mit Vergangenheit, Poller 1982, Bibliophiler Pappband
127 Seiten, mit zahlreichen Illustrationen, DM 24,80
ISBN 3-87959-184-9
In diesem Buch wird auf amüsante Weise der historische Ursprung
berühmter Gerichte geschildert, selbstverständlich reichlich
garniert mit Anekdoten und den Original-Kochrezepten.
„... eigentlich ist das schmale Bändchen ja auch kein Kochbuch im
klassischen Sinne. Es ist ein originelles, vergnügliches Buch über
Kochen, Essen, Trinken, über Historie und Histörchen." (Stuttgarter Nachrichten)

Bitte informieren Sie sich bei Ihrem Buchhändler oder in unserem
Gesamtverzeichnis
Horst Poller Verlag und Verlag BONN AKTUELL
7000 Stuttgart 31